U0918452

贾　璐◎著

中国社会科学出版社

内蒙古师范大学学术著作出版基金资助出版
内蒙古师范大学文学院学术著作出版基金资助出版

图书在版编目(CIP)数据

朱熹训诂研究／贾璐著．—北京：中国社会科学出版社，2015.8
ISBN 978－7－5161－6771－7

Ⅰ.①朱…　Ⅱ.①贾…　Ⅲ.①朱熹（1130～1200）－训诂－研究
Ⅳ.①H13

中国版本图书馆 CIP 数据核字(2015)第 182354 号

出 版 人　赵剑英
责任编辑　任　明
责任校对　董晓月
责任印制　何　艳

出　　版　中国社会科学出版社
社　　址　北京鼓楼西大街甲 158 号
邮　　编　100720
网　　址　http：//www.csspw.cn
发 行 部　010－84083685
门 市 部　010－84029450
经　　销　新华书店及其他书店

印刷装订　北京市兴怀印刷厂
版　　次　2015 年 8 月第 1 版
印　　次　2015 年 8 月第 1 次印刷

开　　本　710×1000　1/16
印　　张　19
插　　页　2
字　　数　322 千字
定　　价　58.00 元

中文摘要

本书以朱熹的《诗集传》《四书章句集注》《楚辞集注》和《周易本义》为主要研究材料，综合运用训诂学、音韵学、文字学、词汇学、语法学、修辞学、校勘学等学科的理论，深入探讨了朱熹的训诂原则和训诂方法，总结了朱熹的训诂成就与不足。本书内容涵盖了朱熹在语音、文字、词汇、语法、修辞和校勘等领域的研究成果，全面阐发了朱熹的训诂思想。全书分七个部分进行论述：

绪论部分对朱熹的生平与著作情况作了简要介绍，同时阐述了本选题的研究现状、选题意义和研究方法。

第一章从总体上概括了朱熹的训诂原则，这些原则从不同的角度反映了朱熹对待训诂的态度，几乎贯穿于朱熹的整个训诂过程中。

第二章以朱熹对古籍语音的训释为研究对象，着重分析了朱熹的叶音说，对叶音说在研究宋代实际语音方面的应用价值予以了充分认识，同时总结了朱熹在语音训释中所体现出的训诂思想。

第三章是本书的重点，以朱熹对古籍词汇的训释为研究对象，系统地阐述了朱熹训释词语的方法以及在词语训释中体现出的训诂思想，指出朱熹将宋代金石学的研究成果引入到训诂学领域是针对传统训诂方法的一大突破。该章还就朱熹在词语训释方面的创获与不足作了个案分析，对导致失误的原因进行了探讨。

第四章以朱熹对古籍语法的训释为研究对象，重点探讨了朱熹在古汉语虚词研究方面取得的成就。朱熹对一些语法现象的正确解释，在分析句读时所运用的方法，特别是朱熹对前人误释为实词的某些虚词的纠正，都表明朱熹已经具有了较为先进的语法观念。

第五章以朱熹对古籍修辞的训释为研究对象，首先分析了朱熹对古籍中一些常见的修辞表达方式的说明，接下来重点论述了朱熹对赋、比、兴的定义，朱熹在为《诗经》和《楚辞》标注赋、比、兴时与前人的不同之处以及朱熹首次提出的赋、比、兴三者可以兼用的修辞现象。

第六章以朱熹对古籍的校勘为研究对象，对朱熹校勘古籍的内容与方法作了归纳与总结。在校勘方法上，朱熹根据古籍中错误的实际情况，综合运用了多种校勘方法，对古籍作出了别具特色的校勘。

本书既在共时的平面上研究朱熹训诂的内容及方法，又把朱熹放在训诂学史的背景中考察其训诂得失。对于朱熹的训诂材料，既从宏观上总结其训诂原则，又从微观上进行个案的调查与分析。在理论总结方面，既注重朱熹自身对训诂的理解与认识，又结合朱熹的训诂实践来与这些观点相互印证，力求结论可靠。

关键词：朱熹；训诂；语音；文字；词汇；语法；修辞；校勘

中图分类号：H109．2

Abstract

This thesis takes Zhu Xi's *Shi Ji Zhuan*, *Si Shu Zhang Ju Ji Zhu*, *Chu Ci Ji Zhu* and *Zhou Yi Ben Yi* as main material, comprehensively uses the theory of exegetics, phonology, philology, lexicology, grammar, rhetoric and textualism, probes into Zhu Xi's exegetical principles and exegetical methods, and summarizes the achievement and insufficiency of Zhu Xi's exegesis. The content covers Zhu Xi's research in such fields as phonetics, character, vocabulary, grammar, rhetoric, collation, etc., which elucidates the exegetical thoughts of Zhu Xi in an all-round way. The thesis is divided into seven parts to carry on the elaboration:

The introduction part makes a brief introduction to Zhu Xi's life and works, and then expounds the present research situation, significance and research approach of this selected title.

The first chapter summarizes Zhu Xi's exegetical principles on the whole, which reflect his attitude towards exegesis from different perspectives and almost throughout the entire exegetical process of Zhu Xi.

The second chapter takes Zhu Xi's interpretation of phonetics in ancient books as the research object and analyzes Zhu Xi's Xie Yin theory emphatically. The thesis gives a full understanding of its applied value in studying the actual pronunciation of the Song dynasty, and sums up Zhu Xi's exegetical thoughts embodied in the interpretation of phonetics at the same time.

The third chapter is the main part of this thesis, which takes Zhu Xi's interpretation of vocabulary in ancient books as the research object. It systematically elaborates Zhu Xi's exegetical methods and exegetical thoughts embodied in the interpretation of vocabulary, pointing out that Zhu Xi's introduction of epigraphy in the Song dynasty to the field of exegetics is a major breakthrough for traditional methods of exegesis. This chapter also makes the case analysis of Zhu Xi's achievement and insufficiency in vocabulary exegesis; the reasons leading to mistakes are discussed.

The fourth chapter takes Zhu Xi's interpretation of grammar in ancient books as the research object, focusing on Zhu Xi's achievement in the study of ancient Chinese function words. Zhu Xi's correct explanations of some grammatical phenomena, the methods used when parsing the sentences, especially the correction to predecessors'misinterpretation of certain function words, indicate that Zhu Xi already had a more advanced grammatical concept.

The fifth chapter takes Zhu Xi's interpretation of rhetoric in ancient books as the research object, analyzes Zhu Xi's description of some common rhetorical expressions at first, and then expounds the definition that Zhu Xi assigned to Fu, Bi, Xing and the differences between Zhu Xi and predecessor's annotation of Fu, Bi, Xing in *Shi Jing* and *Chu Ci*; the rhetoric phenomenon first proposed by Zhu Xi that Fu, Bi, Xing can be used together is also illustrated.

The sixth chapter takes Zhu Xi's collation of ancient books as the research object, summarizing the contents and methods of Zhu Xi's collation. On the method of collation, Zhu Xi has made a distinctive collation to the ancient books by utilizing a variety of collation methods synthetically according to the actual situation of error.

The thesis studies the contents and methods of Zhu Xi's exegesis in the synchronic plane, and investigates Zhu Xi's gains and losses against the background of the history of exegesis simultaneously. As to Zhu Xi's exegetical materials, the thesis both summarizes the exegetical principles from the macroscopic angle, and carries on the case investigation and analysis from the microscopic angle. In terms of theoretical summary, the thesis not only pays great attention to Zhu Xi's own understanding and cognition of exegesis, but also combines Zhu Xi's exegetical practice with these viewpoints, striving to draw reliable conclusions.

Key words: Zhu Xi; Exegesis; Phonetics; Character; Vocabulary; Grammar; Rhetoric; Collation

Chinese Library Classification number: H109. 2

目　　录

绪　论

第一节　朱熹的生平及著作简介

一　朱熹的生平简介

朱熹字元晦，一字仲晦，号晦庵、晦翁、遯翁、考亭先生、云谷老人、沧州病叟，别称紫阳，公元1130年（宋高宗建炎四年）生于福建南剑（今福建省南平市）尤溪县，公元1200年（宋宁宗庆元六年）卒于福建建阳（今福建省建阳市），徽州婺源（今属江西省婺源县）人。南宋著名的理学家，思想家，哲学家，教育家，诗人。世称朱子，是孔子、孟子以来最杰出的弘扬儒学的大师。因朱熹长期寄居福建，他的学派被称为"闽学"。

朱熹生活的南宋时期，由于全国政治、经济和文化中心的南移，江南的社会经济和科学文化得到了迅速发展。然而，整个南宋王朝由于内外矛盾交加和统治阶级的昏庸腐败，社会危机深重。北宋王朝为金贵族所灭，南宋统治者只能在临安（今杭州）建立半壁江山，即使如此，金人仍然不断发起战争，步步紧逼，赖民族英雄李纲、宗泽、岳飞、韩世忠等人的抗金斗争，南宋才得以偏安江南。但是南宋政治集团的最高统治者却昏庸无能、腐败不堪。对外，他们委屈就全，满足于偏安一隅，为了维持统治政权，他们极力主张议和，甚至不惜向金贵族屈膝称臣，每年缴纳贡银。对内，为了支付庞大的军费、行政费、向金纳贡费并维持统治阶级花天酒地、纸醉金迷的腐朽寄生生活，统治者巧立名目，残酷地剥削劳动人民，不仅赋税十分苛重，各种苛捐杂税层出不穷，而且还严重地兼并土地，使得怨声载道，民不聊生，各地纷纷发动了农民起义。"据不完全统计，南宋一百五十二年间，农民起义，包括'兵变'在内，前后达二百余次。

特别是南宋初年，钟相、杨幺在湖南举行的农民起义，坚持了五六年之久，明确提出了‘等贵贱，均贫富’的革命纲领，给反动统治阶级以沉重的打击。”①

朱熹家庭的兴衰，是同当时的政治风云息息相关的。朱熹的远祖朱环，讳古寮，唐末奉歙州刺史命率兵戍守歙州的婺源（今江西省婺源县），遂在婺源万安乡松严里安家，成为朱家在婺源的开基祖先。朱环以下第七代为朱熹的祖父朱森，号良材，他随子赴闽，死于政和县并葬于政和县的护国寺旁，被赠为承事郎。朱熹的父亲朱松，字乔年，号韦斋，进士出身，历任建州政和县尉、南建州尤溪县尉、秘书省校书郎、著作佐郎、尚书度支员外郎、可司勋吏部郎等官。朱松性情刚直，《宋史·朱熹传》记载，宋高宗绍兴十年（1140 年），“秦桧决策议和，松与同列上章，极言其不可。桧怒，风御史论松怀异自贤，出知饶州”。朱松在宣和末年到福建的政和县做官时，因睦州爆发方腊起义，危及他的家乡歙州，遂举家寓居政和，后调任尤溪尉，又迁居尤溪，于建炎四年（1130 年）在尤溪生下朱熹。

朱熹的启蒙教育深受家庭的影响。旧史说朱熹的家世是“婺源著姓”，“以儒名家”②，即朱家在社会上具有显赫的地位，且笃信儒学，以儒家思想作为指导思想。朱熹的父亲朱松是二程的再传弟子罗从彦的学生，又是当时程学的重要代表人物李侗的同学，据《朱子年谱》记载：“初，韦斋（按：即朱松）师事罗豫章（按：即罗从彦），与李延平（按：即李侗）为同门友。闻杨龟山所传伊洛之学，独得古先圣贤不传之遗意，于是益自刻厉，痛刮浮华，以趋本实，日诵《大学》《中庸》之书，以用力于致知诚意之地。自谓卞急害道，因取古人佩韦之义，名其斋曰韦斋，以自警焉。”③ 这对朱熹的思想和学术都产生了很深的影响。

朱熹自幼聪颖过人，好读书，善思考，《宋史·朱熹传》记载：

“熹幼颖悟，甫能言，父指天示之曰：‘天也。’熹问曰：‘天之

① 陈正夫、何植靖：《朱熹评传》，江西人民出版社 1984 年版，第 3 页。

② 王云五主编，王懋竑纂订：《朱子年谱》卷之一上，《新编中国名人年谱集成第十七辑·宋朱子年谱》，台湾商务印书馆 1982 年版，第 1 页。

③ 同上书，第 3 页。

上何物?’松异之。就傅，授以《孝经》，一阅，题其上曰：‘不若是，非人也。’尝从群儿戏沙上，独端坐以指画沙，视之，八卦也。”

朱熹从幼年起就在深受理学熏陶的父亲的直接教育下学习《论语》《孟子》等儒家经典，并开始接触二程理学。朱熹十四岁时父亲朱松病逝，临终时要求朱熹师事当时的道学先生胡宪、刘勉之、刘子翚三人，继续学习儒家思想。朱松遗言：“籍溪胡原仲、白水刘致中、屏山刘彦冲，此三人者，吾友也。其学皆有渊源，吾所敬畏。吾即死，汝往父事之，而惟其言之听，则吾死不恨矣。”① 朱熹遵照父亲遗嘱受教于此三人。

朱熹师事的“一胡二刘”分别为：胡宪，字原仲，自号“籍溪先生”，建州崇安人。少时从胡安国学二程之学，对二程理学十分崇拜，是理学由二程发展至朱熹的承上启下的重要学者之一，朱熹师事他的时间最久。胡原仲受佛教的影响甚深，“质本恬澹而培养深固，平居危坐植立，时然后言。望之枵然如槁木之枝，而即之温然，虽当仓促，不见其有疾言遽色。人或犯之，未尝较也。”② 在学术方面，“其读书不务多，为训说，独尝纂《论语》说数十家，复抄取其要，附以己说。”③ 刘勉之，字致中，号草堂，时称聘君，学界称之为白水先生。南宋理学家、教育家，崇安五夫白水（今福建省武夷山市上梅乡）人，少以乡举人太学。当时蔡京严禁元佑书，伊洛之学不传，故刘勉之“阴访伊洛程氏之书，藏于箧底，深夜下帷燃膏，潜抄而默诵之。学《易》于谯天授定。已而厌科举业，南归见刘元城、杨龟山，皆请业焉”④。后来辞离太学，筑草堂于故乡，耕耘自给，淡泊功名，与胡宪、刘子翚讲学论道，研究理学。“其友朱韦斋卒，属以后事，且戒子受学焉，故文公之得道，自先生始。”⑤ 刘子翚，字彦冲，号屏山，建州崇安（今福建省武夷山市）人，“忠显公韐仲子。

---

① 朱熹：《屏山先生刘公墓表》，朱杰人、严佐之、刘永翔主编《朱子全书》第二十四册《晦庵先生朱文公文集》卷九十，上海古籍出版社、安徽教育出版社 2002 年版，第 4167—4168 页。

② 朱熹：《籍溪先生胡公行状》，朱杰人、严佐之、刘永翔主编《朱子全书》第二十五册《晦庵先生朱文公文集》卷九十七，上海古籍出版社、安徽教育出版社 2002 年版，第 4505 页。

③ 同上。

④ （清）黄宗羲原著，全祖望补修：《宋元学案》卷四十三，中华书局 1986 年版，第 1395 页。

⑤ 同上书，第 1396 页。

以父任授承务郎，辟真定府幕属。以父死靖康之难，痛愤，庐墓三年。服除通判兴化军。以执丧致羸疾，不堪吏事，辞归武夷山。”① 筑室故乡屏山下潭溪边，讲学论道以终，号“病翁”，人称“屏山先生”。“所与游皆海内名士，韦斋朱先生且以子文公托之。先生少喜佛，归而读《易》，涣然有得。以为学《易》莫先于复，而初九乃其工夫之要。文公尝请益，先生曰：‘吾于《易》，得入道之门焉。所谓“不远复”者，吾之三字符也，佩服周旋，罔敢失坠。汝尚勉哉！’”②

胡宪、刘勉之和刘子翚三人的思想和行为有很多一致的地方，朱熹分别就学于此三人，他在《籍溪先生胡公行状》中称：“先生所与同志，唯白水先生，既与俱隐，又得屏山刘公彦冲先生而与之游，更相切磋，以就其学。而熹之先君子，亦晚而定交焉，既病且没，遂因以属其子，故熹于三君子之门皆尝得供洒扫之役，而其事先生为最久。”③ 他们对朱熹的影响主要表现在：首先，三人都信奉理学，都醉心于二程理学的研究且学问渊博；其次，三人都主张抗金，坚持操守，不满于秦桧之流的妥协态度；第三，三人除治儒家经典外，都喜好佛教禅学。这些都对朱熹产生了重要影响。

朱熹十九岁进士及第，二十二岁授左迪功郎、泉州同安县主簿，待次。此时的朱熹求学心切，二十四岁在赴同安上任的途中，执父礼拜见了父亲的同门好友李侗。李侗，字愿中，南剑州剑浦（今福建省南平市）人，学者称为“延平先生”，与朱熹的父亲朱松一同拜罗从彦为师，学习二程之学。罗从彦是杨时的学生，杨时是二程的弟子，故李侗是二程的三传弟子。初见李侗，朱熹向李侗介绍了这些年他在“一胡二刘”处的学习情况，李侗以长辈的身份对朱熹过去的学习表示出“莫之许”的态度，并指出他所学的是一些禅道。对于李侗的批评，朱熹当时接受不了，但是后来经过反复的思考，才觉得李侗的话有道理。朱熹曾回忆说：

“始见李先生与他说，李先生只是说不是，某却倒疑李先生理会

① （清）黄宗羲原著，全祖望补修：《宋元学案》卷四十三，中华书局 1986 年版，第 1399 页。

② 同上书，第 1400 页。

③ 朱熹：《籍溪先生胡公行状》，朱杰人、严佐之、刘永翔主编《朱子全书》第二十五册《晦庵先生朱文公文集》卷九十七，上海古籍出版社、安徽教育出版社 2002 年版，第4505 页。

此未得，再三质问。李先生为人简重，却是不甚会说，只教看圣贤言语。某遂将那禅权倚阁起，意中禅道亦自在，且将圣人书来读，读来读去，一日复一日，觉得圣贤言语渐渐有味，却回头看释氏之说，渐渐破绽、罅漏百出。”①

于是朱熹三十一岁时正式拜李侗为师，专心儒学。李侗是笃信孔孟派儒学的思想家，对《春秋》《中庸》《论语》《孟子》等经典都有较深的造诣。朱熹得到李侗多年的教诲，在学术思想上有了很大的转变，儒家根底越来越扎实，特别是对《论语》《孟子》的造诣更深，从而树立了对儒家思想的坚定信念，成为继孔子、孟子以来最杰出的弘扬儒学的大师。

朱熹一生历仕高宗、孝宗、光宗、宁宗四朝，曾任武学博士、知南康军、提举两浙东路常平茶盐公事、江南西路提典刑狱公事、漳州太守、知潭州荆湖南路安抚使等职，后由赵汝愚推荐升任焕章阁待制、侍讲。为政期间，申敕令，惩奸吏，恤民省赋，节用轻役，限制土地兼并和高利盘剥，并实行某些改革措施，也参加了镇压农民起义的活动，治绩显赫。宋宁宗庆元三年（1197 年），韩侂胄擅权，攻击道学为“伪学”，排斥赵汝愚，朱熹也因此被革职回家，于庆元六年（1200 年）病逝。宋宁宗嘉定二年（1209 年），诏赐朱熹遗表恩泽，谥曰文，寻赠中大夫，特赠宝谟阁直学士，以明堂恩加通议大夫。宋理宗宝庆三年（1227 年），赠太师，追封信国公，宋理宗绍定三年（1230 年），改徽国公。

朱熹仕途坎坷，在政治上没有实现他的宏愿，但在教育和学术上却作出了显著的成绩。他长期从事书院教育，订立《学规》，著书立说，编纂教材，讲学授徒。在“白鹿国学”的基础上，朱熹建立了白鹿洞书院，并在潭州（今湖南长沙）修复岳麓书院，另外还先后创办了考亭书院、武夷精舍、紫阳书院、晦庵书院、建安书院等。朱熹讲学的内容“以理学和儒家经学为主，以‘四书’学为基础，在‘四书’学的基础上，以儒学‘六经’作为经学教育的提高阶段，把理学教育与经学教育相结合”②。朱熹还创立了在中国学术史上举足轻重的“闽学学派”，对后世具

① 王云五主编，王懋竑纂订：《朱子年谱》卷之一上，《新编中国名人年谱集成第十七辑·宋朱子年谱》，台湾商务印书馆 1982 年版，第 16 页。

② 蔡方鹿：《朱熹经学与中国经学》，人民出版社 2004 年版，第 237—238 页。

有重要影响。他又与同时代著名的理学家吕祖谦、陆九渊等会于江西上饶铅山鹅湖寺，开展学术交流和辩难，是为著名的“鹅湖之会”。这些都成了文化史上的美谈。

二 朱熹的著作简介

朱熹在从事教育期间，对于经学、哲学、史学、文学、乐律、佛学、道教以及自然科学，都有所涉猎或有著述，著作广博宏富。《宋史·朱熹传》记载：“其为学，大抵穷理以致其知，反躬以践其实，而以居敬为主。尝谓圣贤道统之传散在方册，圣经之旨不明，而道统之传始晦。于是竭其精力，以研穷圣贤之经训。所著书有：易本义、启蒙、蓍卦考误，诗集传，大学礼记中庸、或问，论语、孟子集注，太极图、通书、西铭解，楚辞集注、辨证，韩文考异；所编次有：论孟集议，孟子指要，中庸辑略，孝经刊误，小学书，通鉴纲目，宋名臣言行录，家礼，近思录，河南程氏遗书，伊洛渊源录，皆行于世。熹没，朝廷以其大学、语、孟、中庸训说立于学官。又有仪礼经传通解未脱稿，亦在学官。平生为文凡一百卷，生徒问答凡八十卷，别录十卷。”①

朱熹的著述远比《宋史》记载的要多，只是有的已经亡佚了。现根据考证，按《四库全书总目》的分类分别略述于下②：

（一）经部

1.《易》类：《周易本义》十二卷，《易学启蒙》四卷（与蔡元定合著），《蓍卦考误》一卷，《朱文公易说》二十三卷，《易传》十二卷（已佚），《古易音训》二卷（已佚），《损益象说》一卷（已佚），《易问答》二卷（已佚）；

2.《书》类：《书传辑说》七卷（已佚），《文公书说》三十卷（已佚），《书经问答》一卷（已佚）；

3.《诗》类：《诗集传》二十卷，《诗序辨说》一卷，《文公诗传遗说》六卷，《毛诗集解》（又称《诗集解》）（已佚），《晦翁诗谱》（已佚）；

---

① （元）脱脱：《宋史》第四百二十九卷，中华书局1977年版，第12769页。

② 金云铭：《福建文化》第二卷第十六期《朱子著述考》；吴其昌：《国学论丛》第一卷第二期《朱子著述考》；牛继昌：《师大月刊》第一卷第六期《朱熹著述分类考略》；束景南：《朱熹年谱长编·朱熹著述考略》，华东师范大学出版社2001年版。

4.《礼》类：《仪礼经传通解》三十七卷，《仪礼释宫》一卷，《家礼》五卷，《仪礼经传图解》（已佚），《礼记解》一卷（已佚），《祭仪》（已佚），《二十家古今家祭礼》二十卷（已佚），《四书礼范》五卷（已佚）；

5.《孝经》类：《孝经刊误》一卷，《孝经存异》一卷（已佚）；

6. 五经总义类：《新定易书诗春秋古经》（已佚），《经说》三十卷（已佚），《五经问答》（已佚）；

7.《四书》类：《四书章句集注》十九卷（包括《礼记大学》一卷，《论语集注》十卷，《孟子集注》七卷，《礼记中庸》一卷），《四书或问》三十九卷（包括《大学或问》二卷，《论语或问》二十卷，《孟子或问》十四卷，《中庸或问》三卷），《论孟精义》三十四卷（包括《论语精义》二十卷，《孟子精义》十四卷），《论语评说》八卷，《孟子问辨》十卷，《中庸辑略》二卷，《大学集解》（已佚），《论语训蒙口义》八卷（已佚），《论语集解》（已佚），《孟子集解》（已佚），《孟子要略》（已佚），《中庸详说》（已佚），《中庸集解记辨》（已佚），《新定大学》（已佚），《新定中庸》（已佚），《四书音训》（已佚），《四书集义》（已佚）；

8. 小学类：《校定急就篇》一卷（已佚），《校定说文解字》一卷（已佚）。

（二）史部

1. 编年类：《资治通鉴纲目》五十九卷，《资治通鉴纲目提要》五十九卷（已佚）；

2. 传记类：《伊洛渊源录》十四卷（未完稿），《八朝名臣言行录》（《前集》十卷，《后集》十四卷），《曾南丰年谱》一卷（已佚），《婺源茶院朱氏世谱》一卷（已佚）；

3. 地理类：《台寓录》三卷（已佚）；

4. 政书类：《绍熙州县释奠仪图》一卷，《田说注》（已佚）。

（三）子部

1. 儒家类：《延平答问》一卷、《附录》一卷，《西铭解》一卷，《太极图说解》一卷，《通书解》一卷，《杂学辨》一卷、附《记疑》一卷，《小学》六卷，《经济文衡》（《前集》二十五卷，《后集》二十五卷，《续集》二十二卷），《近思录》十四卷（与吕祖谦合编），《续近思录》十四卷（已佚），《训蒙绝句》（已佚），《困学恐闻》（已佚），《中和旧

说》(已佚),《论性答稿》(已佚),《程子微言》(已佚),《朱子读书法》(已佚);

2. 数术类:《潜虚考异》(已佚);

3. 艺术类:《琴律说》一卷,《家藏石刻集》(已佚);

4. 杂家类;《校正裨正书》三卷(已佚);

5. 道书类:《阴符经考异》一卷,《周易参同契考异》一卷。

(四)集部

1.《楚辞》类:《楚辞集注》八卷,《楚辞辩证》二卷,《楚辞后语》六卷,《楚辞协韵》一卷(已佚),《楚辞音考》一卷(已佚);

2. 别集类:《晦庵先生文集》(《前集》十一卷,《后集》十八卷),《韩文考异》十卷,《昌黎文粹》(已佚),《牧斋净稿》(朱熹自订之早年诗集,未刊刻),《东归乱稿》(未刊刻),《文公文集》八十八卷(朱熹子朱在编)(已佚),《朱文公文集类编》一百五十卷(黄士毅编)(已佚),《晦庵文集》一百卷(王埜编),《文公文集续集》十卷(王遂编)(已佚),《朱文公文集》(《正集》一百卷,《续集》十一卷,《别集》十卷),(《正集》一百卷为王埜所编,《续集》十一卷为徐几所编,乃由王遂编《续集》十卷再增一卷,《别集》十卷为徐师鲁所编),《朱子前集》四十卷、《后集》九十一卷、《续集》十卷、《别集》二十四卷(已佚),《朱子大同集》十三卷(朱熹门人陈利用辑,明·林希元复加增辑);

3. 总集类:《南岳唱酬集》一卷、《附录》一卷,《欧曾文粹》六卷(已佚);

4. 诗文评类:《晦庵诗话》一卷(朱熹门人陈文蔚辑),《朱文公游艺至论》二卷(明·余佑辑)。

此外,朱熹编校的书有:《二程遗书》二十五卷、《附录》一卷,《二程外书》十二卷,《校正程氏易传》四卷,《谢上蔡先生语录》三卷,《张南轩文集》四十四卷,《韦斋集》十二卷,《玉澜集》一卷,《二程文集校》十二卷(已佚),《程氏经说校》七卷(已佚),《横渠集校补》(已佚),《步天歌校》一卷(已佚)。

朱熹的弟子记录其师谈经、论事、明理之言,汇集编订成书,也反映了朱熹在教育和学术上的显著成绩,主要有:《朱子语类》一百四十卷(黄士毅、李性传、王佖编),《朱子语类》一百四十卷(黎靖德编),《朱子语略》二十卷(杨与立编),《朱子语录类要》十八卷(叶士龙编)，《语录类编》(虋渊编)(已佚)，《四书类编》(虋渊编)(已佚)，《易问答语要》(虋渊编)(已佚)，《文公进学善言》(虋渊编)(已佚)，《朱子别录》十卷(李道传编)(已佚)，《朱子语粹》十卷(程永奇编)(已佚)，《语录汇编》十卷(胡常编)(已佚)，《晦庵语类》二十七卷(潘墀编)(已佚)，《疑义问答》(严世文记)(已佚)，《师友问答》(刘刚中记)(已佚)，《问答》十卷(李闳祖记)(已佚)，《师说》十卷(郑可学记)(已佚)，《师诲》三卷、《附录》一卷(吴必大记)(已佚)，《文说》一卷(包扬录)(已佚)，《文公语录》(周耜录)(已佚)。

关于朱熹的著作，后人还多所辑佚、补订，主要有：《紫阳遗文》(明·张逵编)(已佚)，《文公大全集补遗》八卷(明·朱培辑)，《朱子大全集补遗》二卷(清·朱启昆编)，《朱子文集大全类编补遗》(清·朱玉辑)，《朱子文集补遗》(清·陈敬章辑)等。

第二节　本选题的研究现状

对于朱熹训诂的研究，目前还未见有汇集朱熹的多部具有代表性的训诂著作来全面、系统地研究其训诂方法和训诂思想的论著，现有的研究成果主要集中在对朱熹某部著作的训诂的研究、对朱熹训诂中某一具体内容的研究以及对朱熹的训诂著作与其他著作的比较研究等几个方面。经过搜集，具有代表性的学位论文和期刊论文分别如下：

一　关于朱熹某部著作的训诂的研究

如《论朱熹〈论语集注〉的训诂价值》(罗小如，宁夏大学硕士学位论文，2003 年)，《〈楚辞集注〉研究》(陈尚敏，西北师范大学硕士学位论文，2003 年)，《朱熹〈诗集传〉研究》(胡琴，南昌大学硕士学位论文，2005 年)，《〈四书章句集注〉训诂研究》(国建强，新疆师范大学硕士学位论文，2005 年)，《〈四书章句集注〉训诂研究》(李小明，兰州大学硕士学位论文，2007 年)，《朱熹〈集注〉〈集传〉训诂研究》(舒拥军，华中师范大学硕士学位论文，2007 年)，《朱熹〈孟子〉三书研究》(朱媛凤，山东大学硕士学位论文，2007 年)，《朱熹与〈楚辞集注〉》(黄美兰，南昌大学硕士学位论文，2008 年)，《朱熹〈家礼〉研究》(孙华，浙江大学硕士学位论文，2009 年)；《朱熹〈诗集传〉的特色及其贡献》（张宏生，《运城师专学报》1987年第2期），《训诂在〈四书集注〉中的运用》［陈焕良，《中山大学学报（社会科学版）》1987年第2期］，《〈诗集传〉训诂体例类述》（陈松长，《娄底师专学报》1988年第3期），《朱熹〈诗集传〉的训诂特色》，（陈松长，《古汉语研究》1989年第3期），《试评〈孟子集注〉的训诂得失》［曹小云，《淮北煤炭师范学院学报（哲学社会科学版）》1992年第1期］，《从〈四书章句集注〉看朱熹的训诂学与义理学（上）》，（刘志刚，《广东教育学院学报》1996年第1期），《论朱熹〈论语集注〉的特点及贡献》［姚徽，《安徽教育学院学报（哲学社会科学版）》1999年第4期］，《读朱熹〈诗集传〉》（向熹，《乐山师范学院学报》2002年第2期），《朱子〈诗集传〉浅说》［徐鼎一，《北京大学学报（国内访问学者、进修教师论文专刊）》2003年］，《朱熹〈论语集注〉探研》（唐明贵，《中华文化论坛》2006年第3期），《试析朱熹〈论语集注〉中的训诂》（胡进，《安徽水利水电职业技术学院学报》2006年第4期），《集大成：朱熹〈诗集传〉的训释特色》（罗英侠，《中州学刊》2007年第4期），《试论朱熹〈礼记大学集注〉中的训诂》（张琳，《语文学刊》2009年第10期）。

其中以《诗集传》和《四书章句集注》的成果为多，至于朱熹的其他著作在训诂方面的研究成果则较少。

二　针对朱熹训诂中某一具体内容的研究

如《朱熹〈诗集传〉句法研究》（胡宪丽，南京师范大学硕士学位论文，2006年），《〈诗集传〉训诂术语研究》（李平，兰州大学硕士学位论文，2007年），《〈诗集传〉八卷本音系研究》（马丹，河北师范大学硕士学位论文，2008年）；《〈诗集传〉注音初探》［黄景湖，《厦门大学学报（哲学社会科学版）》1981年第4期］，《〈诗集传〉训诂体例类述》［陈松长，《娄底师专学报（社会科学版）》1988年第3期］，《简论古文语气的标点——〈孟子集注〉句读札记》［蔡域弓，《浙江师范大学学报（社会科学版）》1988年第3期］，《试论对古文引语的标点——〈孟子集注〉句读札记之二》［域弓，《浙江师范大学学报（社会科学版）》1989年第4期］，《朱熹用韵考》［陈鸿儒，《龙岩师专学报（社会科学版）》1992年第1期］，《朱熹关于修辞本质的论述》（李士金，《修辞学习》1992年第2期），《〈诗集传〉体例特征》（张祝平，《古籍整理研究学刊》1993年第1期)，《朱熹的注释和辨伪》（曾贻芬，《史学史研究》1993年第4期)，《朱熹集注释例》(石云孙，《安庆师院社会科学学报》1995年第1期)，《论朱熹〈诗集传〉》(张启成，《贵州文史丛刊》1995年第3期)，《朱熹的古籍注释》(华星白，《解放军外语学院学报》1997年第5期)，《朱熹〈诗集传〉叶音考辨》［陈广忠，《安徽大学学报（哲学社会科学版)》1999年第2期］，《朱熹〈诗集传〉叶音考辨（续)》［陈广忠，《安徽大学学报（哲学社会科学版)》1999年第3期］，《〈诗集传〉叶音与朱熹古韵》(陈鸿儒，《古汉语研究》2000年第1期)，《朱熹与闽方言》(刘晓南，《方言》2001年第1期)，《〈诗集传〉叶音辨》(陈鸿儒，《古汉语研究》2001年第2期)，《从〈诗集传〉考察朱熹的语法意识》(俞允海，《古汉语研究》2002年第3期)，《朱熹诗经楚辞叶音中的闽音声母》(刘晓南，《方言》2002年第4期)，《论朱熹诗骚叶音的语音根据及其价值》(刘晓南，《古汉语研究》2003年第4期)，《朱熹叶音本意考》(刘晓南，《古汉语研究》2004年第3期)，《论朱熹〈诗集传〉叶音对吴棫〈毛诗补音〉的改订》［刘晓南，《浙江大学学报（人文社会科学版)》2005年第3期］，《朱熹〈四书章句集注〉中的语法分析》［李小明，《西华大学学报（哲学社会科学版)》2006年第6期］，《朱熹〈诗集传〉助词探析》［王明春，《绥化学院学报》2007年第3期］，《〈楚辞集注〉叶音古韵分部考》［汪业全、李清桓，《广西师范大学学报（哲学社会科学版)》2007年第6期］，《朱熹〈诗集传〉赋比兴标诗探微》［王龙，《贵州大学学报（社会科学版)》2008年第1期］，《〈诗集传〉叶音语音根据别考》(汪业全、孙月香，《韩山师范学院学报》2008年第1期)，《朱熹〈诗集传〉“某音某”作用及特点》(李彧、丰素贞，《唐山师范学院学报》2008年第1期)，《朱熹“明语法以通训诂”的解经方法探析》(叶方石、舒拥军，《烟台职业学院学报》2008年第1期)，《谈〈诗集传〉中的训诂术语“放此”》(李平，《萍乡高等专科学校学报》2008年第4期)，《〈楚辞集注〉校勘补零》［杨曦，《成都大学学报》(教育科学版）2008年第5期］，《朱熹〈诗集传〉校勘札记六则》(胡辉、陈才，《语言学习》2008年第12期)，《论朱熹〈诗集传〉中的“兴”》［王龙，《山西师大学报（社会科学版)》2009年第3期］。

三　朱熹的训诂著作与其他著作的比较研究

如《〈毛诗故训传〉〈毛诗笺〉与〈诗集传〉训诂比较研究》(刘卫

宁，暨南大学硕士学位论文，2005 年），《戴震与朱熹诗经学比较》（陈海燕，安徽大学硕士学位论文，2005 年），《〈大学〉郑玄本与朱熹本之异同考》（孟威龙，山东大学硕士学位论文，2005 年），《朱熹和刘宝楠〈论语〉解释之比较》（何林英，兰州大学硕士学位论文，2007 年），《〈论语〉朱熹注与刘宝楠注的比较》（屈玉丽，山东师范大学硕士学位论文，2008 年），《〈大学〉〈中庸〉之郑注、孔疏与朱子〈集注〉训诂术语比较研究》（冯晴，曲阜师范大学硕士学位论文，2009 年）；《论朱熹〈诗〉说与毛郑之学的异同及历史意义》（谢谦，《四川师院学报》1985 年第 3 期），《〈诗集传〉与毛传郑笺训诂相通说》［李开金，《武汉大学学报（人文科学版）》1987 年第 3 期］，《朱熹〈诗集传〉对〈毛诗序〉的批判和继承》［原新梅，《徐州师范学院学报（哲学社会科学版）》1990 年第 4 期］，《王逸、朱熹、蒋骥三家〈楚辞〉训释原因初探——王、朱、蒋三家〈楚辞〉注本比较研究之一》（黄建荣，《抚州师专学报》1992 年第 2 期），《〈论语〉郑注与朱注的比较研究》（陈绂，《古汉语研究》1996 年第 1 期），《〈论语〉郑玄与朱熹解释之比较》（匡鹏飞，《孔子研究》2001 年第 4 期），《〈诗本音〉所考古音与〈诗集传〉注音》（陈鸿儒，《语言研究》2003 年第 3 期），《朱熹〈论语集注〉与何晏〈论语集解〉之比较》（罗小如，《龙岩师专学报》2004 年第 5 期），《毛郑朱〈诗经〉训诂略说》［石云孙，《安庆师范学院学报（社会科学版）》2006 年第 3 期］，《比较分析〈毛传郑笺〉与〈诗集传〉对比兴认识的歧异》（陈英姿、沈芳，《乐山师范学院学报》2006 年第 7 期），《朱熹〈诗集传〉与汉儒诗说比较》（朱茹、薛颖，《南昌教育学院学报》2007 年第 2 期），《析〈诗集传〉与〈毛诗序〉的异与同》（王国栓，《广东技术师范学院学报》2007 年第 11 期），《毛传与朱熹〈诗集传〉异训比较研究》（赵振兴、唐丽娟，《长江学术》2008 年第 1 期），《朱熹〈诗集传〉与吴棫〈诗补音〉音叶考异》［汪业全，《南通大学学报（社会科学版）》2009 年第 2 期］。

此外，还有一些跟朱熹训诂有关的研究成果，如《宋代屈学研究》（蒋骏，扬州大学硕士学位论文，2004 年）；《论朱熹的解经思想》［李禹阶，《重庆师院学报（哲学社会科学版）》1998 年第 2 期］，《论朱熹的考据学》（汤勤福，《北方论丛》1998 年第 6 期），《朱熹校书考》（赵灿鹏，《安徽史学》2000 年第 1 期），《朱熹〈四书〉解释方法论》（周光庆，

《孔子研究》2000 年第 6 期），《〈周易本义〉的“阙疑”方法》（王风，《承德石油高等专科学校学报》2003 年第 3 期），《朱熹〈四书〉学的治学特点》［肖永明，《湖南大学学报（社会科学版）》2004 年第 1 期］，《朱熹对〈大学〉主旨的改造和诠释》［李方泽，《安徽大学学报（哲学社会科学版）》2006 年第 2 期］，《朱熹论修辞本质的实践意义》（李士金，《修辞学习》2007 年第 1 期），《论朱熹〈大学章句〉的解释特点》（陈来，《文史哲》2007 年第 2 期），《朱熹的治学方法与徽派朴学》（汪银辉，《黄山学院学报》2007 年第 2 期），《朱熹〈诗集传〉对〈毛诗序〉诗旨取舍原因浅析》（张宇，《福建教育学院学报》2007 年第 7 期），《从篇目选择看朱熹〈楚辞集注〉的注释原则》（孙光，《社会科学论坛》2008 年第 10 期），《论朱熹的解经原则》（周元侠，《兰州学刊》2009 年第 3 期），《〈郑笺〉对〈诗集传〉的影响》（孙永娟，《北方论丛》2009 年第 6 期）。

第三节　本选题的意义与研究方法

一　选题意义

关于朱熹训诂方面的研究，前人的成果各有侧重，目前尚未出现总论性质的研究专著，本选题通过汇集朱熹的多部具有代表性的训诂著作，力图在全面、系统地研究朱熹的训诂原则、训诂方法和训诂思想方面做一尝试。具体的选题意义主要有以下三点：

首先，通过对朱熹的训诂材料进行整理爬梳，可以全面、系统地总结朱熹在训诂理论和训诂方法上的成就与不足，这对训诂学的研究具有重要意义。一般对于朱熹的研究多集中在他的理学思想、哲学思想甚至文学思想上，而对他的训诂则研究得还不够。事实上，朱熹虽然是理学大家，但在训诂学上亦颇有建树。在《晦庵先生朱文公文集》里保留的大量文章、书信以及他的学生们记录他言论的《朱子语类》中，都有朱熹对于训诂认识的记载，而朱熹注解古籍的多部著作，则是他训诂的实践。我们研究朱熹的训诂思想、方法与实践，从有关材料里挖掘朱熹关于训诂学的有价值的见解，对于今天的训诂研究是十分必要的。

其次，通过揭示朱熹在训诂实践中所体现出的训诂思想，可以正确评价朱熹在中国训诂学史上承上启下的历史地位。一般认为，汉学重训诂，宋学重义理，《四库全书总目·经部总叙》云："自汉京以后，垂二千年，儒者沿波，学凡六变：其初专门授受，递禀师承，非惟诂训相传，莫敢同异，即篇章字句，亦恪守所闻，其学笃实谨严，及其弊也拘。……洛、闽继起，道学大昌，摆落汉、唐，独研义理，凡经师旧说，俱排斥以为不足信，其学务别是非，及其弊也悍。学脉旁分，攀缘日众，驱除异己，务定一尊，自宋末以逮明初，其学见异不迁，及其弊也党。……要其归宿，则不过汉学、宋学两家，互为胜负。夫汉学具有根柢，讲学者以浅陋轻之，不足服汉儒也。宋学具有精微，读书者以空疏薄之，亦不足服宋儒也。"① 朱熹作为宋学的集大成者，却并未像当时一般的理学家那样弃训诂于不顾，而是非常尊重汉唐旧注，同时还主张重视近人的观点，既能充分予以继承，又不盲从前人，能够提出自己的训诂见解，其中有很多独到之处为后人所继承发扬，这对学术的发展是起了积极作用的。

第三，通过研究朱熹的训诂著作，可以让我们认识到对经典文句的解释具有时代性的特点，从而能够重新审视朱熹在文化传承过程中所做的贡献。朱熹在当时的历史条件下已经认识到，经典文本的语言表达会因时代、地域的不同而产生差异："《典》《谟》之书，恐是曾经史官润色来。如《周诰》等篇，恐只似如今榜文晓谕俗人者，方言俚语，随地随时各自不同。林少颖尝曰：'如今人"即日伏惟尊候万福"，使古人闻之，亦不知是何等说话。'"② 对此，任继愈先生曾在《文化遗产的寿命》③ 一文中提出一种"文化影响衰减"现象，说"这里借用电讯通讯的概念。远距离的通讯联络，讯号逐渐衰减，距离越远，衰减现象越明显，为了防止衰减，中间设有接力站，使衰减的讯号得到增益，可以收到需要的效果。太远的距离，中间还要增加不只一处的接力站。"并指出："古代思想传流到后世，也有这衰减现象。……衰减现象之所以出现，是因为古人的处境与今人不同，古人的思想感受有与今人相同处，也有与今人不同处，世代相去越远，古今人之间的感受的差别越大。所以今人读古人作品不及古人的感受的深刻而激动。"朱熹就对儒家文化的衰减现象起了第二次的接力作用："经典文句是凝固的，它的影响会随着时移世变而衰减，这是历

① （清）永瑢等：《四库全书总目》卷一，中华书局1965年版，第1页。
② （宋）黎靖德编：《朱子语类》第五册卷七十八，中华书局1986年版，第1981页。
③ 任继愈：《文化遗产的寿命》，《群言》1991年第11期。

史事实所表明的。但对经典的解释权却可以随时改变着，充实着，不断填充新内容，使它免于衰减。”朱熹通过对经典文献进行注释，不仅赋予了经典新的生命力，而且对后世几百年都产生了巨大影响，在中国传统文化的传承过程中作出了重要的贡献。

二 研究方法

本书以朱熹的《诗集传》《四书章句集注》《楚辞集注》和《周易本义》为主要研究材料，综合运用了训诂学、音韵学、文字学、词汇学、语法学、修辞学和校勘学等学科的理论，在深入探讨朱熹的训诂原则和训诂方法，总结其训诂的成就与不足时主要采用了以下的研究方法：

1. 共时与历时相结合的方法：既在共时的平面上研究朱熹训诂的内容及方法，又把朱熹放在训诂学史的背景中考察其训诂的得失；

2. 宏观与微观相结合的方法：对于朱熹的训诂材料，既从宏观上总结其训诂原则，又从微观上进行个案的调查分析；

3. 理论与实践相结合的方法：既注重朱熹自身对训诂的理解与认识，又结合朱熹的训诂实践来与这些观点相互印证，从而全面阐发朱熹的训诂理念。

第一章　朱熹训诂的原则

第一节　重视旧注，博采群说的原则

北宋初年的古籍注释情况基本上沿袭了唐代“疏不破注”的传统，许多著作大都墨守故训，缺乏创新。到了宋仁宗庆历年间，学风有了变化，有人开始怀疑前代的典籍，不再盲从古人。王应麟在他的《困学纪闻》卷八中大致记载了这一情况：

> 自汉儒至于庆历间，谈经者守训故而不凿。《七经小传》出，而稍尚新奇矣。至《三经义》行，视汉儒之学若土梗。古之讲经者，执卷而口说，未尝有讲义也。元丰间，陆农师在经筵，始进讲义。自时厥后，上而经筵，下而学校，皆为支离曼衍之词。说者徒以资口耳，听者不复相问难，道愈散而习愈薄矣。陆务观曰：唐及国初，学者不敢议孔安国、郑康成，况圣人乎？自庆历后，诸儒发明经旨，非前人所及。然排《系辞》，毁《周礼》，疑孟子，讥《书》之《胤征》、《顾命》，黜《诗》之序，不难于议经，况传注乎？
>
> 阎若璩注：“排《系辞》谓欧阳永叔；毁《周礼》谓欧阳永叔、苏轼、辙；疑孟子谓李觏、司马光；讥《书》之《胤征》、《顾命》谓苏轼；黜《诗》之序谓晁说之。”

这种情况的出现与当时的时代背景是分不开的。面对内忧外患的严峻形势，学者们的议论多是即时而论，有感而发，比较讲究实际。“他们读书以议论为主，不尚考证。有些理学家甚至主张不读书、不著述。如陆九渊就认为经书不需要注释。他说：‘学苟知本，六经皆我注脚。或问：先志》张逸问：'豕生三曰豵，不知母豕也？豚也？'答曰：'豚也。过三以往，犹谓之豵，以自三以上更无名也。'故知过三亦为豵。"对于"豵"的这两种解释，朱熹采用了毛传的说法，并进一步做了解释："亦小豕也。"

> 《诗经·邶风·谷风》："不我能慉，反以我为雠。既阻我德，贾用不售。"
>
> 毛传："慉，养也。"
>
> 郑笺："慉，骄也。"
>
> 朱熹集传："慉，养。"

按：孔颖达疏："遍检诸本，皆云'慉，养'。孙毓引传云：'慉，兴。'非也。《尔雅》不训慉为骄，由养之以至于骄，故笺训为骄。"故而朱熹仍采用毛传的解释，训"慉"为"养"。

（2）采郑笺而不采毛传例

> 《诗经·邶风·北门》："王事敦我，政事一埤遗我。我入自外，室人交遍摧我。已焉哉，天实为之。谓之何哉。"
>
> 毛传："敦，厚。"
>
> 郑笺："敦犹投掷也。"
>
> 朱熹集传："敦，犹投掷也。"

按：陆德明音义："敦，毛如字；《韩诗》云'敦，迫'；郑都回反，投擿也。……擿，呈释反，与掷同。"孔颖达疏："笺以役事与之，无所为厚也。且上云'适我'，此亦宜为'之己'之义，故易传以为投掷于己也。"故朱熹采用郑笺的解释，在具体语境中更为确切。

> 《诗经·秦风·蒹葭》："蒹葭苍苍，白露为霜。所谓伊人，在水一方。"
>
> 毛传："伊，维也。"
>
> 郑笺："伊当作緊，緊犹是也，所谓是知周礼之贤人，乃在大水之一边。"

朱熹集传："伊人，犹言彼人也。"

按：这里朱熹采用郑玄的说法，把"伊"看作指示代词，是正确的。"伊"确有"维"训，但一般是作为语气词来用的，可以用于句首，如《尔雅·释诂下》："伊，维也。"郭璞注："发语词。"《汉书·董仲舒传》："伊欲风流而令行，刑轻而奸改，百姓和乐，政事宣昭。"颜师古注："伊，惟也。"刘知几《史通·浮词》："伊、惟、夫、盖，发语之端也；焉、哉、矣、兮，断句之助也。去之则言语不足，加之则章句获全。"也可以用于句中，如《仪礼·士冠礼》："旨酒既清，嘉荐伊脯。"郑玄注："伊，惟也。"贾公彦疏："云'伊，惟也'者，助句辞，非为义也。"《书·文侯之命》："惟祖惟父，其伊恤朕躬。"孔颖达疏："伊，训惟也。"但是此处"所谓伊人"之"伊"不是语气词，而是指示代词，郑玄认为"伊当作緊，緊犹是也。"《左传·僖公五年》："民不易物，唯德緊物。"杜预注："緊，是也。"《国语·吴语》："君王之于越也，緊起死人而肉白骨也。"韦昭注："緊，是也。"《后汉书·应劭传》："岂緊自谓必合道衷，心焉愤邑，聊以藉手。"李贤注："緊，犹是也。"《广韵·齐韵》："緊，是也。""伊"上古为影母支部字，"緊"上古为影母脂部字，二者音近义通，"伊"可训作"緊"。王引之《经传释词》卷三："宣二年《左传》：'自诒緊戚。'《小明》云：'自诒伊戚。'为义既同，明'伊'有义为'緊'者。"《汉书·扬雄传上》："伊年暮春，将瘗后土，礼灵祇，谒汾阴于东郊。"颜师古注："伊，是也。"因此，朱熹采郑笺而不采毛传是正确的。

《诗经·鲁颂·閟宫》："后稷之孙，实维大王，居岐之阳，实始翦商。"

毛传："翦，齐也。"

郑笺："翦，断也。"

朱熹集传："翦，断也。"

按："齐"通"剪"，有修剪、截断义。《集韵·獮韵》："前，《说文》：'齐断也。'或作齐，俗作剪。"《仪礼·既夕礼》："马不齐髦。"郑玄注："齐，翦也。"马王堆汉墓帛书《战国纵横家书·苏秦谓齐王章

(四)》:“三晋若不愿乎，王收秦而齐其后，三晋岂敢为王骄。”故“翦”的“齐”训和“断”训实际上是同义的，孔颖达疏:“‘翦，齐’，《释言》文。齐即斩断之义，故笺以为断，其意同也。”朱熹虽然采用了郑玄的解释，但与毛传的释义是相通的。

(3) 兼采毛传与郑笺例

《诗经·卫风·氓》:“匪我愆期，子无良媒。将子无怒，秋以为期。”

毛传:“将，愿也。”

郑笺:“将，请也。”

朱熹集传:“将，愿也，请也。”

《诗经·豳风·破斧》:“既破我斧，又缺我錶。周公东征，四国是遒。哀我人斯，亦孔之休。”

毛传:“遒，固也。”

郑笺:“遒，敛也。”

朱熹集传:“遒，敛而固之也。”

《诗经·大雅·云汉》:“旱既大甚，涤涤山川。旱魃为虐，如惔如焚。我心惮暑，忧心如熏。”

毛传:“惮，劳。”

郑笺:“惮，犹畏也。”

朱熹集传:“惮，劳也，畏也。”

这种情况一般是毛传和郑笺的训释或为同义，或相互补充说明，朱熹将二者结合在一起，使得被训释词的语义信息更为全面。

2. 注解《四书》

《礼记·大学》:“一家仁，一国兴仁；一家让，一国兴让；一人贪戾，一国作乱。其机如此。此谓一言偾事，一人定国。”

郑玄注:“机，发动所由也。偾，犹覆败也。”

朱熹集注:“机，发动所由也。偾，覆败也。”

《礼记·中庸》:“子曰:‘人皆曰予知，驱而纳诸罟擭陷阱之中，而莫之知辟也。人皆曰予知，择乎中庸，而不能期月守也。’”

陆德明音义："罟音古，罔之总名。擭，胡化反，《尚书传》云：'捕兽机槛。'陷，陷没之陷。阱，才性反，本或作穽，同。阱，穿地陷兽也。《说文》云：'穽或为阱字也。'"

孔颖达疏："罟，网也。擭，谓柞樗也。陷阱，谓坑也。穿地为坎，竖锋刃于中以陷兽也。"

朱熹集注："罟，音古。擭，胡化反。阱，才性反。……罟，网也。擭，机槛也。陷阱，坑坎也。皆所以掩取禽兽者也。"

《论语·子罕》："子曰：'麻冕，礼也；今也纯，俭。吾从众。'"

何晏集解："孔曰：'冕，缁布冠也，古者绩麻三十升布以为之。纯，丝也。丝易成，故从俭。'"

邢昺疏："云'古者绩麻三十升布以为之'者，郑注《丧服》云：'布八十缕为升。'"

朱熹集注："麻冕，缁布冠也。纯，丝也。俭，谓省约。缁布冠，以三十升布为之，升八十缕，则其经二千四百缕矣。细密难成，不如用丝之省约。"

《论语·乡党》："疾，君视之，东首，加朝服，拖绅。"

何晏集解："包曰：'夫子疾，处南牖之下，东首，加其朝服，拖绅。绅，大带。不敢不衣朝服见君。'"

邢昺疏："此明孔子有疾，君来视之时也。拖，加也。绅，大带也。病者常居北牖下，为君来视，则暂时迁乡南牖下。东首，令君得南面而视之。以病卧，不能衣朝服及大带，又不敢不衣朝服见君，故但加朝服于身，又加大带于上，是礼也。"

朱熹集注："东首，以受生气也。病卧不能着衣束带，又不可以亵服见君，故加朝服于身，又引大带于上也。"

《孟子·梁惠王上》："臣闻之胡龁曰：王坐于堂上，有牵牛而过堂下者，王见之曰：'牛何之？'对曰：'将以衅锺。'王曰：'舍之，吾不忍其觳觫，若无罪而就死地。'"

赵岐注："觳觫，牛当到死地处恐貌。新铸钟，杀牲以血涂其衅郄，因以祭之，曰衅。"

朱熹集注："衅钟，新铸钟成，而杀牲取血以涂其衅郄也。觳觫，恐惧貌。"

《孟子·公孙丑下》："且比化者，无使土亲肤，于人心独无恔乎？"

赵岐注："恔，快也。棺椁敦厚，比亲体之变化，且无令土亲肤，于人子之心，独不快然无所恨也。"

孙奭疏："恔，快也。以其人子之心如此得厚葬其亲，乃快然而弗恨也。"

朱熹集注："恔，快也。言为死者不使土近其肌肤，于人子之心岂不快然无所恨乎？"

按："恔"意为"快慰、畅快"，朱熹沿袭了赵岐、孙奭的注疏，并结合上下文意对"恔"作出了合理的解释。

对于《四书》的解释，朱熹虽然继承旧注较多，但是朱熹写作《四书章句集注》意在明道、求理，因此，朱熹在注释中出于己意，结合理学思想来作解释的地方也很多，兹举一例：

《孟子·告子上》："告子曰：'生之谓性。'孟子曰：'生之谓性也，犹白之谓白与？'曰：'然。''白羽之白也，犹白雪之白；白雪之白，犹白玉之白与？'曰：'然。''然则犬之性犹牛之性，牛之性犹人之性与？'"

朱熹集注："愚按：性者，人之所得于天之理也；生者，人之所得于天之气也。性，形而上者也；气，形而下者也。人、物之生，莫不有是性，亦莫不有是气。然以气言之，则知觉、运动，人与物若不异也；以理言之，则仁、义、礼、智之禀，岂物之所得而全哉？此人之性所以无不善，而为万物之灵也。"

3. 注解《楚辞》

《楚辞·九歌·湘夫人》："罔薜荔兮为帷，擗蕙櫋兮既张。白玉兮为镇，疏石兰兮为芳。芷葺兮荷屋，缭之兮杜衡。"

王逸注："罔，结也。言结薜荔为帷帐。……擗，析也。以析蕙覆櫋屋。擗，一从木，一作擘。析，一作析。櫋，一作槾。"

洪兴祖补注："罔，读若网。在旁曰帷。……擗，普觅切，一音觅。櫋，音绵，又弥坚切。"

五臣注："罔结以为帷帐，擗析以为屋联，尽张设于中也。"

朱熹集注："罔，与网同。擗，一作辟，普觅反，又音觅；一作擘。櫋，音绵。……罔，结也，结以为帷帐也。擗，析也，析蕙以为屋櫋联也。"

《楚辞·九章·惜诵》："退静默而莫余知兮，进号呼又莫余闻。申侘傺之烦惑兮，中闷瞀之忳忳。"

王逸注："申，重也。……闷，烦也。瞀，乱也。忳忳，忧貌也。……中，一作心。"

洪兴祖补注："号，大呼也，音豪。……瞀，音茂。忳，徒昆切，闷也。"

朱熹集注："号，音豪。中，一作心；一'心'上别有'中'字。瞀，音茂。忳，徒昆反。号，大呼也。申，重也。闷，烦也。瞀，乱也。忳忳，忧貌。"

朱熹有时在《楚辞集注》中直接注明所采用的观点来源于洪兴祖的《楚辞补注》，例如：

《楚辞·离骚》："固时俗之工巧兮，偭规矩而改错。背绳墨以追曲兮，竞周容以为度。"

洪兴祖补注："偭，音面。……偭规矩而改错者，反常而妄作。背绳墨以追曲者，枉道以从时。'"

朱熹集注："偭，音面。……洪曰：'偭规矩而改错者，反常而妄作。背绳墨以追曲者，枉道以从时。'"

《楚辞·大招》："滂心绰态，姣丽施只。小腰秀颈，若鲜卑只。魂乎归徕！思怨移只。"

洪兴祖补注："《前汉·匈奴传》：'黄金犀毗。'孟康曰：'要中大带也。'张晏曰：'鲜卑郭洛带，瑞兽名也，东胡好服之。'师古曰：'犀毘，胡带之钩。亦曰鲜卑。'《魏书》曰：'鲜卑，东胡之余也。别保鲜卑山，因号焉。'"

朱熹集注："《补》曰：'鲜卑之带，《汉·匈奴传》所谓"黄金犀毗"，孟康以为"要中大带"，张晏以为"鲜卑郭洛带，瑞兽名，东胡好服之"者也。《魏书》曰："鲜卑，东胡别保鲜卑山，因号焉。"'"

以上为利用洪兴祖的《楚辞补注》来解释字词句意，此外，朱熹有时还采用洪兴祖的观点来进行校勘。《楚辞·九歌·少司命》："与女游兮九河，冲风至兮水扬波。"朱熹注云："古本无此二句，王逸亦无注。《补》曰：'此《河伯》章中语也。'当删去。"

因为《楚辞》在写作过程中运用了大量的楚方言词汇，故而朱熹在注解时还继承旧注对这些方言词语进行了说明，例如：

《楚辞·离骚》："忳郁邑余侘傺兮，吾独穷困乎此时也。宁溘死以流亡兮，余不忍为此态也。"

王逸注："傺，住也。楚人名住曰傺。"

朱熹集注："傺，住也。楚人语也。"

《楚辞·九歌·云中君》："浴兰汤兮沐芳，华采衣兮若英。灵连蜷兮既留，烂昭昭兮未央。"

王逸注："灵，巫也。楚人名巫为灵子。"

朱熹集注："灵，神所降也，楚人名巫为灵子，若曰神之子也。"

《楚辞·九章·惜诵》："忠何辜以遇罚兮，亦非余之所志也。行不群以巅越兮，又众兆之所咍也。"

王逸注："咍，笑也。楚人谓相啁笑曰咍。"

朱熹集注："咍，啁笑。楚语也。"

《楚辞·招魂》："鹄酸臇凫，煎鸿鸧些。露鸡臛蠵，厉而不爽些。"

王逸注："爽，败也。楚人名羹败曰爽。"

洪兴祖补注："爽，音霜，协韵。《老子》曰：'五味令人口爽。'"

朱熹集注："爽，叶音霜。……败也。楚人名羹败曰爽。《老子》曰：'五味令人口爽。'"

《楚辞·招魂》："乃下招曰：魂兮归来！去君之恒干，何为乎四方些？舍君之乐处，而离彼不祥些。"

洪兴祖补注："些，苏贺切。《说文》云：'语词也。'沈存中云：'今夔峡、湖湘及南北江獠人，凡禁咒句尾皆称"些"，乃楚人旧俗。'"

朱熹集注："些，《说文》云：'语词也。'沈存中云：'今夔峡、湖湘及南北江獠人，凡禁咒句尾皆称“些”，乃楚人旧俗。’”

4. 注解《周易》

《周易·震》：“亨。震来虩虩，笑言哑哑，震惊百里，不丧匕鬯。”

王弼注：“惧以成，则是以亨。震之为义，威至而后乃惧也，故曰‘震来虩虩’，恐惧之貌也。震者，惊骇怠惰以肃解慢者也，故‘震来虩虩，恐致福也。笑言哑哑，后有则也’。威震惊乎百里，则是可以不丧匕鬯矣。匕，所以载鼎实；鬯，香酒，奉宗庙之盛也。”

孔颖达疏：“震，动也。此象雷之卦，天之威动，故以‘震’为名。震既威动，莫不惊惧。惊惧以威，则物皆整齐，由惧而获通，所以震有亨德，故曰‘震亨’也。‘虩虩’，恐惧之貌也。‘哑哑’，笑语之声也。‘震’之为用，天之威怒，所以肃整怠慢，故迅雷风烈，君子为之变容，施之于人事，则是威严之教行于天下也。故震之来也，莫不恐惧，故曰‘震来虩虩’也。物既恐惧，不敢为非，保安其福，遂至笑语之盛，故曰‘笑言哑哑’也。匕，所以载鼎实；鬯，香酒也。奉宗庙之盛者也。震卦施之于人，又为长子，长子则正体于上，将所传重，出则抚军，守则监国，威震惊于百里，可以奉承宗庙，彝器粢盛，守而不失也，故曰‘震惊百里，不丧匕鬯’。”

朱熹本义：“震，动也。一阳始生于二阴之下，震而动也。其象为雷，其属为长子，震有亨道。震来，当震之来时也。虩虩，恐惧惊顾之貌。震惊百里，以雷言。匕，所以举鼎实。鬯，以秬黍酒和郁金，所以灌地降神者也。不丧匕鬯，以长子言也。此卦之占，为能恐惧则致福，而不失其所主之重。”

朱熹将王弼的注和孔颖达的疏很好地结合在了一起，既简洁明了，又切中要害，对“震”卦的卦象、卦辞及属性寓意都一一作了解释，另外还根据陆德明的《周易音义》为卦辞中的一些字标注了音读：“虩，许逆反。哑，乌客反。丧，息浪反。匕，必以反。鬯，敕亮反。”又如：

《周易·系辞上传》第一章：“在天成象，在地成形，变化见矣。”

韩康伯注：“象况日月星辰，形况山川草木也。悬象运转以成昏明，山泽通气而云行雨施，故变化见矣。”

孔颖达疏：“‘象’谓悬象，日月星辰也。‘形’谓山川草木也。悬象运转而成昏明，山泽通气而云行雨施，故变化见也。”

朱熹本义：“‘象’者，日月星辰之属。‘形’者，山川动植之属。‘变化’者，《易》中蓍策卦爻，阴变为阳，阳化为阴者也。此言圣人作《易》，因阴阳之实体，为卦爻之法象。庄周所谓‘《易》以道阴阳’，此之谓也。”

事实上，朱熹的易学思想亦自成一家，尽管注解《周易》时部分观点采用了前人的注疏，但更多的是朱熹通过自己对《周易》的研究，结合自身的哲学观所作出的解释，这些思想汇集在《周易本义》中，对后世产生了深远的影响。

二　博采群说

1. 朱熹对古代典籍、字书的利用

朱熹善于利用古代典籍、字书以及前人的一些观点为自己的训诂服务，主要包括考证文字、解释词语和解释句意章旨等方面，例如：

（1）考证文字

《楚辞·天问》：“鲮鱼何所？鬿堆焉处？羿焉弹日？乌焉解羽？”

朱熹集注：“弹，一作彃。《说文》云：‘彃，射也。’音毕，作弹者，字误也。”

《诗经·齐风·卢令》：“卢重镅，其人美且偲。”

朱熹集传：“偲，多须之貌。《春秋传》所谓‘于思’，即此字，古通用耳。”

按：“偲”的本义为能力强。《说文·人部》：“偲，强力也。从人，思声。《诗》曰：‘其人美且偲。’”段玉裁注：“《齐风·卢令》曰：‘其人美且偲。’《传》曰：‘偲，才也。’《笺》云：‘才，多才也。’许云强力者，亦取才之义申之。才之本义艸木之初也，故用其引伸之义。”“偲”

确有“多才”之义，《集韵·咍韵》：“偲，多才能也。”《字汇·人部》：“偲，多才力也。”毛传、郑笺对该句中的“偲”亦以本义释之。事实上，此处“偲”与“鬛”通。《玉篇·髟部》：“鬛，小发。”《集韵·咍韵》：“鬛，鬇鬛，多须皃。或作思。”“鬛”又可以作“思”。《左传·宣公二年》：“于思于思，弃甲复来。”杜预注：“于思，多须之貌。”朱熹的注释概本于此。杨树达《积微居读书记·左传·宣公》：“《诗·卢令》篇云：‘其人美且偲。’《释文》云：‘偲，多须貌。’按‘思’‘偲’同。‘思’为多须貌，‘于’为助语词。杜以‘于思’连文立训，似非。”

（2）解释词语

《诗经·小雅·伐木》：“伐木许许，酾酒有萸。既有肥羜，以速诸父。”

朱熹集传：“许许，众人共力之声。《淮南子》曰：‘举大木者呼邪许，盖举重劝力之歌也。’”

《楚辞·招魂》：“粔籹蜜饵，有𥹋𥻨些。瑶浆蜜勺，实羽觞些。挫糟冻饮，酎清凉些。华酌既陈，有琼浆些。归反故室，敬而无妨些。”

朱熹集注：“饵，捣黍为之，《方言》谓之糕者也。”

《诗经·小雅·何人斯》：“尔之安行，亦不遑舍。尔之亟行，遑脂尔车。壹者之来，云何其盱。”

朱熹集传：“盱，望也。《字林》云：‘盱，张目也。’《易》曰：‘盱豫悔’，《三都赋》云：‘盱衡而诰’是也。”

《楚辞·天问》：“冯珧利决，封豨是射。何献蒸肉之膏，而后帝不若？”

朱熹集注：“珧，弓名也。《尔雅》：‘弓以蜃者，谓之珧。’珧，蜃甲也。”

按：“珧”本为蚌属，《山海经·东山经》：“峄皋之水出焉，东流注于激女之水，其中多蜃珧。”郭璞注：“蜃，蚌也。珧，玉珧，亦蚌属。”《尔雅·释鱼》：“蜃小者，珧。”郭璞注：“珧，玉珧，即小蚌。”“珧”的甲壳古时可以用作刀、弓上的装饰物，《说文·玉部》：“珧，蜃甲也，所以饰物也。”《文选·左思〈魏都赋〉》：“弓珧解檠，矛铤飘英。”刘良

注："以蛤骨饰弓，曰珧。"所以"珧"也指用蜃甲装饰的弓。对于上述《尔雅》的解释，郭璞注曰："用金、蚌、玉饰弓两头，因取其类以为名。"这里朱熹除了采用《尔雅》的解释以外，同时还暗用了《说文》的解释。

除了一般的解释之外，朱熹还常援引典籍来考证名物，例如：

《诗经·小雅·苕之华》："苕之华，芸其黄矣。心之忧矣，维其伤矣。"

朱熹集传："苕，陵苕也。《本草》云：'即今之紫葳，蔓生附于乔木之上，其华黄赤色，亦名凌霄。'"

《楚辞·离骚》："吾令凤鸟飞腾兮，继之以日夜。飘风屯其相离兮，帅云霓而来御。"

朱熹集注："凤，灵鸟也。《山海经》云：'丹穴之山，有鸟焉，其状如鸡，五彩而文，曰凤鸟。是鸟也，饮食则自歌自舞，见则天下大康宁。'"

《楚辞·大招》："魂乎无南！南有炎火千里，蝮蛇蜒只。山林险隘，虎豹蜿只。鰅鳙短狐，王虺骞只。魂乎无南！蜮伤躬只。"

朱熹集注："短狐，蜮也。《说文》曰：'蜮似鳖，三足。'陆机曰：'一名射影，人在岸上，影见水中，投人影则射之，或谓含沙射人。'孙思邈云：'亦名射工，其虫无目而利耳，能听，闻人声，便以口中毒射人。'"

（3）解释句意章旨

《诗经·小雅·隰桑》："心乎爱矣，遐不谓矣。中心藏之，何日忘之。"

朱熹集传："言我中心诚爱君子，而既见之，则何不遂以告之？而但中心藏之，将使何日而忘之耶？《楚辞》所谓'思公子兮未敢言'，意盖如此。"

《诗经·卫风·淇奥》："瞻彼淇奥，绿竹如箦。有匪君子，如金如锡，如圭如璧。宽兮绰兮，猗重较兮。善戏谑兮，不为虐兮。"

朱熹集传："以竹之至盛，兴其德之成就，而又言其宽广而自如，和易而中节也。盖宽绰，无敛束之意；戏谑，非庄厉之时，皆常情所忽，而易致过差之地也。然犹可观而必有节焉，则其动容周旋之间，无适而非礼，亦可见矣。《礼》曰：‘张而不弛，文武不能也；弛而不张，文武不为也；一张一弛，文武之道也。’此之谓也。”

《诗经·卫风·硕人》：“硕人敖敖，说于农郊。四牡有骄，朱幩镳镳，翟茀以朝。大夫夙退，无使君劳。”

朱熹集传：“《玉藻》曰：‘君日出而视朝，退适路寝听政。使人视大夫，大夫退，然后适小寝释服。’此言庄姜自齐来嫁，舍止近郊，乘是车马之盛，以入君之朝。国人乐得以为庄公之配，故谓诸大夫朝于君者宜早退，无使君劳于政事，不得与夫人相亲，而叹今之不然也。”

2. 朱熹对同时代人观点的采纳

朱熹在注解古籍的过程中，还能够博采同时代人的观点。朱熹主张：“《易》则兼取胡瑗、石介、欧阳修、王安石、邵雍、程颐、张载、吕大临、杨时，《书》则兼取刘敞、王安石、苏轼、程颐、杨时、晁说之、叶梦得、吴棫、薛季宣、吕祖谦，《诗》则兼取欧阳修、苏轼、程颐、张载、王安石、吕大临、杨时、吕祖谦，《周礼》则刘敞、王安石、杨时，《仪礼》则刘敞，《二戴礼记》则刘敞、程颐、张载、吕大临，《春秋》则啖助、赵正、陆淳、孙明复、刘敞、程颐、胡安国，《大学》《论语》《中庸》《孟子》则又皆有《集解》等书，而苏轼、王雱、吴棫、胡寅等说亦可采。”①

朱熹不仅以此作为指导思想，而且在实践中也是这样做的，我们可以简要地举一些例子：

《礼记·大学》：“所谓修身在正其心者，身有所忿懥，则不得其正；有所恐惧，则不得其正；有所好乐，则不得其正；有所忧患，则不得其正。”

朱熹集注：“程子曰：‘“身有”之“身”，当作心。’”

《论语·宪问》：“子曰：‘爱之，能勿劳乎？忠焉，能勿诲乎？’”

① 朱熹：《学校贡举私议》，朱杰人、严佐之、刘永翔主编《朱子全书》第二十三册《晦庵先生朱文公文集》卷六十九，上海古籍出版社、安徽教育出版社2002年版，第3360页。

朱熹集注："苏氏曰：'爱而勿劳，禽犊之爱也；忠而勿诲，妇寺之忠也。爱而知劳之，则其为爱也深矣；忠而知诲之，则其为忠也大矣。'"

《诗经·郑风·清人》篇末朱熹注："胡氏曰：'人君擅一国之名宠，生杀予夺，惟我所制耳。使高克不臣之罪已著，按而诛之可也。情状未明，黜而退之可也。爱惜其才，以礼驭之亦可也。乌可假以兵权，委诸竟上，坐视其离散而莫之恤乎？《春秋书》曰："郑弃其师。"其责之深矣。'"

除了对字词、句意、章旨的解释之外，对于一些文化现象的解释，朱熹亦能够广泛借鉴同时代人的先进成果，很好地应用到自己的训诂中，例如：

《楚辞·天问》："夜光何德，死则又育？厥利维何，而顾菟在腹？"

朱熹集注："此问月有何德，乃能死而复生？月有何利，而顾望之菟常居其腹乎？答曰：历家旧说，月朔则去日渐远，故魄死而明生；既望则去日渐近，故魄生而明死；至晦而朔，则又远日而明复生，所谓死而复育也。此说误矣。若果如此，则未望之前，西近东远，而始生之明，当在月东；既望之后，东近西远，而未死之明，却在月西矣。安得未望载魄于西，既望终魄于东，而遡日以为明乎？故唯近世沈括之说，乃为得之。盖括之言曰：'月本无光，犹一银丸，日耀之乃光耳。光之初生，日在其傍，故光侧而所见才如钩，日渐远则斜照而光稍满。大抵如一弹丸，以粉涂其半，侧视之，则粉处如钩；对视之，则正圆也。'近岁王普又申其说曰：'月生明之夕，但见其一钩，至日月相望，而人处其中，方得见其全明。必有神人能凌到景，旁日月而往参其间，则虽弦晦之时，亦得见其全明，而与望夕无异耳。'以此观之则知月光常满，但自人所立处视之，有偏有正，故见其光有盈有亏，非既死而复生也。若顾菟在腹之问，则世俗桂树、蛙、兔之传，其惑久矣。或者以为日月在天，如两镜相照，而地居其中，四旁皆空水也。故月中微黑之处，乃镜中大地之影，略有形似，而非真有是物也。斯言有理，足破千古之疑矣。"

对于月球的自转现象，虽囿于科技的局限在宋代还不能有完全正确的解释，但在当时就能有如此先进的认识，实属难得。

朱熹上述的训诂原则，得到了钱穆先生的高度评价："朱子于经学，虽主以汉唐古注疏为主，亦采及北宋诸儒，又采及理学家言，并又采及南宋与朱子同时之人。其意实欲融贯古今，汇纳群流，采撷英华，酿制新实。此其气魄之伟大，局度之宽宏，在儒学传统中，惟郑玄差堪在伯仲之列。"①

第二节　实事求是，阙疑处不强作解的原则

朱熹注书，本着"君子于其所不知，盖阙如也"的精神，对于知之不确者，均注明"未详""未闻"或"阙"等字样，绝不勉强作解。他说："经书有不可解处，只得阙。若一向去解，便有不通而谬处。"② 纵观朱熹的训诂著作，阙疑未解者包括以下几个方面：

一　关于语音

在语音方面标注"未详"的，大多集中在《诗集传》和《楚辞集注》的韵脚字上，例如：

《诗经·豳风·东山》："我徂东山，慆慆不归。我来自东，零雨其濛。"

朱熹集传："归，无韵，未详。"

《诗经·大雅·江汉》："厘尔圭瓒，秬鬯一卣。告于文人，锡山土田。"

朱熹集传："卣，音酉，无韵，未详。"

《诗经·周颂·载芟》："匪且有且，匪今斯今，振古如兹。"

朱熹集传："兹，无韵，未详。"

《诗经·大雅·桑柔》："民之未戾，职盗为寇。凉曰不可，覆背善詈，虽曰匪予，既作尔歌。"

朱熹集传："歌，叶韵未详。"

---

① 钱穆：《朱子学提纲》，生活·读书·新知三联书店2002年版，第30页。

② （宋）黎靖德编：《朱子语类》第一册卷十一，中华书局1986年版，第193页。

《楚辞·离骚》："长太息以掩涕兮，哀民生之多艰。余虽好修姱以鞿羁兮，謇朝谇而夕替。"

朱熹集注："替，与艰叶，未详。或云：艰，居垠反，替，它因反。"

《楚辞·大招》："二八接武，投诗赋只。叩钟调磬，娱人乱只。四上竞气，极声变只。魂乎归徕！听歌撰只。"

朱熹集注："赋，与下乱、变、撰不叶，未详。"

《楚辞后语·哀二世赋》："汩淢靸以永逝兮，注平皋之广衍。观众树之蓊薆兮，览竹林之榛榛。"

朱熹注："榛，侧巾反。叶韵未详，恐有栈音。"

以上几个标注"未详"的例子可以说明，朱熹对待韵脚字的态度还是慎重的，并不是一味地为了追求叶韵而改读字音，我们在批判朱熹的"叶音说"时，也要注意到这一点。

二　关于词义

《诗经·鄘风·桑中》："爰采葑矣，沫之东矣。云谁之思？美孟庸矣。期我乎桑中，要我乎上宫，送我乎淇之上矣。"

朱熹集传："庸，未闻。"

《诗经·唐风·羔裘》："羔裘豹袪，自我人居居。岂无他人？维子之故。"

朱熹集传："居居，未详。"

《孟子·尽心下》："曰：'如琴张、曾晳、牧皮者，孔子之所谓狂矣。'"

朱熹集注："牧皮，未详。"

《周易·震》："六二，震来，厉，亿丧贝，跻于九陵，勿逐，七日得。"

朱熹本义："'亿'字未详。"

《楚辞·招魂》："九侯淑女，多迅众些。盛鬋不同制，实满宫些。"

朱熹集注："迅众，未详。"

按：王逸对“迅众”的解释为：“迅，疾也。言复有九国诸侯好善之女，多才长意，用心齐疾，胜于众人也。”五臣注云：“其来迅疾，众多于此。”二者都将“迅”训作“迅疾”之义，然考之文意则不可通。朱熹对“迅众”一词的解释持存疑的态度，事实上，朱熹认为前人的解释是有问题的，这表现在他对旧注的不采纳上。今人高亨谓“迅当作迢，字形相似，因而写错。迢读做超，淑女多而超众”①。郭在贻先生则认为高亨之说虽能契合文意，但谓“迅”乃“迢”字之讹为臆测之词，没有旁证。郭在贻先生根据自己的考证，认为此“迅”字即《公羊传·定公四年》“朋友相卫而不相迿”之“迿”字的假借，因“迅”与“迿”同为齿头音，又同为稕韵合口四等，故得通借。“迿”经过考证为“超越”之义，故“九侯淑女，多迅众些”意即九侯淑女超乎凡俗、出类拔萃。② 可备一说。

三 关于句意

《诗经·小雅·都人士》：“彼都人士，台笠缁撮。彼君子女，绸直如发。我不见兮，我心不说。”

朱熹集传：“绸直如发，未详其义。”

《孟子·万章下》：“万章曰：‘今有御人于国门之外者，其交也以道，其馈也以礼，斯可受御与？’曰：‘不可。《康诰》曰：“杀越人于货，闵不畏死，凡民罔不譈。”是不待教而诛者也。殷受夏，周受殷，所不辞也。于今为烈，如之何其受之？’”

朱熹集注：“‘殷受’至‘为烈’十四字，语意不伦。李氏以为此必有断简或阙文者近之，而愚意其直为衍字耳。然不可考，姑阙之可也。”

《周易·系辞下传》第八章：“其出入以度，外内使知惧。”

朱熹本义：“此句未详，疑有脱误。”

《楚辞·天问》：“闵妃匹合，厥身是继。胡为嗜不同味，而快鼌饱？”

朱熹集注：“下二句未详。”

《楚辞·九章·抽思》：“悲秋风之动容兮，何回极之浮浮。数惟

① 高亨：《楚辞选》，《高亨著作集林》第四卷，清华大学出版社 2004 年版，第 377 页。

② 参见郭在贻《〈楚辞〉解诂》，《郭在贻文集》第一卷，中华书局 2002 年版，第21 页。

荪之多怒兮，伤余心之慢慢。”

朱熹集注：“回极浮浮，未详所谓。或疑回极指天极，回旋之枢轴，浮浮言其运转之速而不可当，亦未知其是否也。大抵此下诸篇，用字立语多不可解，甚者今皆阙之，不敢强为之说也。”

四　关于篇章与经传大意

《诗经·周颂·般》：“于皇时周，陟其高山，嶞山乔岳，允犹翕河。敷天之下，裒时之对，时周之命。”

朱熹集传：“《般》义未详。”

《诗经·召南》末朱熹注：“愚按，《鹊巢》至《采蘋》，言夫人大夫妻，以见当时国君大夫被文王之化，而能修身以正其家也。……唯《何彼秾矣》之诗为不可晓，当阙所疑耳。”

《诗经·卫风·芄兰》二章下朱熹注：“此诗不知所谓，不敢强解。”

《楚辞·天问》：“皆归䠶籥，无害厥躬。何后益作革，而禹播降？”

朱熹集注：“此章之义未详。”

《周易·临·九二》：“《象》曰：‘咸临，吉，无不利’，未顺命也。”

朱熹本义：“未详。”

《周易·小过·象》：“‘弗过遇之’，位不当也。‘往厉必戒’，终不可长也。”

朱熹本义：“爻义未明，此亦当阙。”

五　关于名物礼制

《诗经·郑风·羔裘》：“羔裘晏兮，三英粲兮。彼其之子，邦之彦兮。”

朱熹集传：“三英，裘饰也。未详其制。”

《楚辞·天问》：“靡蓱九衢，枲华安居？灵蛇吞象，厥大何如？”

朱熹集注："靡蓱，未详何物。"

《楚辞·远游》："祝融戒而跸御兮，腾告惊鸟迎宓妃。张咸池奏承云兮，二女御九韶歌。使湘灵鼓瑟兮，令海若舞冯夷。"

朱熹集注："咸池，尧乐。承云，黄帝乐也，又曰颛顼乐，又曰有虞氏之乐，无所稽考，未详孰是。"

《论语·宪问》："子张曰：'《书》云："高宗谅阴，三年不言。"何谓也？'"

朱熹集注："谅阴，天子居丧之名，未详其义。"

虽然朱熹在训诂的过程中明确指出"未详""阙疑"之处，但是朱熹也能广泛地征引古籍旧注以及前贤时彦的一些说法供读者参考，有些还给出了自己的判断，这为后人做进一步的研究提供了方便。

考证语音的例如：

《楚辞·九章·惜往日》："或忠信而死节兮，或訑谩而不疑。弗省察而按实兮，听谗人之虚辞。芳与泽其杂糅兮，孰申旦而别之？"

朱熹集注："一说自篇首至此，为一韵。"

按：朱熹在这里只是采用了他人的一种说法而已，没有给出自己的判断，而且朱熹判断诗歌押韵的标准是当时的实际语音，并没有考证韵脚字的上古读音。后王力先生利用现代古韵学的研究成果，对该诗韵脚字的上古音进行了分析，认为从篇首"惜往日之曾信兮，受命诏以昭时。奉先功以照下兮，明法度之嫌疑"到"何贞臣之无罪兮，被离谤而见尤。惭光景之诚信兮，身幽隐而备之"的韵脚字"时""疑""娭""治""之""否""欺""思""之""尤""之"在上古同为之部字；接下来"临沅、湘之玄渊兮，遂自忍而沉流。卒没身而绝名兮，惜壅君之不昭"的韵脚字"流""昭"为幽宵合韵；"君无度而弗察兮，使芳草为薮幽。焉舒情而抽信兮，恬死亡而不聊。独鄣壅而蔽隐兮，使贞臣为无由"的韵脚字"幽""聊""由"在上古同为幽部字；"闻百里之为虏兮，伊尹烹于庖厨。吕望屠于朝歌兮，甯戚歌而饭牛。不逢汤、武与桓、缪兮，世孰云而知之"的韵脚字"厨"与"牛""之"为侯之合韵；"吴信谗而弗味兮，子胥死而后忧。介子忠而立枯兮，文君寤而追求；封介山而为之禁兮，报大德之优游”的韵脚字“忧”“求”“游”在上古同为幽部字；从“思久故之亲身兮，因缟素而哭之”到下文“芳与泽其杂糅兮，孰申旦而别之”的韵脚字“之”“疑”“辞”“之”在上古同为之部字。① 即以中古音而论，以上各个韵脚字也不在同一韵部，因此朱熹所采用的“自篇首至此，为一韵”的说法不确。

考证文字的例如：

《诗经·大雅·下武》：“下武维周，世有哲王。三后在天，王配于京。”

朱熹集传：“下义未详。或曰，字当作‘文’，言文王武王实造周也。”

《诗经·大雅·桑柔》：“菀彼桑柔，其下侯旬。捋采其刘，瘼此下民。不殄心忧，仓兄填兮。倬彼昊天，宁不我矜。”

朱熹集传：“填，未详。旧说与‘尘’‘陈’同，盖言久也。或疑与‘瘨’字同，为病之义。但《召旻》篇内二字并出，又恐未然。今姑阙之。”

《礼记·大学》：“见贤而不能举，举而不能先，命也；见不善而不能退，退而不能远，过也。”

朱熹集注：“命，郑氏云‘当作慢。’程子云：‘当作怠。’未详孰是。”

按：这里朱熹虽然在郑玄和程子的说法之间不知该如何取舍，但对于《礼记》原文的“命”字，朱熹还是主张要改的。对此，《朱子语类》中有一段记载：“或曰：‘经文不可轻改。’曰：‘改经文，固启学者不敬之心。然旧有一人，专攻郑康成解《礼记》不合改其文。如“蛾子时术之”，亦不改，只作蚕蛾子，云，如蚕种之生，循环不息，是何义也！且如《大学》云：“举而不能先，命也。”若不改，成甚义理！’”②

《孟子·告子上》：“曰：‘耳目之官不思，而蔽于物，物交物，

① 参见王力《诗经韵读　楚辞韵读》，中国人民大学出版社2004年版，第449—450页。

② （宋）黎靖德编：《朱子语类》第六册卷八十七，中华书局1986年版，第2227页。

则引之而已矣。心之官则思，思则得之，不思则不得也。此天之所与我者，先立乎其大者，则其小者弗能夺也。此为大人而已矣。'"

朱熹集注："然'此天'之'此'，旧本多作'比'，而赵注亦以'比方'释之。今本既多作'此'，而注亦作'此'，乃未详孰是。但作'比'字，于义为短，故且从今本云。"

《周易·未济·初六》："《象》曰：'濡其尾'，亦不知极也。"

朱熹本义："'极'字未详。考上下韵亦不叶，或恐是'敬'字，今且阙之。"

考证词义的例如：

《诗经·小雅·大东》："维天有汉，监亦有光。跂彼织女，终日七襄。"

朱熹集传："七襄，未详。《传》曰：'反也。'《笺》云：'驾也。'驾，谓更其肆也。盖天有十二次，日月所止舍，所谓肆也。经星一昼一夜，左旋一周而有余，则终日之间，自卯至酉，当更七次也。"

《诗经·小雅·都人士》："彼都人士，充耳琇实。彼君子女，谓之尹吉。我不见兮，我心苑结。"

朱熹集传："尹吉，未详。郑氏曰：'吉，读为姞。尹氏、姞氏，周之昏姻旧姓也。人见都人之女，咸谓尹氏姞氏之女，言其有礼法也。'李氏曰：'所谓尹吉，犹晋言王谢，唐言崔卢也。"

《诗经·商颂·那》："汤孙奏假，绥我思成。鞉鼓渊渊，嘒嘒管声。"

朱熹集传："思成，未详。郑氏曰：'安我以所思而成之人，谓神明来格也。'《礼记》曰：'齐之日，思其居处，思其笑语，思其志意，思其所乐，思其所嗜。齐三日，乃见其所为齐者。祭之日，入室，僾然必有见乎其位。周旋出户，肃然必有闻乎其容声。出户而听，忾然必有闻乎其叹息之声。此之谓思成。'苏氏曰：'其所见闻，本非有也，生于思耳。'此二说近是。盖齐而思之，祭而如有见闻，则成此人矣。郑注颇有脱误，今正之。"

《孟子·万章下》："孔子之仕于鲁也，鲁人猎较，孔子亦猎较。

猎较犹可，而况受其赐乎?”

朱熹集注：“猎较，未详。赵氏以为田猎相较，夺禽兽以祭，孔子不违，所以小同于俗也。张氏以为猎而较所获之多少也。二说未知孰是。”

《周易·大有》：“九四，匪其彭，无咎。”

朱熹本义：“彭，蒲光反，音旁。‘彭’字，音义未详。程《传》曰：‘盛貌。’理或当然。”

《楚辞·九辩》：“愿自直而径往兮，路壅绝而不通。欲循道而平驱兮，又未知其所从。然中路而迷惑兮，自厌按而学诵。性愚陋以褊浅兮，信未达乎从容。窃美申包胥之气晟兮，恐时世之不固。”

朱熹集注：“学诵，未详。王注以为吟《诗》《礼》，未知是否。”

《楚辞·卜居》：“宁廉洁正直，以自清乎？将突梯滑稽，如脂如韦，以絜楹乎?”

朱熹集注：“絜楹，未详。或疑‘絜’如《大学》‘絜矩’之‘絜’，谓围束之也。楹，屋柱，亦圆物，又以脂灌韦而絜之，是以突梯滑稽，而无所止也。未知是否。”

考证句意的例如：

《诗经·豳风·东山》：“制彼裳衣，勿士行枚。蜎蜎者蠋，烝在桑野。敦彼独宿，亦在车下。”

朱熹集传：“‘勿士行枚’，未详其义。郑氏曰：‘士，事也。行，阵也。枚，如箸衔之，有繣结项中以止语也。”

《诗经·小雅·节南山》：“节彼南山，有实其猗。赫赫师尹，不平谓何?”

朱熹集传：“‘有实其猗’，未详其义。《传》曰：‘实，满。猗，长也。’《笺》云：‘猗，倚也。言草木满其旁，倚之畎谷也。’或以为，草木之实猗猗然。皆不甚通。”

《论语·子路》：“子曰：‘不占而已矣。’”

朱熹集注：“复加‘子曰’，以别《易》文也，其义未详。杨氏曰：‘君子于《易》，苟玩其占，则知无常之取羞矣。其为无常也，盖亦不占而已矣。’意亦略通。”

《孟子·离娄下》：“孟子曰：‘言无实不祥。不祥之实，蔽贤者当之。’”

朱熹集注：“或曰：‘天下之言无有实不祥者，惟蔽贤为不祥之实。’或曰：‘言而无实者不祥，故蔽贤为不祥之实。’二说不同，未知孰是，疑或有阙文焉。”

《楚辞·天问》：“干协时舞，何以怀之？平胁曼肤，何以肥之？”

朱熹集注：“下句未详。旧说云：平胁曼肤，肥泽之貌。言纣为无道，天下乖离，当怀忧癯瘦，何反肥盛若此乎？二事不相似，时相去又远，未知其果然否。”

考证篇章与经传大意的例如：

《诗经·小雅·鼓钟》：“鼓钟将将，淮水汤汤，忧心且伤。淑人君子，怀允不忘。”

朱熹集传：“此诗之义未详。王氏曰：‘幽王鼓钟淮水之上，为流连之乐，久而忘反。闻者忧伤，而思古之君子不能忘也。’”

《楚辞·天问》：“该秉季德，厥父是臧。胡终弊于有扈，牧夫牛羊？”

朱熹集注：“此章未详，诸说亦异。《补》曰：‘言启兼秉禹之末德，而禹善之，授以天下。有扈以尧、舜与贤，禹独与子，故伐启。启伐灭之，有扈遂为牧竖也。’详此‘该’字，恐是‘启’字，字形相似也。但牧夫牛羊未有据，而其文势似启反为扈所弊，不可考也。”

《周易·明夷》：“六四，入于左腹，获明夷之心，于出门庭。”

朱熹本义：“此爻之义未详。窃疑‘左腹’者，幽隐之处；‘获明夷之心，于出门庭’者，得意于远去之义。言筮而得此者，其自处当如是也。盖离体为至明之德，坤体为至暗之地，下三爻明在暗外，故随其远近高下而处之不同。六四以柔正居暗地而尚浅，故犹可以得意于远去。五以柔中居暗地而已迫，故为内难正志以晦其明之象。上则极乎暗矣，故为自伤其明以至于暗，而又足以伤人之明。盖下五爻皆为君子，独上一爻为暗君也。”

《周易·小过》："九四，无咎，弗过遇之，往厉必戒，勿用永贞。"

朱熹本义："弗过遇之，言弗过于刚而适合其宜也。往则过矣，故有厉而当戒。阳性坚刚，故又戒以'勿用永贞'。言当随时之宜，不可固守也。或曰：弗过遇之，若以六二爻例，则当如此说；若依九三爻例，则'过遇'当如'过防'之义。未详孰是，当阙以俟知者。"

按：《周易·小过》："六二，过其祖，遇其妣，不及其君，遇其臣，无咎。"朱熹注曰："六二柔顺中正，进则过三四而遇六五，是过阳而反遇阴也。如此，则不及六五而自得其分，是不及君而适遇其臣也。皆过而不过，守正得中之意，无咎之道也，故其象占如此。"《周易·小过》："九三，弗过防之，从或戕之，凶。"朱熹注曰："小过之时，事每当过，然后得中。九三以刚居正，众阴所欲害者也。而自恃其刚，不肯过为之备，故其象占如此。若占者能过防之，则可以免矣。"

考证名物礼制的例如：

《诗经·邶风·静女》："静女其娈，贻我彤管。彤管有炜，说怿女美。"

朱熹集传："彤管，未详何物。盖相赠以结殷勤之意耳。"

《论语·八佾》："孔子谓季氏：'八佾舞于庭，是可忍也，孰不可忍也？'"

朱熹集注："佾，舞列也。天子八，诸侯六，大夫四，士二。每佾人数，如其佾数。或曰：'每佾八人。'未详孰是。"

《楚辞·大招》："代秦郑卫，鸣竽张只。伏戏驾辩，楚劳商只。讴和扬阿，赵箫倡只，魂乎归来，定空桑只。"

朱熹集注："伏羲之《驾辩》，楚之《劳商》，疑皆古曲名，而未有考。或谓伏羲始作瑟也。"

由上可见，朱熹虽然在自己不确定的地方不强作解，但他能将古籍旧注、前贤时彦的一些观点记录在自己的训诂著作中，为后人做进一步的研究提供了线索，在文化史上为保存旧注也作出了贡献。

第三节　不墨守成说，自创新解的原则

宋代是训诂学的变革时期，朱熹作为宋学的集大成者，亦是在训诂学方面能够加以变革的代表人物。郭在贻先生在论述宋代训诂学的特点时，特别对朱熹的训诂予以了高度评价："朱熹注书，不墨守旧注，不规规于零词碎句，而能会通大意，简洁明了，无诘诎繁碎之病，为训诂学放一异彩。"①

一　关于朱熹训诂著作的指导思想

朱熹的训诂，于音韵、词汇、文字、语法、修辞、校勘等方面均颇多发明。朱熹认为："字画音韵是经中浅事，故先儒得其大者多不留意。然不知此等处不理会，却枉费了无限辞说牵补，而卒不得其本义，亦甚害事也。"② 故而朱熹十分重视训诂。对此，钱穆先生给予了十分中肯的评价："盖欲真识古人之义理，则必先求之于文义，而章句亦不可忽。朱子毕生解经，功力实在此。"③

对于朱熹在音韵、词汇、文字、语法、修辞、校勘等方面取得的成就，本书将分章重点对此进行论述，这里将通过分析朱熹著述《诗集传》《四书章句集注》《楚辞集注》和《周易本义》的指导思想，来窥得朱熹创新精神之一斑。

1. 关于《诗集传》

宋代的《诗经》学研究兴盛，仅据《四库全书总目》记载，宋代的《诗经》诠释学著作就达46种之多。其中，朱熹的《诗集传》"是在宋学批判汉学和宋代考据学兴起的基础上，宋学《诗经》研究的集大成著作，是《毛诗传笺》《毛诗正义》之后，《诗经》研究的第三个里程碑"④。在中国文化史上具有重要的地位。宋代是训诂学的变革时期，欧阳修的《诗本义》、王安石的《诗经新义》、郑樵的《诗传辨妄》、王质的《诗总

① 郭在贻：《训诂学》，中华书局2005年版，第131页。

② 朱熹：《答杨元范》，朱杰人、严佐之、刘永翔主编《朱子全书》第二十二册《晦庵先生朱文公文集》卷五十，上海古籍出版社、安徽教育出版社2002年版，第2289页。

③ 钱穆：《朱子新学案》（下），巴蜀书社1986年版，第1415页。

④ 夏传才：《诗经研究史概要》，中州书画社1982年版，第141页。

闻》等对传统的诗说基本上持排斥的态度，朱熹虽然在《诗集传》中亦颇多创新，但是他首先经历了一个认识逐步深入的过程：

> 因说学者解《诗》，曰："某旧时看《诗》，数十家之说一一都从头记得，初间那里敢便判断那说是，那说不是？看熟久之，方见得这说似是，那说似不是；或头边是，尾说不相应；或中间数句是，两头不是；或尾头是，头边不是。然也未敢便判断，疑恐是如此。又看久之，方审得这说是，那说不是。又熟看久之，方敢决定断说这说是，那说不是。这一部《诗》，并诸家解都包在肚里。公而今只是见已前人解《诗》，便也要注解，更不问道理。只认捉着，便据自家意思说，于已无益，于经有害，济得甚事！凡先儒解经，虽未知道，然其尽一生之力，纵未说得七八分，也有三四分。且须熟读详究，以审其是非而为吾之益。今公才看着便妄生去取，肆以己意，是发明得个甚么道理？公且说，人之读书，是要将作甚么用？所贵乎读书者，是要理会这个道理，以反之于身，为我之益而已。"①

可见，朱熹并不赞成没有读懂先儒对《诗经》的注解便妄下己意的做法，认为"凡先儒解经，虽未知道，然其尽一生之力，纵未说得七八分，也有三四分。且须熟读详究，以审其是非而为吾之益"。那种"才看着便妄生去取，肆以己意"的做法是不足取的，结果只会落得"于已无益，于经有害"。

朱熹对类似做法的批评又如："曾见有人说《诗》，问他《关雎》篇，于其训诂名物全未晓，便说：'乐而不淫，哀而不伤。'某因说与他道：'公而今说《诗》，只消这八字，更添"思无邪"三字，共成十一字，便是一部《毛诗》了。其他三百篇，皆成渣滓矣！'"②

从这些观点中可以看出，朱熹的诗学思想是在对以往《诗经》研究成果继承的基础上所进行的扬弃，是通过批评毛传、郑笺以来的诗学传统的不足而提出的，并非是为了标新立异。朱熹在《诗集传·序》中说："本之二南，以求其端，参之列国，以尽其变，正之于《雅》，以大其规，和之于《颂》，以要其止，此学《诗》之大旨也。于是乎章句以纲之，训

---

① （宋）黎靖德编：《朱子语类》第一册卷十一，中华书局1986年版，第191页。
② 同上。

诂以纪之，讽咏以昌之，涵濡以体之，察之情性隐微之间，审之言行枢机之始，则修身及家，平均天下之道，其亦不待他求，而得之于此矣。”朱熹的《诗集传》以其鲜明的特色把中国的《诗经》学研究发展到了一个新的高度，并对后世产生了广泛而深远的影响，这与朱熹写作此书的指导思想是分不开的。

2. 关于《四书章句集注》

宋孝宗淳熙九年（1182 年），朱熹在浙东提举任上，首次把“四书”合为一集刊刻于婺州。据束景南先生考证，“这个在婺州的刻本（宝婺本），是朱熹第一次把《大学章句》《中庸章句》《论语集注》与《孟子集注》集为一编合刻，经学史上与‘五经’相对的‘四书’之名第一次出现，标志着儒家十三经经学体系中四书学在经学文化史上的出现与确立。”[①] 在儒家诸经中，朱熹对“四书”倾注的精力最多，仅关于“四书”的著作就有《论语集解》《论语要义》《论语训蒙口义》《论语评说》《孟子集解》《孟子问辨》《孟子要略》《论孟精义》（后改名为《论孟要义》《论孟集义》）《中庸集解》（又名《中庸详说》）《中庸集解记辨》《中庸辑略》《新定中庸》《大学集解》《新定大学》《四书音训》《四书集义》《四书或问》等多部。《四书章句集注》是在此基础上不断修订而撰成的，刊刻之后又反复修改、完善，集中体现了朱熹的“四书”学思想。

对于治“四书”的先后次第，朱熹提出了这样的见解和要求：

> “学问须以《大学》为先，次《论语》，次《孟子》，次《中庸》。《中庸》工夫密，规模大。”[②]
>
> “某要人先读《大学》，以定其规模；次读《论语》，以立其根本；次读《孟子》，以观其发越；次读《中庸》，以求古人之微妙处。《大学》一篇有等级次第，总作一处，易晓，宜先看。《论语》却实，但言语散见，初看亦难。《孟子》有感激兴发人心处。《中庸》亦难读，看三书后，方宜读之。”[③]
>
> “《论》《孟》《中庸》，待《大学》贯通浃洽，无可得看后方看，

---

① 束景南：《朱熹研究》，人民出版社 2008 年版，第 196—197 页。
② （宋）黎靖德编：《朱子语类》第一册卷十四，中华书局 1986 年版，第 249 页。
③ 同上。

乃佳。道学不明，元来不是上面欠却工夫，乃是下面元无根脚。若信得及，脚踏实地，如此做去，良心自然不放，践履自然纯熟。非但读书一事也。”①

朱熹写作《四书章句集注》的基本思想是以阐发义理为主的，而不是以训诂注疏为主。但是朱熹也不忽视训诂，他主张在以追求义理为宗旨的前提下，把训诂与义理结合起来，“这是对宋学学者过分强调义理而轻视训诂治经方法的扬弃，亦是对汉魏诸儒‘只是训诂’而不及义理治经路数的辩证的发展。既体现了当时以阐发义理为主的宋代经学的时代精神，又对宋学流弊有所修正。这在一定意义上超越了汉宋学的对立，体现了朱熹经学的兼容包含精神。”②

在阐发《大学》的义理时，朱熹把“明明德”“亲民”“止于至善”作为三纲领，把“格物”“致知”“诚意”“正心”“修身”“齐家”“治国”“平天下”作为八条目，对《礼记·大学》篇区分了经、传并重新编排了章节，分为经一章，传十章。认为总述三纲领八条目的第一章为“经”的部分，是“孔子之言，而曾子述之”；“经”以下为“传”的部分，是“曾子之意而门人记之也”。为了阐发义理，朱熹甚至以己意增补传文，在第五章下做了如下的注释：

“右传之五章，盖释‘格物’‘致知’之义，而今亡矣。间尝窃取程子之意以补之，曰：‘所谓致知在格物者，言欲致吾之知，在即物而穷其理也。盖人心之灵莫不有知，而天下之物莫不有理，惟于理有未穷，故其知有不尽也。是以大学始教，必使学者即凡天下之物，莫不因其已知之理而益穷之，以求致乎其极。至于用力之久，而一旦豁然贯通焉，则众物之表里精粗无不到，而吾心之全体大用无不明矣。此谓物格，此谓知之至也。’”

《中庸章句》亦是朱熹重点阐发义理的著作，在《中庸章句·序》中，朱熹首次将“道”“统”二字连用：“《中庸》何为而作也？子思子忧道学之失其传而作也。盖自上古圣神继天立极，而道统之传有自来

① （宋）黎靖德编：《朱子语类》第一册卷十四，中华书局1986年版，第250页。

② 蔡方鹿：《朱熹经学与中国经学》，人民出版社2004年版，第264页。

矣。”并且在注解《中庸》的过程中，朱熹也论述了包括道统思想在内的多种理学思想，对《中庸》进行了全面的义理阐发。

在《论语集注》和《孟子集注》中，朱熹阐发义理的地方更多，但他同时不废章句训诂：“某解《语》《孟》，训诂皆存。学者观书，不可只看紧要处，闲慢处要都周匝。”[①]“某所集注《论语》，至于训诂皆子细者，盖要人字字与某着意看，字字思索到，莫要只作等闲看过了。”[②]朱熹在注解古籍时，正如他自己所说：“某释经，每下一字，直是称等轻重，方敢写出。”[③]例如《论语·乡党》：“朝，与下大夫言，侃侃如也；与上大夫言，訚訚如也。君在，踧踖如也，与与如也。”朱熹集注：“许氏《说文》：‘侃侃，刚直也。’‘訚訚，和悦而诤也。’”关于“侃侃”和“訚訚”的解释，何晏集解引孔安国注云：“侃侃，和乐之貌。訚訚，中正之貌。”朱熹未从孔注而改依《说文》，他的弟子问：“先生解‘侃侃、訚訚’四字，不与古注同。古注以侃侃为和乐，訚訚为中正。”朱熹答曰：“‘衎’字乃训和乐，与此‘侃’字不同。《说文》以‘侃’为刚直。《后汉书》中亦云‘侃然正色’。訚訚是‘和说而诤’，此意思甚好。”[④]可见，朱熹对于一字一词的训释，都是经过深思熟虑的。

程树德对朱熹《论语集注》的评价云：“《论语》一书，言训诂者则攻宋儒，言义理者则攻汉学。平心论之，汉儒学有师承，言皆有本，自非宋儒师心自用者所及。《集注》为朱子一生精力所注，其精细亦断非汉儒所及。盖义理不本于训诂，则谬说流传，贻误后学；训诂而不求之义理，则书自书，我自我，与不读同。二者各有所长，不宜偏废。”[⑤]这是非常中肯的。

此外，朱熹还批评张敬夫的《孟子解》“全不略说文义，便以己意立论，又或别用外字体贴，而无脉络连缀，使不晓者展转迷惑，粗晓者一向支离”，认为“大抵解经但可略释文义名物，而使学者自求之，乃

① （宋）黎靖德编：《朱子语类》第一册卷十一，中华书局1986年版，第184页。

② 同上书，第191页。

③ （宋）黎靖德编：《朱子语类》第七册卷一百零五，中华书局1986年版，第2626页。

④ （宋）黎靖德编：《朱子语类》第三册卷三十八，中华书局1986年版，第998页。

⑤ 程树德：《论语集释·凡例》，中华书局1990年版，第6页。

为有益耳。”[①] 这些观点都表明朱熹在阐发义理时对训诂的重视。

3．关于《楚辞集注》

朱熹在《楚辞集注》的序言中说：“然自原著此词，至汉未久，而说者已失其趣，如太史公盖未能免，而刘安、班固、贾逵之书，世复不传。及隋、唐间，为训解者尚五六家，又有僧道骞者，能为楚声之读，今亦漫不复存，无以考其说之得失。而独东京王逸《章句》与近世洪兴祖《补注》并行于世，其于训诂名物之间，则已详矣。顾王书之所取舍，与其题号离合之间，多可议者，而洪皆不能有所是正。至其大义，则又皆未尝沈潜反复、嗟叹咏歌，以寻其文词指意之所出，而遽欲取喻立说，旁引曲证，以强附于其事之已然，是以或以迂滞而远于性情，或以迫切而害于义理，使原之所为壹郁而不得申于当年者，又晦昧而不见白于后世。予于是益有感焉，疾病呻吟之暇，聊据旧编，粗加檃括，定为《集注》八卷。”

朱熹指出历来注释《楚辞》的书，或者“已失其趣”，或者“漫不复存”，唯独王逸的《楚辞章句》和洪兴祖的《楚辞补注》并行于世。朱熹认为二人对名物的考证是很详尽的，但对于王书的可议之处，洪兴祖却“皆不能有所是正”。此外，王逸作《章句》和洪兴祖作《补注》都是逐句作注的，且忽略了对作品大意的阐释。朱熹依照《诗集传》的体例，以章为单位进行注释，通常以四句、六句或八句（句数不等）为一章，先释字词，然后通释章内大意，这是针对王逸的《楚辞章句》偏于字句名物训诂，“皆未尝沈潜反复、嗟叹咏歌，以寻其文词指意之所出”，而从宋儒的立场出发，对汉儒的说经习气所做的纠偏。例如：

> 《楚辞·离骚》：“瞻前而顾后兮，相观民之计极。夫孰非义而可用兮，孰非善而可服？”

王逸在注解时是逐句为训的，洪兴祖一依王逸的体例，二人注解如下：“瞻前而顾后兮”，王逸注：“瞻，观也。顾，视也。前谓禹、汤，后谓桀、纣。”《补》曰：“《说文》：‘瞻，临视也。顾，还视也。’”“相观民之计极”，王逸注：“相，视也。计，谋也。极，穷也。言前观汤、武

① 朱熹：《答敬夫孟子说疑义》，朱杰人、严佐之、刘永翔主编《朱子全书》第二十一册《晦庵先生朱文公文集》卷三十一，上海古籍出版社、安徽教育出版社 2002 年版，第 1352 页。

之所以兴，顾视桀、纣之所以亡，足以观察万民忠佞之谋，穷其真伪也。民，一作人。”《补》曰：“相，息亮切。言观民之策，此为至矣。计，策也。极，至也。相观，重言之也。下文亦曰：‘览相观于四极’，与《左传》‘尚犹有臭’、《书》‘弗遑暇食’语同。”“夫孰非义而可用兮，孰非善而可服”，王逸注：“服，服事也。言世之人臣，谁有不行仁义而可任用，谁有不行信善而可服事者乎？言人非义则德不立，非善则行不成也。”五臣云：“服，用也。”

朱熹在注释时虽然继承了部分前人的故训，例如：“相，息亮反。……瞻，临视也。顾，还视也。相观，重言之也。计，谋也。极，穷也。……服，事也。”但朱熹还是能根据自己对句意的理解给出不同于前人的看法的，如对“前”“后”的训释：“前，谓往昔之是非。后，谓将来之成败。”更重要的是，朱熹对他按照自己的标准所划分的章节的大意予以了概括和总结：“言瞻前顾后，则人事之变尽矣，故见民之计谋，于是为极，而知唯义为可用，唯善为可行也。”这是王逸和洪兴祖逐句为训所不及的。

对此，朱熹在《楚辞辩证·上》中又强调说：“凡说诗者，固当句为之释，然亦但能见其句中之训故字义而已，至于一章之内，上下相承，首尾相应之大指，自当通全章而论之，乃得其意。今王逸为《骚》解，乃于上半句下，便入训诂，而下半句下，又通上半句文义，而再释之，则其重复而繁碎甚矣。《补注》既不能正，又因其误，今并删去，而放《诗传》之例，一以全章为断，先释字义，然后通解章内之意云。”

4. 关于《周易本义》

朱熹的易学思想在易学史上自成一家，集中体现在他的《周易本义》中，这里我们不展开论述，只通过朱熹对《易经》的一些认识，来分析朱熹的创新精神。

朱熹认为《周易》是卜筮之书，通过追本溯源，纠正了治《易》的两种偏向。“《易》本卜筮之书，后人以为止于卜筮。至王弼用老庄解，后人便只以为理，而不以为卜筮，亦非。想当初伏羲画卦之时，只是阳为吉，阴为凶，无文字。某不敢说，窃意如此。后文王见其不可晓，故为之作《彖辞》；或占得爻处不可晓，故周公为之作《爻辞》；又不可晓，故孔子为之作《十翼》，皆解当初之意。今人不看卦爻，而看《系辞》，是犹不看《刑统》，而看《刑统》之《序例》也，安能晓！今人须以卜筮之书看之，方得；不然，不可看《易》。"[①] 故应从《易》为卜筮之书的观点出发来探求经文的本义。

朱熹在《周易本义》中还主张将《易》的经传部分分开排列，即分为上下经和《十翼》的经传两个部分。朱熹反对把经传合一而混同其差别的做法，指出"学《易》者须将《易》各自看，伏羲《易》，自作伏羲《易》看，是时未有一辞也；文王《易》，自作文王《易》；周公《易》，自作周公《易》；孔子《易》，自作孔子《易》看。必欲牵合作一意看，不得。"[②] 因为经和传分别讲的是卜筮和义理，如果把经文和传文混杂在一起，则会以阐发义理取代对经文本义的探求。但这并不表示朱熹反对卜筮和义理的结合，相反，朱熹还很赞成以卜筮、象数来求义理的方法：

> 读《易》之法，窃疑卦爻之词，本为卜筮者断吉凶，而因以训戒。至《彖》《象》《文言》之作，始因其吉凶训戒之意，而推说其义理以明之。……故今欲凡读一卦一爻，便如占筮所得，虚心以求其词义之所指，以为吉凶可否之决，然后考其象之所已然者，求其理之所以然者，然后推之于事，使上自王公，下至民庶，所以修身、治国皆有可用。私窃以为如此求之，似得三圣之遗意。[③]

根据《汉书·艺文志》中"《易》道深矣，人更三圣，世历三古"的观点，朱熹把易学的发展概括为两大阶段：以卜筮为教的阶段和以义理为教的阶段。朱熹指出："《易》之为书，更历三圣，而制作不同。若庖羲氏之象，文王之辞，皆依卜筮以为教，而其法则异。至于孔子之赞，则又一以义理为教，而不专于卜筮也。是岂其故相反哉？俗之淳漓既异，故其所以为教为法者不得不异，而道则未尝不同也。然自秦、汉以来，考象辞者，泥于术数而不得其弘通简易之法；谈义理者，沦于空寂而不适乎仁义中正之归。求其因时立教，以承三圣，不同于法而同于道者，则惟伊川

---

① （宋）黎靖德编：《朱子语类》第四册卷六十六，中华书局 1986 年版，第 1622 页。

② 同上。

③ 朱熹：《答吕伯恭》，朱杰人、严佐之、刘永翔主编《朱子全书》第二十一册《晦庵先生朱文公文集》卷三十三，上海古籍出版社、安徽教育出版社 2002 年版，第 1465 页。

先生程氏之书而已。”① 在此认识的基础上，朱熹又把易学的发展分为四个具体的阶段，即伏羲阶段、文王阶段、孔子阶段和程颐阶段。朱熹说：“孔子之《易》，非文王之《易》；文王之《易》，非伏羲之《易》；伊川《易传》，又自是程氏之《易》也。故学者且依古《易》次第，先读本爻，则自见本旨矣。”②

此外，朱熹还采用了以图解《易》的方法。在《周易本义》卷首的《图目》下，朱熹就征引了《河图图》《洛书图》《伏羲八卦次序图》《伏羲八卦方位图》《伏羲六十四卦次序图》《伏羲六十四卦方位图》《文王八卦次序图》《文王八卦方位图》《卦变图》等多种图，又证之以《系辞》《尚书》和《论语》等经典，还结合《太极图》来解释《周易》，促进了宋代易学的发展。

对于朱熹的易学思想，蔡方鹿先生曾给予了这样的评价：“朱熹以义理思想为指导，重本义，重象数，将义理、卜筮、象数、图书相结合，把宋易之义理派与象数派包括图书学统一起来的易学思想的提出，是对中国易学史上先前思想资料的吸取、借鉴、继承、扬弃和发展，亦是对宋代易学的总结和发展，而集其大成。”③ 可谓得其肯綮。

二 朱熹对注释语言的简化

朱熹注书，一改以往注疏烦琐冗长的弊病，强调注释语言要简明扼要。他说：“凡解释文字，不可令注脚成文。成文则注与经各为一事，人唯看注而忘经。不然，即需各作一番理会，添却一项功夫。窃谓须只似汉儒毛、孔之流，略释训诂名物及文义理致尤难明者，而其易明处，更不须贴句相续，乃为得体。盖如此，则读者看注即知其非经外之文，却须将注再就经上体会，自然思虑归一，功力不分，而其玩索之味，亦益深长矣。”④

对于朱熹的这一观点，钱穆先生说：“所论诚是解经惟一正轨。后来

① 朱熹：《书伊川先生易传板本后》，朱杰人、严佐之、刘永翔主编《朱子全书》第二十四册《晦庵先生朱文公文集》卷八十一，上海古籍出版社、安徽教育出版社2002年版，第3842页。

② （宋）黎靖德编：《朱子语类》第五册卷六十七，中华书局1986年版，第1648页。

③ 蔡方鹿：《朱熹经学与中国经学》，人民出版社2004年版，第290页。

④ 朱熹：《记解经》，朱杰人、严佐之、刘永翔主编《朱子全书》第二十四册《晦庵先生朱文公文集》卷七十四，上海古籍出版社、安徽教育出版社2002年版，第3581页。

清儒以汉学自尊，取以与宋儒理学争门户，于朱子尤所嫉视。然其解经，训诂名物之考据，一字一物，累数千言不自休。使人仅知有训诂考据，不知复有经义，取以与朱子较得失，固何如耶。”①

朱熹提倡的这一原则是有针对性的。唐代注疏在解释经文时，常常离开了文意而对一些名物礼制作烦琐的考证，动辄数百言甚至上千言，看似详尽周到，实则不得要领。例如：

《诗经·邶风·谷风》：“采葑采菲，无以下体。德音莫违，及尔同死。”

孔颖达疏：“《释草》云：‘须，葑苁。’孙炎曰：‘须，一名葑苁。’《坊记》注云：‘葑，蔓菁也，陈、宋之间谓之葑。’陆机云：‘葑，芜菁，幽州人或谓之芥。’《方言》云：‘荤荛，芜菁也，陈、楚谓之荤，齐、鲁谓之荛，关西谓之芜菁，赵魏之郊谓之大芥。’荤与葑字虽异，音实同，即葑也，须也，芜菁也，蔓菁也，葑苁也，荛也，芥也，七者一物也。《释草》又云：‘菲，芴也。’郭璞曰：‘土瓜也。’孙炎曰：‘葍类也。’《释草》又云：‘菲，莨菜。’郭璞曰：‘菲草，生下湿地，似芜菁，华紫赤色，可食。’陆机云：‘菲似葍，茎粗叶厚而长有毛，三月中烝鬻为茹，滑美可作羹。幽州人谓之芴，《尔雅》谓之莨菜，今河内人谓之宿菜。’《尔雅》‘菲芴’与‘莨菜’异释，郭注似是别草。如陆机之言，又是一物。某氏注《尔雅》二处，引此诗即菲也，芴也，莨菜也，土瓜也，宿菜也，五者一物也。其状似葍而非葍，故云‘葍类也。’”

而朱熹却用寥寥数语就将问题说明白了：“葑，蔓菁也。菲，似葍，茎粗叶厚而长，有毛。……葑、菲根茎皆可食，而其根则有时而美恶。”对于理解诗义而言，朱熹的解释给人的信息量足矣。

又如：

《诗经·小雅·伐木》：“伐木许许，酾酒有藇。既有肥羜，以速诸父。宁适不来，微我弗顾。於粲洒埽，陈馈八簋。既有肥牡，以速

---

① 钱穆：《朱子新学案》（下），巴蜀书社1986年版，第1400页。

诸舅。宁适不来，微我有咎。”

孔颖达疏：“《礼》，天子谓同姓诸侯，诸侯谓同姓大夫，皆曰父。异姓则称舅。故曰‘诸父’‘诸舅’也。《礼记》注云：‘称之以父与舅，亲亲之辞也。’《觐礼》说天子呼诸侯之义，曰：同姓大国则曰伯父，其异姓则曰伯舅，同姓小国则曰叔父，异姓则曰叔舅。是天子称诸侯也。《左传》隐公谓臧僖伯曰：‘叔父有憾于寡人。’郑厉公谓原繁曰：‘愿与伯父图之。’《礼记》卫孔悝之《鼎铭》云：‘公曰叔舅。’是诸侯称大夫父舅之文也。诸侯则国有大小之殊，大夫唯以长幼为异，故服虔《左传》注云：‘诸侯称同姓大夫，长曰伯父，少曰叔父。’是也。然则诸侯谓异姓大夫长者亦当为伯舅，但经、传无其事耳。《公羊传》曰：‘王者之后称公，大国称侯，皆千乘。小国称伯、子、男。’《左传》曰：‘在礼，卿不会公、侯，会伯、子、男可也。’分五等为二节，皆以公、侯为上等，伯、子、男为下等，明大邦谓公、侯，小邦谓伯、子、男。其称牧伯则异。《曲礼》曰：‘五官之长曰伯，是职方。天子同姓谓之伯父，异姓谓之伯舅。’东西二伯。又曰：‘九州之长，入天子之国曰牧，天子同姓谓之叔父，异姓谓之叔舅。’注云：‘牧尊于大国之君，而谓之叔父，避二伯也，亦以此为尊。礼或损之而益，谓此类也。’言由避二伯，故称叔。因以别异大邦之君，亦以损其称而更益其尊，故云‘损之而益’也。齐太公为王官之伯，《左传》云：‘王使刘定公赐齐侯，命曰：“昔伯舅太公佐我先王。”’是称太公为伯舅也。及齐桓公兴霸功，王又以二伯之礼命之，僖九年传曰：‘王使宰孔赐齐侯胙，曰：“使孔赐伯舅胙。”’是也。周公亦是分陕之伯，而《鲁颂》云‘王曰叔父’者，以其实成王叔父，以本亲言之也。其晋文公亦有霸功，而王策命辞云‘王曰叔父’者，齐桓、晋文虽俱有霸功，天子赐命，皆本其祖。太公受二伯命，故还以二伯之礼赐桓公。唐叔本受州牧之命，故还以州牧之礼命文公，故唐叔、文公但称叔父。《左传》周景王谓籍谈曰：‘叔父唐叔。’是唐叔亦受州牧之礼而称叔父也。僖二十四年传：‘王出适郑，使来告难，曰：“敢告叔父。”’谓鲁为叔父。成二年传王告巩朔曰：‘今叔父克遂，有功于齐。’谓晋为叔父也。昭七年，王使追命卫襄公，曰：‘叔父陟恪，在我先王之左右。’是谓卫为叔父也。是晋与鲁、卫，王皆呼之为叔父。昭九年，‘王使詹桓伯辞于晋，曰：“伯父惠公归自秦。”’又谓晋侯为伯父。由此观之，鲁、卫为大国而称叔父，晋国之中，伯、叔俱称。不同者，以鲁虽周公之后，周公位冢宰为东伯，而周公之国，故击系伯禽。《左传》曰：‘燮父、禽父、王孙牟并事康王，三国俱以令德作王卿。’明兼州牧矣。燮父，唐叔之子。王孙牟，康叔之子。康叔称叔父，是为州牧。《尚书·酒诰》命康叔之辞曰：‘明大命于妹邦。’郑云：‘康叔为连属之监。’则康叔后或为州牧。燮父、王孙牟或各继其父为州牧也。伯禽作《费誓》专征徐戎，为方伯。可知三国并为大国，王室之亲，又皆二伯之后，尊而异之，所以皆称叔父焉。晋又称伯父者，以晋既大国，世作盟主，故变称伯父耳。《尚书·文侯之命》‘王曰：“父羲和。”’平王得文侯夹辅，周之勋，尤亲之，而直称父也。天子称朝廷公卿则无文。盖有爵者自依诸侯之例，无爵者亦应以此长幼称伯父、叔父。大夫以下位卑，其称父舅以否，无文以明之。”

朱熹集传：“诸父，朋友之同姓而尊者也。……诸舅，朋友之异姓而尊者也。先诸父而后诸舅者，亲疏之杀也。”

对此，郭在贻先生曾做过十分形象的比喻：“如果说，读六朝、唐人义疏之类的旧注，有堕五里雾中之感，那么读朱熹所注书，便如坐光风霁月之中，有心旷神怡之慨。这不能不说是宋学的优异之处。”①

三　朱熹对《诗序》的态度

朱熹的大胆创新、不墨守成说的精神，还集中体现在他对《诗序》的态度上。一般认为，朱熹对《诗序》是持否定态度的，在记载他言行的《朱子语类》中，朱熹曾不止一次地提到《诗序》的缺点：“《诗序》实不足信。向见郑渔仲有《诗辨妄》，力诋《诗序》，其间言语太甚，以为皆是村野妄人所作。始亦疑之，后来子细看一两篇，因质之《史记》、《国语》，然后知诗序之果不足信。因是看《行苇》《宾之初筵》《抑》数篇，《序》与诗全不相似。以此看其他诗《序》，其不足信者煞多。”②“《诗·小序》全不可信。如何定知是美刺那人？诗人亦有意思偶然而作

① 郭在贻：《训诂学》，中华书局2005年版，第131页。

② （宋）黎靖德编：《朱子语类》第六册卷八十，中华书局1986年版，第2076页。

者。又，其《序》与《诗》全不相合。《诗》词理甚顺，平易易看，不如《序》所云。且如《葛覃》一篇，只是见葛而思归宁，序得却如此！毛公全无序解，郑间见之。《序》是卫宏作。"① "《小序》极有难晓处，多是附会。如《鱼藻》诗见有'王在镐'之言，便以为君子思古之武王。似此类甚多。"②

关于朱熹对《诗序》的态度，在《朱子语类》中也有相关记载。朱熹的弟子曾向他发问："《诗传》多不解《诗序》，何也?"朱熹答曰："某自二十岁时读《诗》，便觉《小序》无意义。及去了《小序》，只玩味《诗》词，却又觉得道理贯彻。当初亦尝质问诸乡先生，皆云，《序》不可废，而某之疑终不能释。后到三十岁，断然知《小序》之出于汉儒所作，其为缪戾，有不可胜言。东莱不合只因《序》讲解，便有许多牵强处。某尝与言之，终不肯信。《读诗记》中虽多说《序》，然亦有说不行处，亦废之。某因作《诗传》，遂成《诗序辨说》一册，其他缪戾，辨之颇详。"③

此外，朱熹在向弟子自叙平生解《诗》的经历时也说："某向作《诗解》，文字初用《小序》，至解不行处，亦曲为之说。后来觉得不安，第二次解者，虽存《小序》，间为辨破，然终是不见诗人本意。后来方知，只尽去《小序》，便自可通。于是尽涤旧说，诗意方活。"④

束景南先生根据以上朱熹的自叙，认为"据此可以确知朱熹生平解《诗》有二变：初本《毛序》，曲为之说，后转为存《毛序》，间为辨破，是为一变；由存《毛序》再转为尽去《毛序》，尽涤荡旧说，是为又一变。考之朱熹文集、语录，无不相合。所谓初本《毛序》曲为之说与存《毛序》间为辨破者，盖即作《诗集解》阶段；而所谓尽去《毛序》、涤荡旧说者，则为作《诗集传》阶段也。若再细考朱熹生平解《诗》经历，自又不止此二变三阶段；然就根本言，则又可分主《毛序》作《诗集解》与黜《毛序》作《诗集传》两大阶段，盖前一变二阶段尚未超脱于《毛序》之外也"⑤。至于朱熹具体的著述过程，束景南先生在《朱熹作〈诗

① （宋）黎靖德编：《朱子语类》第六册卷八十，中华书局 1986 年版，第 2074 页。
② 同上书，第 2074—2075 页。
③ 同上书，第 2078—2079 页。
④ 同上书，第 2085 页。
⑤ 束景南：《朱熹佚文辑考》，江苏古籍出版社 1991 年版，第 660—661 页。

集解〉与〈诗集传〉考》一文中有详细的论述，兹不赘言。

由上可知，朱熹对于《诗序》的态度，经历了从信奉到怀疑，再到否定的漫长过程。但是朱熹对于《诗·大序》和《诗·小序》的态度却并不是完全一致的，朱熹认为："《小序》汉儒所作，有可信处绝少。《大序》好处多，然亦有不满人意处。"① 对于这个问题，莫砺锋先生有较为系统的研究。莫砺锋认为，朱熹对于《诗·大序》没有明确地表示反对，而且在平日的言谈中也时常涉及《大序》中的观点，例如《大序》云："治世之音，安以乐，其政和。乱世之音，怨以怒，其政乖。亡国之音，哀以思，其民困。"朱熹则说："有治世之文，有衰世之文，有乱世之文。"② 又如《大序》云："诗有六义焉，一曰风，二曰赋，三曰比，四曰兴，五曰雅，六曰颂。"朱熹则说："《诗·大序》只有'六义'之说是。"③"朱熹对《大序》基本认可的原因在于《大序》是对《诗经》的性质、功用及意义的总体说明，并未具体解释每篇作品的含义，而且其观念大多是儒家理论的阐述，朱熹对那些理论本来就是信从的，他只是对《大序》中某些部分感到不满。"④ 而且，朱熹虽然驳斥《大序》，其内容却与《小序》有关，即与对具体作品的解说有关，而不是反对《大序》的基本理论。⑤

至于朱熹对《诗·小序》的态度，从总体上看是予以否定的。莫砺锋先生将《诗集传》中对于每一首诗主题的解说，按其与《诗·小序》的关系归纳为以下五种情况：

1. 说明采取《小序》说。例如对《周南·关雎》篇和《邶风·式微》篇等篇目的解释。

2. 不提《小序》，而全袭其说。例如对《周南·樛木》篇和《小雅·车攻》篇等篇目的解释。

3. 与《小序》大同小异，其中又分为几种情况：

（1）释义稍有不同。例如对《周南·桃夭》篇等篇目的解释；

（2）释义基本相同，但《小序》拘于美刺之说，在作进一步的阐发

① （宋）黎靖德编：《朱子语类》第六册卷八十，中华书局1986年版，第2067页。

② （宋）黎靖德编：《朱子语类》第八册卷一百三十九，中华书局1986年版，第3297页。

③ （宋）黎靖德编：《朱子语类》第六册卷八十，中华书局1986年版，第2072页。

④ 莫砺锋：《朱熹文学研究》，南京大学出版社2000年版，第212页。

⑤ 以上观点均参见莫砺锋《朱熹文学研究》，南京大学出版社2000年版，第211—212页。

时就犯了穿凿附会的错误。例如对《小雅·谷风》篇等篇目的解释；

（3）释义基本相同，但对诗的作者的说法不同。例如对《大雅·江汉》篇等篇目的解释；

（4）释义基本相同，但对作诗的时代说法不同。例如对《小雅·节南山》篇等篇目的解释。

4. 与《小序》不同，又分为两种情况：

（1）释义截然不同。例如对《小雅·小宛》篇等篇目的解释；

（2）释义无大分歧，但认其为刺为美则截然相反。例如对《小雅·瞻彼洛矣》篇等篇目的解释。

5.《小序》强加解说，《诗集传》则认为不易解，应予存疑。例如对《卫风·芄兰》篇和《小雅·钟鼓》篇等篇目的解释。[①]

根据莫砺锋的统计，朱熹对《诗·小序》说持异议的篇目共占《诗经》总数的70%，也就是说，朱熹改《小序》说的比较多，这也是朱熹诗学的一个重要特点。朱熹主张废弃《诗序》是有其针对性的，当时人们在诠释《诗经》时，常以《诗》来迁就《序》，以至于穿凿附会之风日盛。朱熹指出："今人不以《诗》说《诗》，却以《序》解《诗》，是以委曲牵合，必欲如序者之意，宁失诗人之本意不恤也。此是序者大害处！"[②] 因此，朱熹主张废《序》的根本目的在于强调以《诗》说《诗》，探求诗人作诗的本意，从而正确地理解经文。这在当时乃至于现在看来都是有积极意义的。

总之，朱熹在训诂的过程中，能够打破汉宋界限，反对传统解经的泥守成说，常多新解，创获颇丰，在中国训诂学史上占有重要地位，对后世的训诂也产生了深远影响。

第四节　结合文化，以文化通训诂的原则

所谓文化，简言之，就是指人类在社会历史发展过程中所创造的物质财富和精神财富的总和。中国历史悠久，灿烂的华夏文化是我们宝贵的财富。我们通过阅读古代典籍和考察出土文物来了解自己民族的历史，因此，典籍和文物就是文化传承的桥梁。在解读古籍的时候，我们经常会遇

① 参见莫砺锋《朱熹文学研究》，南京大学出版社2000年版，第213—216页。

② （宋）黎靖德编：《朱子语类》第六册卷八十，中华书局1986年版，第2077页。

到这样的情况，就是字词句都清楚了，但还是不能够把作品的内容彻底弄明白，这或多或少跟文句里面蕴含的文化现象有关。如果对古代文化知识一无所知或理解不深，那么在解读古籍时就会遇到困难，这也向注释古籍的人提出了更高的要求。

朱熹已经注意到了这一点，他在自己的训诂著作中，很好地贯彻了“以文化通训诂”的原则，对所注释的古籍中涉及的文化现象予以了详细的阐释，包括的内容亦比较广泛。

一　叙事考史

1. 叙述作品中所隐含的历史故事

通过对这些历史故事进行解说，读者可以更清楚地理解文章所要表达的思想内容。朱熹对作品中所隐含的历史故事的叙述例如：

> 《诗经·大雅·绵》：“虞芮质厥成，文王蹶厥生。”
>
> 朱熹集传：“《传》曰：‘虞芮之君，相与争田，久而不平，乃相与朝周。入其境，则耕者让畔，行者让路；入其邑，男女异路，斑白者不提挈；入其朝，士让为大夫，大夫让为卿。二国之君感而相谓曰：“我等小人，不可以履君子之境。”乃相让以其所争田为间田而退。天下闻之而归者四十余国。’”

朱熹通过引用毛传叙述的这个故事，旨在阐明该句的句意：“言混夷既服，而虞芮来质其讼之成，于是诸侯归服者众，而文王由此动其兴起之势。”

> 《论语·述而》：“冉有曰：‘夫子为卫君乎?’子贡曰：‘诺。吾将问之。’入，曰：‘伯夷、叔齐何人也?’曰：‘古之贤人也。’曰：‘怨乎?’曰：‘求仁而得仁，又何怨?’出，曰：‘夫子不为也。’”
>
> 朱熹集注：“卫君，出公辄也。灵公逐其世子蒯聩。公薨，而国人立蒯聩之子辄，于是晋纳蒯聩而辄拒之。时孔子居卫，卫人以蒯聩得罪于父，而辄嫡孙当立，故冉有疑而问之。……伯夷、叔齐，孤竹君之二子。其父将死，遗命立叔齐。父卒，叔齐逊伯夷。伯夷曰：‘父命也。’遂逃去。叔齐亦不立而逃之，国人立其中子。其后武王

伐纣，夷、齐扣马而谏。武王灭商，夷、齐耻食周粟，去，隐于首阳山，遂饿而死。”

朱熹在这里详细叙述伯夷、叔齐的故事，目的在于说明该句当中“夫子不为也”的原因，并借以阐发自己的理学思想：“盖伯夷以父命为尊，叔齐以天伦为重。其逊国也，皆求所以合乎天理之正，而即乎人心之安。既而各得其志焉，则视弃其国犹敝蹝尔，何怨之有？若卫辄之据国拒父而惟恐失之，其不可同年而语明矣。”

《孟子·梁惠王上》：“梁惠王曰：‘晋国，天下莫强焉，叟之所知也。及寡人之身，东败于齐，长子死焉；西丧地于秦七百里；南辱于楚。寡人耻之，愿比死者一洒之，如之何则可？’”

朱熹集注：“魏本晋大夫魏斯，与韩氏、赵氏共分晋地，号曰‘三晋’，故惠王犹自谓晋国。惠王三十年，齐击魏，破其军，虏太子申。十七年，秦取魏少梁，后魏又数献地于秦。又与楚将昭阳战败，亡其七邑。”

朱熹详细叙述了晋国的败亡历史，意在说明梁惠王讲这些话的原因：“言欲为死者雪其耻也。”

《楚辞·九辩》：“愿自直而径往兮，路壅绝而不通。欲循道而平驱兮，又未知其所从。然中路而迷惑兮，自厌按而学诵。性愚陋以褊浅兮，信未达乎从容。窃美申包胥之气晟兮，恐时世之不固。”

朱熹集注：“申包胥，楚大夫也。伍子胥得罪于楚，将适吴，见申包胥，谓曰：‘我必亡郢。’申包胥曰：‘子能亡之，我能存之。’子胥奔吴，为吴王阖闾臣，兴兵而伐楚，破郢，昭王出奔。于是申包胥乃之秦请救兵，鹤立于秦庭，啼呼悲泣，七日七夜不绝声，勺饮不入于口。秦伯哀之，为发兵救楚，昭王复国。”

朱熹通过叙述“申包胥哭秦庭”的故事，来表明该诗作者“言己能为包胥之事，但恐时世不同，不为人所信耳”的遭遇。

类似的例子还有很多，都是旨在解释文意：

《诗经·大雅·皇矣》:“帝谓文王，予怀明德，不大声以色，不长夏以革。不识不知，顺帝之则。帝谓文王，询尔仇方，同尔兄弟，以尔钩援，与尔临冲，以伐崇墉。”

朱熹集传:“《史记》:崇侯虎谮西伯于纣，纣囚西伯于羑里。西伯之臣，闳夭之徒，求美女奇物善马以献纣。纣乃赦西伯，赐之弓矢铁钺，得专征伐。曰:‘谮西伯者，崇侯虎也。’西伯归，三年，伐崇侯虎而作丰邑。言上帝眷念文王，而言其德之深微，不暴著其形迹。又能不作聪明，以循天理，故又命之以伐崇也。”

《楚辞·天问》:“会鼂争盟，何践吾期？苍鸟群飞，孰使萃之?”

朱熹集注:“旧说:武王将伐纣，纣使胶鬲视武王师。胶鬲问曰:‘欲以何日至殷?’武王曰:‘以甲子日。’胶鬲还报纣。会天大雨，道难行，武王昼夜行。或谏曰:‘雨甚，军士苦之，请且休息。’武王曰:‘吾许胶鬲以甲子日至殷，令报纣矣，吾甲子日不到，纣必杀之，吾故不敢休息，欲救贤者之死也。’遂以甲子日朝诛纣，不失期也。”

朱熹叙事考史的根本目的还是为了注释典籍。通过叙述那些跟文意有关的历史故事，可以进一步阐明文章的句意章旨及所要表达的思想内容，从而为自己的训诂服务。

2. 考察词语在古籍中的文献用例

我国古代的典籍汗牛充栋，书面语用词的继承性又很强。如果能够知道作品中相关词语的出处，对于理解文意无疑是有很大帮助的。朱熹在训释词语时，常常能够征引该词语较早的文献用例来佐证词义，这为后人解读典籍提供了很大的方便。朱熹对词语在古籍中的文献用例的考察例如:

《诗经·小雅·采芑》:“方叔率止，钲人伐鼓，陈师鞠旅。显允方叔，伐鼓渊渊，振旅阗阗。”

朱熹集传:“振，止。旅，众也。言战罢而止其众以入也。《春秋传》曰‘出曰治兵，入曰振旅’是也。”

《诗经·小雅·雨无正》:“戎成不退，饥成不遂。曾我暬御，憯憯日瘁。”

朱熹集传:“遂，进也。《易》曰‘不能退，不能遂’是也。”

《礼记·中庸》："故君子和而不流，强哉矫！中立而不倚，强哉矫！国有道，不变塞焉，强哉矫！国无道，至死不变，强哉矫！"

朱熹集注："矫，强貌。《诗》曰'矫矫虎臣'是也。"

《论语·泰伯》："子曰：'师挚之始，《关雎》之乱，洋洋乎盈耳哉！'"

朱熹集注："乱，乐之卒章也。《史记》曰：'《关雎》之乱以为风始。'"

《孟子·梁惠王下》："齐宣王问曰：'汤放桀，武王伐纣，有诸？'孟子对曰：'于传有之。'"

朱熹集注："放，置也。《书》曰：'成汤放桀于南巢。'"

《楚辞·九歌·东皇太一》："瑶席兮玉瑱，盍将把兮琼芳。蕙肴蒸兮兰藉，奠桂酒兮椒浆。"

朱熹集注："蒸，一作烝，……进也。《国语》'燕有殽烝'是也。"

《楚辞·天问》："永遏在羽山，夫何三年不施？伯禹腹鲧，夫何以变化？"

朱熹集注："施，谓刑杀之也。《左传》曰：'乃施刑侯。'"

二　解释天文地理

"天文""地理"二词在文献中很早就出现了，《周易·系辞上传》："仰以观于天文，俯以察于地理，是故知幽明之故。"孔颖达在《周易正义》中对它们的解释分别为："天有悬象而成文章，故称文也。地有山川原隰，各有条理，故称理也。"天文指天空的景象，即日月星辰等天体的分布及运行规律。因为天体运行会引起昼夜更替，季节变化，所以广义的天文也包括根据日月星辰的运转而制定的历法，这是对天文学知识的具体运用。地理原来仅是指大地表面的形态，到了汉代，班固在《汉书·地理志》中将其指称的范围扩大，把行政区划和地理沿革也包括在内。我们在论述朱熹对天文地理的解释时，也将从以上这几个方面来进行。

1. 解释天文历法

《诗经·召南·小星》："嘒彼小星，维参与昴。肃肃宵征，抱衾与裯。寔命不犹。”

朱熹集传：“参、昴，西方二宿之名。”

《楚辞·远游》：“时暧曃其曭莽兮，召玄武而奔属。后文昌使掌行兮，选署众神以并轂。”

朱熹集注：“文昌，在紫微宫，北斗魁前，六星如匡形。”

《诗经·郑风·女曰鸡鸣》：“女曰鸡鸣，士曰昧旦。子兴视夜，明星有烂。将翱将翔，弋凫与雁。”

朱熹集传：“明星，启明之星，先日而出者也。”

《诗经·小雅·大东》：“维南有箕，不可以簸扬。维北有斗，不可以挹酒浆。维南有箕，载翕其舌。维北有斗，西柄之揭。”

朱熹集传：“箕、斗，二星，以夏秋之间见于南方。……南斗柄固指西，若北斗而西柄，则亦秋时也。”

《诗经·小雅·十月之交》：“十月之交，朔月辛卯。日有食之，亦孔之丑。彼月而微，此日而微。今此下民，亦孔之哀。”

朱熹集传：“交，日月交会，谓晦朔之间也。历法：周天三百六十五度四分度之一。左旋于地，一昼一夜，则其行一周而又过一度。日月皆右行于天，一昼一夜，则日行一度，月行十三度十九分度之七。故日一岁而一周天，月二十九日有奇而一周天，又逐及于日而与之会。一岁凡十二会，方会，则月光都尽而为晦。已会，则月光复苏而为朔。朔后晦前各十五日。日月相对，则月光正满而为望。晦朔而日月之合，东西同度，南北同道，则月掩日而日为之食。望而日月之对，同度同道，则月亢日而月为之食。是皆有常度矣。”

正因为古人能够较为准确地观察天体的分布和运行情况，我国又很早就进入了农耕社会，种庄稼需要注意气候，所以这促使人们利用天象来制定历法。我国古代的历法分为夏历、殷历和周历三种，它们的区别在于确定为正月的月份不同：周正建子，以十一月为岁首；殷正建丑，以十二月为岁首；夏正建寅，以一月为岁首。正是由于这种差别，先秦古籍在记录时间时就会因为所使用的历法不同而给阅读带来困难，这就需要古籍注释者根据具体情况予以分析。朱熹在作注过程中也注意到了这种区别，比如《孟子》多用周历，《楚辞》多用夏历，而《诗经》则因为作诗的时代与地域不同，情况就更加复杂，例如：

《诗经·鄘风·定之方中》："定之方中，作于楚宫。揆之以日，作于楚室。"

朱熹集传："定，北方之宿，营室星也。此星昏而正中，夏正十月也。于是时可以营制宫室，故谓之营室。"

《诗经·豳风·七月》："七月流火，九月授衣。一之日觱发，二之日栗烈。无衣无褐，何以卒岁？三之日于耜，四之日举趾。同我妇子，馌彼南亩，田畯至喜。"

朱熹集传："七月，斗建申之月，夏之七月也。后凡言月者放此。……火，大火，心星也。以六月之昏，加于地之南方，至七月之昏，则下而西流矣。九月霜降始寒，而蚕绩之功亦成，故授人以衣，使御寒也。一之日，谓斗建子，一阳之月。二之日，谓斗建丑，二阳之月也。变月言日，言是月之日也。后凡言日者放此。盖周之先公，已用此以纪候，故周有天下，遂以为一代之正朔也。"

《诗经·小雅·正月》："正月繁霜，我心忧伤。民之讹言，亦孔之将。"

朱熹集传："正月，夏之四月。谓之正月者，以纯阳用事，为正阳之月也。"

《诗经·小雅·小明》："明明上天，照临下土。我征徂西，至于艽野。"

朱熹集传："二月，亦以夏正数之，建卯月也。"

《孟子·梁惠王上》："对曰：'天下莫不与也。王知夫苗乎？七八月之间旱，则苗槁矣。天油然作云，沛然下雨，则苗浡然兴之矣。其如是，孰能御之？'"

朱熹集注："周七八月，夏五六月也。"

《楚辞·离骚》："帝高阳之苗裔兮，朕皇考曰伯庸。摄提贞于孟陬兮，惟庚寅吾以降。"

朱熹集注："孟，始也。陬，隅也。正月为陬，盖是月孟春昏时，斗柄指寅，在东北隅，故以为名也。"

按："孟陬"指夏历建寅之月，就是正月。《汉书·律历志上》："闰余乖次，孟陬殄灭。"赵翼《门神》诗："五彩桃符耀孟陬，司阍常赖职勤修。"

2. 解释山岳、河流、行政区划的地理沿革

山岳、河流和行政区划各自的情况又有所不同。山岳比较稳定，从古到今的变化不大，河流则不同，因为水的流向发生变化，可能会引起河道的变迁，比如黄河在历史上就有多次改道的记录。至于行政区划在不同的朝代变化更大，这需要引起特别的注意。朱熹在注解古籍时，通过稽考旧注和实地考察，于这些地方分别给予了详细的解释，例如：

《诗经·大雅·崧高》："崧高维岳，骏极于天。维岳降神，生甫及申。"

朱熹集传："山大而高曰崧。岳，山之尊者。东岱、南霍、西华、北恒是也。"

《楚辞·离骚》："纷总总其离合兮，忽纬繣其难迁。夕归次于穷石兮，朝濯发乎洧盘。"

朱熹集注："穷石，山名，在张掖，即后羿之国也。洧盘，水名。"

《诗经·邶风·谷风》："泾以渭浊，湜湜其沚。宴尔新昏，不我屑以。"

朱熹集传："泾、渭，二水名。泾水，出今原州百泉县笄头山东南，至永兴军高陵入渭。渭水，出渭州渭源县鸟鼠山，至同州凭翊县入河。"

《孟子·滕文公上》："禹疏九河，瀹济、漯，而注诸海；决汝、汉，排淮、泗，而注之江，然后中国可得而食也。"

朱熹集注："汝、汉、淮、泗，亦皆水名也。据《禹贡》及今水路，惟汉水入江耳，汝、泗则入淮，而淮自入海。"

《诗经·小雅·十月之交》："皇父孔圣，作都于向。择三有事，亶侯多藏。"

朱熹集传："向，地名。在东都畿内，今孟州河阳县是也。"

《诗经·大雅·皇矣》："帝谓文王，无然畔援，无然歆羡。诞先登于岸，密人不恭，敢距大邦，侵阮徂共。"

朱熹集传："阮，国名，在今泾州。共，阮国之地名，今泾州之共池是也。"

三　解释各种制度

各种制度属于上层建筑，在漫长的中国封建社会中，各种礼仪制度繁冗复杂，如果不加以解释，就会成为我们阅读古籍的障碍。即便是在朱熹时代，前代产生的各种制度已经非常繁杂，而且随着时代的变迁，其中一些制度已经消亡，另外一些制度则发生了变化，因此需要予以解释。朱熹在注释典籍时，在继承旧注的基础上充分结合时代特点，对有关的制度作出了很好的解释。

1. 关于衣食住行

《诗经·豳风·九罭》："九罭之鱼，鳟鲂。我觏之子，衮衣绣裳。"

朱熹集传："衮衣裳九章：一曰龙；二曰山；三曰华虫，雉也；四曰火；五曰宗彝，虎蜼也，皆缋于衣；六曰藻；七曰粉米；八曰黼；九曰黻，皆绣于裳。天子之龙，一升一降；上公但有降龙。以龙首卷然，故谓之衮也。"

《诗经·小雅·伐木》："伐木许许，酾酒有藇。既有肥羜，以速诸父。"

朱熹集传："酾酒者，或以筐，或以草，泲之而去其糟也，《礼》所谓'缩酌用茅'是也。"

《诗经·齐风·著》："俟我于庭乎而，充耳以青乎而，尚之以琼莹乎而。"

朱熹集传："庭，在大门之内，寝门之外。"

马是我国古代最重要的交通工具，因此古人对马非常重视，根据马的不同特征分别给予了不同的称呼，这在《诗经·鲁颂·駉》中有集中的体现。朱熹利用前人的注释，加上自己的理解，对这些名称做了较为详细的解释："骊马白跨曰驈。黄白曰皇。纯黑曰骊。黄骍曰黄。仓白杂毛曰骓。黄白杂毛曰駓。赤黄曰骍。青黑曰骐。青骊驎曰驒，色有深浅，班驳如鱼鳞，今之连钱骢也。白马黑鬣曰骆。赤身黑鬣曰骝。黑身白鬣曰雒。阴白杂毛曰骃，阴，浅黑色。今泥骢也。彤白杂毛曰騢。豪骭曰驔，毫在骭而白也。二目白曰鱼，似鱼目也。"

2. 关于礼仪典制

《诗经·小雅·六月》："比物四骊，闲之维则。维此六月，既成我服。我服既成，于三十里。王于出征，以佐天子。"

朱熹集传："凡大事，祭祀、朝觐、会同，毛马而颁之。凡军事，物马而颁之。毛马齐其色，物马齐其力。吉事尚文，武事尚强也。"

《诗经·小雅·宾之初筵》："宾之初筵，左右秩秩。笾豆有楚，殽核维旅。酒既和旨，饮酒孔偕。钟鼓既设，举酬逸逸。大侯既抗，弓矢斯张，射夫既同，献尔发功。发彼有的，以祈尔爵。"

朱熹集传："凡射，张侯而不系左下纲，中掩束之。至将射，司马命张侯，弟子脱束，遂系下纲也。大侯张而弓矢亦张，节也。射夫既同，比其耦也。射礼：选群臣为三耦，三耦之外，其余各自取匹，谓之众耦。"

《论语·八佾》："王孙贾问曰：‘“与其媚于奥，宁媚于灶”，何谓也？’"

朱熹集注："灶者，五祀之一，夏所祭也。凡祭五祀，皆先设主而祭于其所，然后迎尸而祭于奥，略如祭宗庙之仪。如祀灶，则设主于灶陉，祭毕，而更设馔于奥，以迎尸也。"

《论语·阳货》："子曰：‘食夫稻，衣夫锦，于女安乎？’曰：‘安。’"

朱熹集注："礼：父母之丧，既殡，食粥、粗衰。既葬，疏食、水饮，受以成布。期而小祥，始食菜果，练冠縓缘，要绖不除，无食稻、衣锦之理。"

《孟子·梁惠王上》："仲尼曰：‘始作俑者，其无后乎！’为其象人而用之也。如之何其使斯民饥而死也？"

朱熹集注："俑，从葬木偶人也。古之葬者，束草为人，以为从卫，谓之刍灵，略似人形而已。中古易之以俑，则有面目机发而大似人矣。"

《孟子·滕文公上》："夏后氏五十而贡，殷人七十而助，周人百亩而彻，其实皆什一也。彻者，彻也；助者，藉也。"

朱熹集注："此以下，乃言制民常产与其取之之制也。夏时，一夫授田五十亩，而每夫计其五亩之入以为贡。商人始为井田之制，以六百三十亩之地画为九区，区七十亩，中为公田，其外八家各授一区，但借其力以助耕公田，而不复税其私田。周时一夫授田百亩，乡遂用贡法，十夫有沟；都鄙用助法，八家同井。耕则通力而作，收则计亩而分，故谓之彻。'其实皆什一'者，贡法固以十分之一为常数，惟助法乃是九一，而商制不可考。周制则公田百亩，中以二十亩为庐舍，一夫所耕公田实计十亩。通私田百亩，为十一分而取其一，盖又轻于什一矣。窃料商制亦当似此，而以十四亩为庐舍，一夫实耕公田七亩，是亦不过什一也。"

3. 关于器物形制

《诗经·鄘风·干旄》："孑孑干旟，在浚之都。素丝组之，良马五之。彼姝者子，何以予之?"

朱熹集传："旟，州里所建鸟隼之旗也。上设旌旄，其下系斿，斿下属縿，皆画鸟隼也。"

《诗经·郑风·女曰鸡鸣》："知子之来之，杂佩以赠之。知子之顺之，杂佩以问之。知子之好之，杂佩以报之。"

朱熹集传："杂佩者，左右佩玉也。上横曰珩，下系三组，贯以蠙珠。中组之半，贯一大珠，曰瑀。末悬一玉，两端皆锐，曰冲牙。两旁组半，各悬一玉，长博而方，曰琚。其末各悬一玉，如半璧而内向，曰璜。又以两组贯珠，上系珩两端，下交贯于瑀，而下系于两璜，行则冲牙触璜而有声也。"

《诗经·秦风·小戎》："小戎俴收，五楘梁辀。游环胁驱，阴靷鋈续。文茵畅毂，驾我骐馵。言念君子，温其如玉。在其板屋，乱我心曲。"

朱熹集传："凡车之制，广皆六尺六寸。其平地任载者为大车，则轸深八尺。兵车则轸深四尺四寸，故曰小戎俴收也。……梁辀、从前轸以前稍曲而上，至衡则向下钩之，横衡于辀下，而辀形穹隆，上曲如屋之梁，又以皮革五处束之，其文章历录然也。游环，靷环也。以皮为环，当两服马之背上。游移前却无定处，引两骖马之外辔，贯其中而执之，所以制骖马使不得外出。《左传曰》：'如骖之有靷'是也。胁驱，亦以皮为之，前系于衡之两端，后系于轸之两端，当服马胁之外，所以驱骖马使不得内入也。……靷，以皮二条前系骖马之颈，后系阴版之上也。鋈续，阴版之上有续靷之处，消白金沃灌其环以为饰也。盖车衡之长六尺六寸，止容二服，骖马之颈不当于衡，故别为二靷以引车，亦谓之靳。《左传》曰：'两靷将绝'是也。……毂者、车轮之中，外持辐、内受轴者也。大车之毂一尺有半，兵车之毂长三尺二寸，故兵车曰畅毂。"

《诗经·小雅·何人斯》："伯氏吹埙，仲氏吹篪。及尔如贯，谅不我知。出此三物，以诅尔斯。"

朱熹集传："乐器：土曰埙。大如鹅子，锐上平底，似称锤，六孔。竹曰篪。长尺四寸，围三寸，七孔，一孔上出，径三分，凡八孔，横吹之。"

总之，训诂与古代文化的关系十分密切，只有正确理解了古代的文化现象，才能对古籍作出正确的解释。朱熹将此作为自己训诂的一个原则，举凡涉及古代文化的地方都尽力予以了较为全面的阐释，同时也给出了自己的见解，这从另外一个角度反映了朱熹训诂的水平。

第二章　朱熹对古籍语音的研究

第一节　朱熹注音的方法

声音是语言的物质外壳，人们要读书识字，首先要明白字音，因此，注解古书的首要工作就是注音。从传世的训诂资料来看，人们对语音的认识有一个漫长的过程，并且注音方法也经历了从古拙、粗略到精密、准确的不断演变。《颜氏家训·音辞篇》："夫九州之人，言语不同，生民已来，固常然矣。自《春秋》标齐言之传，《离骚》目楚词之经，此盖其较明之初也。后有扬雄著《方言》，其言大备。然皆考名物之同异，不显声读之是非也。逮郑玄注《六经》，高诱解《吕览》《淮南》，许慎造《说文》，刘熹制《释名》，始有譬况假借，以证音字耳。而古语与今殊别，其间轻重清浊，犹未可晓；加以内言、外言、急言、徐言、读若之类，益使人疑。孙叔言创《尔雅音义》，是汉末人独知反语。至于魏世，此事大行。"

这段话简要地说明了中国训诂著作中注音方法的产生及其演变过程：郑玄以前的书面训诂著作中基本上不标音，从郑玄、高诱、许慎、刘熙等人开始，训诂著作中出现了譬况发音的内容，东汉末年孙炎的《尔雅音义》开创反切注音之先河，到曹魏时代大行于世。这是因为：西汉以上注重口头训诂，师徒之间的传授都是有声语言的口耳相传，书面注音的问题便显得不重要了。西汉时期今文经学盛行，经学家们毕生只研究一经的内容，识读内容有限，亦是口耳相传，文字的读音问题仍未引起重视。到了东汉后期，古今文经学之间的藩篱开始消失，马融、郑玄、贾逵、许慎、高诱、服虔等经学大师都是古今文经兼治，使得书面训诂成为了训诂的主要形式，口耳相传的比例逐渐减少，自治学习的机会逐渐增多，这样，训诂著作中便增加了注音方面的内容。

随着音韵学研究的发展，注音的方法也日趋丰富，譬况、直音、反切、别四声等方法都为人们所熟练应用，陆德明的《经典释文》为集大成之作。南北朝时期的“协韵说”到了宋代被加以推广，称为“叶音法”。虽然这种注音方法的错误为后世所批判，但宋代以后颇为流行，行用了七百余年，影响直到晚近。朱熹在他的训诂著作中不仅普遍采用了前世已有的几种注音方法，而且对叶音法大加推广，以下分述其要。

一　直音法

直音法是用同音字给被注字标音的一种注音方法，朱熹的训诂著作中常用此法给一些生僻字注音。直音法的一般形式为“甲，音乙”，例如：

《诗经·唐风·扬之水》：“扬之水，白石凿凿。素衣朱襮，从子于沃。既见君子，云何不乐。”

朱熹集传：“襮，音博。乐，音洛。”

《孟子·告子下》：“夫苟不好善，则人将曰：‘訑訑，予既已知之矣。’”

朱熹集注：“訑，音移。”

《楚辞·九章·抽思》：“低佪夷犹，宿北姑兮。烦冤瞀容，实沛徂兮。”

朱熹集注：“瞀，音茂。”

此外，朱熹使用直音法时还有一些变式，如：

《诗经·大雅·瞻卬》：“人有土田，女反有之。人有民人，女覆夺之。”

朱熹集传：“有，酉、由二音。”

《礼记·大学》：“《诗》云：‘穆穆文王，於缉熙敬止！’”

朱熹集注：“‘於缉’之‘於’，音乌。”

《楚辞·哀时命》：“愁修夜而宛转兮，气涫灪其若波。握剞劂而不用兮，操规矩而无所施。”

朱熹集注：“涫，音馆，又官、贯二音。”

《周易·坤》：“六四，括囊，无咎，无誉。”

朱熹本义：“誉，音余，又音预。”

根据被注字与注音字之间关系的不同，朱熹使用的直音法可以分为以下几种类型：

1. 被注字与注音字是声符字与形声字的关系，其中又可以分为三种情况：

（1）被注字是形声字，注音字是该形声字的声符

《诗经·周南·关雎》：“关关雎鸠，在河之洲。窈窕淑女，君子好逑。”

朱熹集传：“逑，音求。”

《论语·公冶长》：“子曰：‘道不行，乘桴浮于海。从我者，其由与？’子路闻之喜。”

朱熹集注：“桴，音孚。”

《楚辞·九章·哀郢》：“望长楸而太息兮，涕淫淫其若霰。过夏首而西浮兮，顾龙门而不见。”

朱熹集注：“楸，音秋。”

（2）被注字是某形声字的声符，注音字是该形声字

《诗经·召南·摽有梅》：“摽有梅，顷筐塈之。求我庶士，迨其谓之。”

朱熹集传：“顷，音倾。”

《礼记·中庸》：“是以声名洋溢乎中国，施及蛮貊。舟车所至，人力所通，天之所覆，地之所载，日月所照，霜露所队，凡有血气者，莫不尊亲，故曰配天。”

朱熹集注：“队，音坠。”

《周易·屯》：“六三，即鹿无虞，惟入于林中，君子几，不如舍，往吝。”

朱熹本义：“几，音机。”

（3）被注字与注音字是同声符的形声字

《诗经·小雅·四牡》："四牡骓骓，啴啴骆马。岂不怀归？王事靡盬，不遑启处。"

朱熹集传："骆，音洛。"

《孟子·梁惠王上》："对曰：'天下莫不与也。王知夫苗乎？七八月之间旱，则苗槁矣。天油然作云，沛然下雨，则苗浡然兴之矣。其如是，孰能御之？'"

朱熹集注："浡，音勃。"

《楚辞·九歌·东皇太一》："瑶席兮玉瑱，盍将把兮琼芳。蕙肴蒸兮兰藉，奠桂酒兮椒浆。"

朱熹集注："瑶，音遥。"

2. 被注字与注音字是古今字关系

《诗经·召南·草虫》："未见君子，忧心惙惙。亦既见止，亦既觏止，我心则说。"

朱熹集传："说，音悦。"

《礼记·中庸》："莫见乎隐，莫显乎微，故君子慎其独也。"

朱熹集注："见，音现。"

《论语·八佾》："子语鲁大师乐，曰：'乐其可知也：始作，翕如也；从之，纯如也，皦如也，绎如也，以成。'"

朱熹集注："从，音纵。"

《孟子·梁惠王下》："夫人幼而学之，壮而欲行之。王曰'姑舍女所学而从我'，则何如？"

朱熹集注："女，音汝。"

《周易·夬》："九二，惕号，莫夜有戎，勿恤。"

朱熹本义："莫，音暮。"

二　比况法

这是以某字的读音为标准，按照该字的读音去读，即可知被注字字音的一种注音方法，常用的术语有"读如""读作""读为""读曰"等。在朱熹的训诂著作中使用这种方法注音的地方也有很多，例如：

《诗经·大雅·长发》："外大国是疆，幅陨既长。有娀方将，帝立子生商。"

朱熹集传："陨，读作员。"

《礼记·中庸》："时使薄敛，所以劝百姓也；日省月试，既禀称事，所以劝百工也；送往迎来，嘉善而矜不能，所以柔远人也。"

朱熹集注："既，读曰饩。"

《礼记·大学》："所谓诚其意者，毋自欺也。如恶恶臭，如好好色，此之谓自谦，故君子必慎其独也。"

朱熹集注："谦，读为慊。"

《周易·说卦传》第五章："离也者，明也，万物皆相见，南方之卦也。圣人南面而听天下，嚮明而治，盖取诸此也。"

朱熹本义："嚮，读作向。"

《楚辞·九章·思美人》："广遂前画兮，未改此度也。命则处幽吾将罢兮，愿及白日之未暮也。独茕茕而南行兮，思彭咸之故也。"

朱熹集注："罢，读作疲。"

此外，以上几种术语朱熹在使用时也有一些变式：

《诗经·大雅·桑柔》："国步蔑资，天不我将。靡所止疑，云徂何往？"

朱熹集传："疑，读如《仪礼》'疑立'之'疑'。"

《礼记·大学》："小人闲居为不善，无所不至，见君子而后厌然，掩其不善，而著其善。人之视己，如见其肺肝然，则何益矣。"

朱熹集注："厌，郑氏读为黡。"

《论语·卫灵公》："子曰：'言忠信，行笃敬，虽蛮貊之邦行矣；言不忠信，行不笃敬，虽州里行乎哉？立，则见其参于前也；在舆，则见其倚于衡也。夫然后行。'"

朱熹集注："参，读如'毋往参焉'之'参'。"

《孟子·滕文公下》："世衰道微，邪说暴行有作，臣弑其君者有之，子弑其父者有之。"

朱熹集注："'有作'之'有'，读为'又'。"

《楚辞后语·反离骚》："愍吾累之众芬兮，飏烨烨之芳苓。遭季夏之凝霜兮，庆夭顇而丧荣。"

朱熹注："庆，读与'羌'同。"

关于"读如""读作""读为""读曰"这几个术语在使用上的区别，清代学者曾经有过讨论，例如段玉裁在《说文·示部》的"禀"下注："凡言'读若'者，皆拟其音也。凡传注言'读为'者，皆易其字也。注经必兼兹二者，故有'读为'，有'读若'。'读为'亦言'读曰'，'读若'亦言'读如'。字书但言其本字本音，故有'读若'，无'读为'也。'读为''读若'之分，唐人作正义已不能知，'为'与'若'两字，注中时有讹乱。"钱大昕在《潜研堂文集》的《古同音假借说》中云："汉人言'读若'者，皆文字假借之例，不特寓其音，并可通其字。即以《说文》言之，'鄦，读若许。'《诗》'不与我戍许'，《春秋》之'许田''许男'，'许充上书阙下'，不必从邑从無也。……《说文》又有云'读与某同'者，如'莫，读与蔑同'，今《尚书》'莫席'正作蔑字。……以是推之，许氏书所云'读若'、云'读与同'，皆古书假借之例。假其音，并假其义，音同而义亦随之，非后世譬况为音者可同日而语也。近世尊信《说文》者，知分别部居之不可杂，欲取经典正文，悉改而从许氏之体，是又未谕许君通假之例矣。"①

段玉裁和钱大昕的说法不同，段氏认为《说文》中的"读若"只拟其音，不易其字，事实上确有很多是既拟其音，又易其字的。钱氏认为"许氏书所云'读若'、云'读与同'，皆古书假借之例"，而其中也确实有只拟其音而不是说假借的。二人的观点都有以偏概全之嫌。

朱熹在使用这些术语进行注音时，也没有从"拟其音""易其字"的角度来予以区分，这从朱熹的训诂实践中可以看到。根据朱熹选用的注音字的情况，又可以分为以下不同的类型：

1. 用本字给假借字注音

《论语·子张》："子夏曰：'日知其所亡，月无忘其所能，可谓

① （清）钱大昕：《潜研堂文集》卷三，江苏古籍出版社1997年版，第43—44页。

好学也已矣。'"

朱熹集注："亡，读作无。"

按："亡"是"无"的假借字。《论语·雍也》："有颜回者好学，不迁怒，不贰过。不幸短命死矣。今也则亡，未闻好学者也。"邢昺疏："亡，无也。"《汉书·贾谊传》："万物变化，固亡休息。"段玉裁《说文解字注·亾部》："亾，亦叚借为有无之无。""亾"是"亡"的异体字，《集韵·阳韵》："亡，或作亾。"

《孟子·尽心上》："孟子曰：'有为者辟若掘井，掘井九轫而不及泉，犹为弃井也。'"

朱熹集注："辟，读作譬。"

按：《集韵·寘韵》："譬，《说文》：'谕也。'或作辟。"朱骏声《说文通训定声·解部》："辟，叚借为譬。"《墨子·小取》："辟也者，举他物而以明之也。"《楚辞·九章·惜往日》："背法度而心治兮，辟与此其无异。"洪兴祖补注："辟，喻也。"《荀子·王霸》："是过者也，过犹不及也；辟之是犹立直木而求其影之枉也。"可见，"辟"为"譬"的假借字。

《楚辞后语·成相》："请布基，慎圣人，愚而自专事不治。主忌苟胜，群臣莫谏必逢灾。"

朱熹注："慎，读作顺。"

按：朱骏声《说文通训定声·坤部》："慎，叚借为顺。"《墨子·天志中》："今天下之君子，中实将欲遵道利民，本察仁义之本，天之意，不可不慎也。"孙诒让间诂："慎与顺同。上下文屡云顺天意。"《荀子·成相》："请布基，慎圣人。"杨倞注："慎，读为顺。"《逸周书·度训》："和非中不立，中非礼不慎。"孙诒让斠补："慎当读为顺，顺、慎声相近。""慎"是"顺"的假借字。

2. 用今字给古字注音

《孟子·公孙丑上》："所以谓人皆有不忍人之心者，今人乍见孺子将入于井，皆有怵惕恻隐之心。非所以内交于孺子之父母也，非所以要誉于乡党朋友也，非恶其声而然也。”

朱熹集注：“内，读为纳。”

按：“内”是“纳”的古字，这里意为“容纳、接纳”。《礼记·檀弓下》：“季孙之母死，哀公吊焉；曾子与子贡吊焉，阍人为君在，弗内也。”王符《潜夫论·德化》：“是故凡立法者，非以司民短而诛过误，乃以防奸恶而救祸败，检淫邪而内正道尔。”汪继培笺：“内，读为纳。”

《周易·困》：“九二，困于酒食，朱绂方来，利用亨祀，征凶，无咎。”

朱熹本义：“亨，读作享。”

按：“亨”是“享”的古字，意为“祭祀、飨献”。《正字通·亠部》：“亨，即古享字。”《周易·大有》：“公用亨于天子，小人弗克。”陆德明《经典释文》：“用亨，京云：‘献也。’干云：‘享，宴也。’姚云：‘享，祀也。’”《隶释·汉张公神碑》：“振鳞尾兮游旰旰，时钓取兮给亨献。”

《楚辞后语·瓠子之歌》：“河汤汤兮激潺湲，北渡回兮迅流难。搴长茭兮湛美玉，河伯许兮薪不属。”

朱熹注：“湛，读为沉。”

按：《说文·水部》：“湛，没也。”段玉裁注：“古书浮沈字多作湛。湛、沈，古今字，沉又沈之俗也。”《汉书·五行志中之上》：“《左氏》昭公二十四年十月癸酉，王子鼂以成周之宝圭湛于河。”颜师古注：“《尔雅》曰：‘祭川曰浮沈。’湛读曰沈。”“沉”是“沈”的俗字，“湛”是“沉”的古字。

三　反切法

反切法是汉魏之际出现的一种先进的注音方法，其基本原理是用两个汉字合注一个汉字的音，上字取声母，下字取韵母和声调，合成被注字的音。因为反切法比较科学，所以为后世所广泛应用，朱熹在注解古籍时亦普遍采用了反切法来为文字注音，兹举数例。

《诗经·王风·中谷有蓷》："中谷有蓷，嘆其干矣。有女仳离，嘅其叹矣。嘅其叹矣，遇人之艰难矣。"

朱熹集传："蓷，吐雷反。嘆，呼但反。仳，匹指反。嘅，口爱反。叹，土丹反。"

《礼记·大学》："所谓平天下在治其国者，上老老而民兴孝，上长长而民兴弟，上恤孤而民不倍，是以君子有絜矩之道也。"

朱熹集注："絜，胡结反。"

《礼记·中庸》："子曰：'人皆曰"予知"，驱而纳诸罟擭陷阱之中，而莫之知辟也。人皆曰"予知"，择乎中庸而不能期月守也。'"

朱熹集注："擭，胡化反。阱，才性反。期，居之反。"

《论语·述而》："子曰：'不愤不启，不悱不发，举一隅不以三隅反，则不复也。'"

朱熹集注："愤，房粉反。悱，芳匪反。复，扶又反。"

《孟子·梁惠王下》："晏子对曰：'善哉问也！天子适诸侯曰巡狩，巡狩者，巡所守也。诸侯朝于天子曰述职，述职者，述所职也。无非事者。春省耕而补不足，秋省敛而助不给。'"

朱熹集注："狩，舒救反。省，悉井反。"

《周易·谦·象》："地中有山，谦。君子以裒多益寡，称物平施。"

朱熹本义："裒，蒲侯反。称，尺征反。施，始豉反。"

《楚辞·渔父》："渔父曰：'圣人不凝滞于物，而能与世推移。世人皆浊，何不淈其泥而扬其波？众人皆醉，何不餔其糟而歠其酾？何故深思高举，自令放为？'"

朱熹集注："餔，布乎反。歠，昌悦反。酾，力支反。"

一般而言，朱熹仅为被注字标注一个反切，但有时也有为一个字注有两个或两个以上反切的情况，例如：

《诗经·大雅·荡》:“人亦有言,颠沛之揭,枝叶未有害,本实先拨。”

朱熹集传:“揭,纪竭、去例二反。害,许曷、瑕憩二反。”

《礼记·中庸》:“日省月试,既禀称事,所以劝百工也;送往迎来,嘉善而矜不能,所以柔远人也;继绝世,举废国,治乱持危,朝聘以时,厚往而薄来,所以怀诸侯也。”

朱熹集注:“禀,彼锦、力锦二反。”

《周易·坎》:“初六,习坎,入于坎窞,凶。”

朱熹本义:“窞,徒坎、陵感二反。”

《楚辞·离骚》:“帝高阳之苗裔兮,朕皇考曰伯庸。摄提贞于孟陬兮,惟庚寅吾以降。”

朱熹集注:“陬,侧鸠反,又子侯反。”

《楚辞·远游》:“神儵忽而不反兮,形枯槁而独留。内惟省以端操兮,求正气之所由。”

朱熹集注:“操,七刀、七到二反。”

《楚辞·九辩》:“圜凿而方枘兮,吾固知其鉏铻而难入。众鸟皆有所登栖兮,凤独遑遑而无所集。”

朱熹集注:“鉏,状所、床举、七鱼三反。”

朱熹为同一个字标注几个反切,主要的原因是因为被注字是多音多义字。如上例中“禀”的两个反切“彼锦切”和“力锦切”,二者声母不同,前者为帮母,后者为来母,韵部则相同,都是上声寝韵。读“彼锦切”的“禀”意为“赐人以谷”。《说文·亩部》:“禀,赐谷也。从亩,从禾。”《汉书·文帝纪》:“今闻吏禀当受鬻者,或以陈粟,岂称养老之意哉!”《广韵·寝韵》:“禀,供谷。”读“力锦切”的“禀”同“廪”,意为“粮仓”。《集韵·寑韵》:“亩,《说文》:‘谷’所振入。’或作禀、廪。”《管子·轻重甲》:“请使州有一禀,里有积五窌。”郭沫若等集校引王引之曰:“禀,古廪字也。廪与窌皆所以藏谷。”后引申为“粮食”。《后汉书·刘虞传》:“而牢禀逋悬,皆畔还本国。”李贤注:“禀,食也。言军粮不续也。”句中“既禀称事”朱熹注曰:“既,读曰饩。饩禀,稍食也。”“稍食”古代指官府按月发给的官俸。《周礼·天官·宫正》:“幾其出入,均其稍食。”郑玄注:“稍食,禄禀。”贾公彦疏:“云稍食禄廪者，稍则稍稍与之，则月俸是也。”因此句中“既廪”的“廪”应读“力锦切”，意为“粮食”。

又如《楚辞·远游》：“玉色頩以脕颜兮，精醇粹而始壮。质销铄以汋约兮，神要眇以淫放。”朱熹给“頩”的注音为“普茗、普经二反。”这两个反切的声母相同，韵部不同。读“普茗反”的“頩”为上声迥韵，意为“愤怒时变色貌”。《广韵·迥韵》：“頩，敛容。”《文选·宋玉〈神女赋〉》：“頩薄怒以自持兮，曾不可乎犯干。”李善注：“《方言》曰：‘頩，怒色青皃。’《切韵》：‘敛容也。’”读“普经反”的“頩”为平声青韵，意为“面色光润”。《广韵·青韵》：“頩，面色。”例句王逸注：“頩，面目光泽以鲜好也。”洪兴祖补注：“《黄庭》曰：颜色生光金玉泽。”朱熹对“頩”的解释为：“美貌；一曰敛容貌。”可见朱熹还是认可王逸和洪兴祖的注释的，故而将“美貌”放在另一种说法“敛容貌”的前面，如此则“頩”在该句中应读“普经反”。

除了标注多个反切之外，朱熹有时还会在几个反切之中为被注字选定一个读音，以此来说明被注的多音多义字在具体语句中的意义，例如：

> 《楚辞·离骚》：“吾令凤鸟飞腾兮，继之以日夜。飘风屯其相离兮，帅云霓而来御。”
>
> 朱熹集注：“霓，一作蜺，五稽、五历、五结三反，此从五稽反。”

按：“霓”在《广韵》中有三种读音，分别为疑母平声齐韵，疑母去声霁韵和疑母入声屑韵，朱熹为句中“霓”字确定的读音“五稽反”正为平声齐韵，该读音对应的意义为副虹（古称雌虹），即相对于主虹（古称雄虹）而言的一种虹，指大气中有时跟虹同时出现的一种光的现象，形成的原因和虹相同，只是光线在水珠中的反射比形成虹时多了一次，故光带的色彩比虹暗淡，且色带的排列顺序和虹相反，红色在内，紫色在外。《说文·雨部》：“霓，屈虹，青赤，或白色，阴气也。”段玉裁在该条下注明“虹”与“霓”的关系为“析言有分，浑言不别。”朱熹对“霓”的解释为：“霓，虹属，阴阳交会之气也。郭璞云：‘雄曰虹，谓明盛者。雌曰蜺，谓暗微者。云薄漏日，日照雨点则生也。’”所以在三个反切中朱熹确定“云霓”的“霓”读音应为“五稽反”。

朱熹使用的反切对汉语语音史的研究具有重要价值。王力先生在

《汉语语音史》的“宋代音系”一章中所采用的主要资料就是朱熹的反切，特别是《诗集传》和《楚辞集注》，因为朱熹所用的反切并不依照《切韵》，而是根据宋代的读音。王力先生据此研究出宋代共有二十一个声母，这比晚唐五代的声母系统大大简化了[①]；韵部有三十二个，与前代相比出现了许多韵部分合与转移的新情况。[②] 因此，朱熹的反切是很宝贵的语音史资料。

四　别四声法与标如字法

四声的名称起于公元五世纪末到六世纪初的南北朝齐梁时代。据《南史·陆厥传》记载，在齐武帝永明年间，“时盛为文章，吴兴沈约，陈郡谢朓，琅琊王融，以气类相推毂，汝南周颙善识声韵。约等为文皆用宫商，将平上去入四声，以此制韵。”此外，《梁书·沈约传》中也提到沈约曾编过一部《四声谱》，周颙曾编过一部《四声切韵》，但是都已失传。声调是汉语的特点，是历史的产物，四声的存在是一种客观事实，自从沈约、谢朓等人倡明四声学说之后，训诂学家们便借助四声别义的功能进行注音，到朱熹的时代，别四声法已经是一种常用的注音方法了，朱熹在注释古籍时亦经常采用。

《楚辞·离骚》：“曾歔欷余郁邑兮，哀朕时之不当。揽茹蕙以掩涕兮，霑余襟之浪浪。”

朱熹集注：“当，平声。”

《论语·学而》：“有子曰：‘其为人也孝弟，而好犯上者，鲜矣；不好犯上，而好作乱者，未之有也。’”

朱熹集注：“鲜，上声。”

《周易·益·彖》：“益，损上益下，民说无疆；自上下下，其道大光。”

朱熹本义：“‘上下’之‘下’，去声。”

《诗经·豳风·七月》：“穹窒熏鼠，塞向墐户。嗟我妇子，曰为改岁，入此室处。”

朱熹集传：“塞，入声。”

① 参见王力《汉语语音史》，商务印书馆 2008 年版，第 291—292 页。

② 同上书，第 340 页。

用别四声法来注音的字，一般都有两个或两个以上的读音，为了明确在具体语句中的读音，常常需要为被注字标注声调。古代常用改变字词读音的方法来区别不同的意义或词性，即所谓“破读”。“破读”的音主要是声调，而且大多数是把原来的平声、上声、入声的字变读为去声，因此，去声是我们识别古书中破读音的重要线索。

朱熹在其训诂著作中对破读现象予以了充分的重视，在标注读音的过程中很好地揭示了这种现象，主要可以分为三种情况：

1. 将平声字变读为去声

《礼记·中庸》：“喜怒哀乐之未发，谓之中；发而皆中节，谓之和。中也者，天下之大本也；和也者，天下之达道也。”

朱熹集注：“‘中节’之‘中’，去声。”

《论语·为政》：“子曰：‘多闻阙疑，慎言其馀，则寡尤；多见阙殆，慎行其馀，则寡悔。言寡尤，行寡悔，禄在其中矣。’”

朱熹集注：“‘行寡’之‘行’，去声。”

《论语·公冶长》：“季文子三思而后行。子闻之，曰：‘再，斯可矣。’”

朱熹集注：“三，去声。”

按：“中”作形容词时读平声，在《广韵》中的读音为“陟弓切”，属平声东韵，例句“喜怒哀乐之未发，谓之中”，朱熹注曰：“无所偏倚，故谓之中。”“中”作动词时则变读为去声，在《广韵》中的读音为“陟仲切”，属去声送韵，意为“符合”。《管子·四时》：“不中者死，失理者亡。”尹知章注：“中犹合也。不合三政者则死。”句中“中节”之“中”即作此读。“慎行其馀”的“行”是动词，意为“做、从事”，在《广韵》中的读音为“户庚切”，属平声庚韵；“行寡悔”的“行”是名词，意为“行为、品行”，在《广韵》中的读音为“下更切”，属去声映韵。“三”作数词解时读平声，在《广韵》中的读音为“苏甘切”，属平声谈韵；“三思而后行”中的“三”意为“再三、多次”，《左传·定公十三年》：“三折肱知为良医。”在《广韵》中的读音为“苏暂切”，属去声阚韵。

2. 将上声字变读为去声

《论语·八佾》："子曰：'君子无所争，必也射乎！揖让而升，下而饮，其争也君子。'"

朱熹集注："饮，去声。"

《论语·泰伯》："君子所贵乎道者三：动容貌，斯远暴慢矣；正颜色，斯近信矣；出辞气，斯远鄙倍矣。笾豆之事，则有司存。"

朱熹集注："远、近，并去声。"

《孟子·万章下》："尧之于舜也，使其子九男事之，二女女焉，百官牛羊仓廪备，以养舜于畎亩之中，后举而加诸上位，故曰王公之尊贤者也。"

朱熹集注："'女'下字，去声。"

按："饮"作"喝"义解时读上声，在《广韵》中的读音为"於锦切"，属上声寝韵；作"给人、畜喝"义解时读去声，在《广韵》中的读音为"於禁切"，属去声沁韵。朱熹在例句"下而饮"下注曰："下而饮，谓射毕揖降，以俟众耦皆降，胜者乃揖不胜者升，取觯立饮也。"故"饮"当读去声。"远"作形容词"遥远、久远"解时读上声，在《广韵》中的读音为"雲阮切"，属上声阮韵；作动词"避开、不亲近"解时读去声，在《广韵》中的读音为"于愿切"，属去声愿韵。"近"作"亲近、接近"解时亦读去声。"女"作名词时读上声，在《广韵》中的读音为"尼吕切"，属上声语韵；作动词"以女嫁人"时则为去声御韵字，在《广韵》中的读音为"尼据切"。例句中"二女女焉"，上字为名词，读上声，下字为动词，故读去声以示区别。

3. 将入声字变读为去声

《孟子·公孙丑上》："推恶恶之心，思与乡人立，其冠不正，望望然去之，若将浼焉。是故诸侯虽有善其辞命而至者，不受也。不受也者，是亦不屑就已。"

朱熹集注："恶恶，上去声，下如字。"

《周易·系辞下传》第十一章："《易》之兴也，其当殷之末世，周之盛德邪？当文王与纣之事邪？是故其辞危。危者使平，易者使倾，其道甚大，百物不废。惧以终始，其要无咎，此之谓《易》之道也。”

朱熹本义：“‘易者’之易，去声。”

按：“恶”作名词“罪过、罪恶”解时，读入声，在《广韵》中的读音为“乌各切”，属入声铎韵；当它改变词性作动词“厌恶、憎恨”解时，则读去声，在《广韵》中的读音为“乌路切”，属去声暮韵。例句中“恶恶”上字为动词，故读去声，下字为名词，故读入声。“易”作书名解时读入声，在《广韵》中的读音为“羊益切”，属入声昔韵。例句中“易者使倾”下朱熹注曰：“慢易则必倾覆”，则“易”当作动词“轻慢”解，故读去声，在《广韵》中的读音为“以豉切”，属去声寘韵。

破读产生的客观原因是词义不断引申、词性不断分化的结果，当某个词语产生新的意义和新的语法功能之后，为了区别于原来的意义和语法功能，于是要求在读音上显示出差异来。传统上把常用义的读音称为“如字”。训诂学家在注解破读音的同时，也通过标注“如字”来说明所释字应当按照分化前的语音去读。朱熹很好地继承了前人的这种注音方法，在他的著作中也有集中的体现：

《诗经·小雅·正月》：“终其永怀，又窘阴雨。其车既载，乃弃尔辅。载输尔载，将伯助予。”

朱熹集传：“载，如字。”

《礼记·大学》篇名下朱熹注：“大，旧音泰，今读如字。”

《礼记·中庸》：“宗庙之礼，所以序昭穆也；序爵，所以辨贵贱也；序事，所以辨贤也；旅酬下为上，所以逮贱也；燕毛，所以序齿也。”

朱熹集注：“昭，如字。”

《论语·为政》：“子曰：‘吾十有五而志于学，三十而立，四十而不惑，五十而知天命，六十而耳顺，七十而从心所欲，不逾矩。’”

朱熹集注：“从，如字。”

《孟子·梁惠王下》：“景公说，大戒于国，出舍于郊。于是始兴发补不足。召大师曰：‘为我作君臣相说之乐！’盖《征招》《角招》是也。其诗曰：‘畜君何尤？’畜君者，好君也。”

朱熹集注："乐，如字。"

《周易·睽》："九四，睽孤，遇元夫，交孚，厉无咎。"

朱熹本义："夫，如字。"

《楚辞·九章·哀郢》："心婵媛而伤怀兮，眇不知其所蹠。顺风波而从流兮，焉洋洋而为客。"

朱熹集注："焉，如字。"

上述几个被注字都有两种或两种以上的读音，朱熹为它们标注"如字"，目的是为了给被释字确定读音，因为在具体的语境中，一个字只能有一种读音。

标如字法一般与别四声法结合起来使用，例如：

《论语·颜渊》："樊迟问仁。子曰：'爱人。'问知。子曰：'知人。'"

朱熹集注："上'知'，去声，下如字。"

《论语·阳货》："'女安则为之！夫君子之居丧，食旨不甘，闻乐不乐，居处不安，故不为也。今女安，则为之！'"

朱熹集注："乐，上如字，下音洛。"

《孟子·万章上》："丹朱之不肖，舜之子亦不肖。舜之相尧、禹之相舜也，历年多，施泽于民久。启贤，能敬承继禹之道。益之相禹也，历年少，施泽于民未久。舜、禹、益，相去久远，其子之贤不肖，皆天也，非人之所能为也。"

朱熹集注："'之相'之'相'，去声。'相去'之'相'，如字。"

为语词标注四声，除了可以区别不同的词性和词义外，有时还可以破除假借，例如：

《论语·宪问》："原壤夷俟。子曰：'幼而不孙弟，长而无述焉，老而不死，是为贼！'以杖叩其胫。"

朱熹集注："孙、弟，并去声。"

按："孙"作名词讲时读平声，在《广韵》中的读音为"思浑切"，是心母平声魂韵字。此处读去声，是“逊”的通假字，在《广韵》中的读音为“苏困切”，是心母去声慁韵字，意为“谦顺、恭顺”。《论语·宪问》：“邦无道，危行言孙。”何晏集解：“孙，顺也。”朱熹集注：“孙，卑顺也。”《礼记·学记》：“入学鼓箧，孙其业也。”郑玄注：“孙，犹恭顺也。”朱骏声《说文通训定声·屯部》：“孙，叚借为逊。”“弟”此处通“悌”，意为“敬顺兄长”。《说文新附·心部》：“悌，善兄弟也。从心，弟声。经典通用弟。”《论语·学而》：“入则孝，出则弟。”陆德明音义：“弟，音悌。本亦作悌。”《孟子·告子下》：“徐行后长者谓之弟，疾行先长者谓之不弟。”赵岐注：“弟，顺也。”《荀子·修身》：“端悫顺弟，则可谓善少者矣。”杨倞注：“弟与悌同。”“悌”在《广韵》中的读音为“特计切”，是定母去声霁韵字，故而朱熹为“孙”和“弟”标注的读音为“并去声”。

又如：

> 《孟子·梁惠王上》：“兽相食，且人恶之，为民父母，行政不免于率兽而食人，恶在其为民父母也?”
>
> 朱熹集注：“‘恶之’之‘恶’，去声。‘恶在’之‘恶’，平声。……恶在，犹言何在也。”

按：“恶”作动词“厌恶、憎恨”讲时读去声，在《广韵》中的读音为“乌路切”，是影母去声暮韵字。《广韵·暮韵》：“恶，憎恶也。”《论语·里仁》：“唯仁者能好人，能恶人。”《史记·韩世家》：“公之所恶者张仪也。”当“恶”假借为疑问代词，相当于“何”“安”“怎么”时则读平声，在《广韵》中的读音为“哀都切”，是影母平声模韵字。《广韵·模韵》：“恶，安也。”《左传·桓公十六年》：“弃父之命，恶用子矣?”杜预注：“恶，安也。”《史记·滑稽列传》：“先生饮一斗而醉，恶能饮一石哉?”例句中朱熹亦将“恶在”释为“何在”。“恶”在假借为疑问代词后读音发生了变化，故而朱熹为此处的两个“恶”标注了不同的声调。

五　叶音法

叶音法是为古籍作注的人在阅读古人的作品时，遇到韵文中押韵不和谐的地方，为了押韵，就主张临时改变韵字的读音，以求和谐的一种注音方法。对于“叶音”的含义，清代音韵学家江永在《古韵标准·例言》中说：“唐人叶韵之‘叶’字，亦本无病，病在不言叶音是本音，使后人疑诗中又自有叶音耳。叶韵，六朝人谓之协句，颜师古注《汉书》谓之合韵。叶即协也，合也，犹俗语言押韵，故叶字本无病。自陈氏有古无叶音之说，顾氏从之。又或以古音有异，须别转一音者为叶音。”《说文·劦部》：“协，众之同和也。从劦，从十。叶，古文协，从曰、十。叶，或从口。”《尔雅·释诂上》：“协，和也。”《玉篇·劦部》：“协，合也。”“协”为“和谐、相合”之义，故叶音的目的是为了使押韵和谐。

叶音说历来为学者们所批判，主要的理由是使用叶音法注音的人以今律古，认为古代的语音跟后代的语音是一样的，不了解古音的历史演变。例如明代古音学家陈第在《毛诗古音考》序言中就指出：“盖时有古今，地有南北，字有更革，音有转移，亦势所必至。”清初顾炎武在《诗本音》中进一步阐明了这种观点，否定了叶音说。朱熹在注解古籍时却对叶音说大为提倡，在他的训诂著作特别是《诗集传》和《楚辞集注》中都有较为明显的体现。根据朱熹使用叶音法的实际情况，可以分为以下几类：

1．叶某直音：

《诗经·齐风·甫田》：“无田甫田，维莠骄骄。无思远人，劳心忉忉。”

朱熹集传：“骄，叶音高。”

《楚辞·离骚》：“溘吾游此春宫兮，折琼枝以继佩。及荣华之未落兮，相下女之可诒。”

朱熹集注：“佩，叶音备。”

《周易·明夷·六四》：“《象》曰：‘入于左腹’，获心意也。”

朱熹本义：“意，叶音臆。”

2．叶某反切：

《诗经·小雅·出车》：“我出我车，于彼牧矣。自天子所，谓我来矣。召彼仆夫，谓之载矣。”

朱熹集传："牧，叶莫狄反。来，叶六直反。载，叶节力反。"

《楚辞·远游》："步徙倚而遥思兮，怊惝怳而永怀。意荒忽而流荡兮，心愁凄而增悲。"

朱熹集注："怀，叶胡威反。"

3. 叶某四声：

《诗经·小雅·小旻》："维迩言是听，维迩言是争。如彼筑室于道谋，是用不溃于成。"

朱熹集传："听，叶平声。"

《楚辞·九歌·河伯》："乘白鼋兮逐文鱼，与女游兮河之渚，流澌纷兮将来下。"

朱熹集注："鱼，叶上声。"

《楚辞·九章·涉江》："被明月兮佩宝璐，世溷浊而莫余知兮，吾方高驰而不顾。驾青虬兮骖白螭，吾与重华游兮瑶之圃。"

朱熹集注："圃，叶去声。"

《诗经·大雅·抑》："诲尔谆谆，听我藐藐。匪用为教，覆用为虐。借曰未知，亦聿既耄。"

朱熹集传："教，叶入声。"

关于朱熹标注的叶音，一般认为多来源于吴棫的《毛诗补音》和《韵补》。《毛诗补音》已佚，但宋代说诗者多有称引，如杨简的《慈湖诗传》和王质的《诗总闻》。杨书在征引吴棫说法时均注以"补音曰"字样，王书则在每首诗后都有"闻音曰"一节，其下多注明"吴氏"或"从吴氏"等字样，可以据此窥得吴棫《毛诗补音》的原貌。从杨简和王质二书所引的注音材料来看，吴棫《毛诗补音》中均以"某某切"的方式注音，并不见"叶"字术语。《韵补》中除个别涉及注音的地方偶用"叶"字外，全书不见一个"叶某某反"的术语。但从宋代开始就有人认为朱熹的叶音取自吴棫，如陈振孙在《直斋书录解题》关于《毛诗补音》的介绍中云："朱晦翁注《楚辞》亦用棫例，皆叶其韵。"[①] 清儒钱大昕

① （宋）陈振孙：《直斋书录解题》卷二，上海古籍出版社 1987 年版，第 38 页。

在《跋吴棫〈韵补〉》中说得更为明白："朱文公《诗集传》间取才老之补音而加以'叶'字，才老书初不云'叶'也。"①

对此，朱熹自己也说："叶韵多用吴才老本，或自以意补入。"② "叶韵乃吴才老所作，某又续添减之。"③ 可见，朱熹虽然采用了吴棫的注音，但朱熹标注的叶音是在吴棫注音的基础上"以意补入""续添减之"而成的，与吴棫的注音并不完全一样，而是做了许多修改。对于修改吴氏注音，朱熹也有说明："吴才老《韵补》甚详，然亦有推不去者。某煞寻得，当时不曾记，今皆忘之矣。如'外御其务'叶'烝也无戎'，才老无寻处，却云'务'字古人读做'蒙'，不知'戎'，汝也；'汝、戎'二字，古人通用，是协音'汝'也。如'南仲太祖，太师皇父，整我六师，以修我戎'，亦是协音'汝'也。'下民有严'，协'不敢怠遑'。才老欲音'严'为'庄'，云避汉讳，却无道理。某后来读《楚词·天问》见一'严'字乃押从'庄'字，乃知是叶韵，'严'读作'昂'也。《天问》才老岂不读？往往无甚意义，只恁打过去也。"④ 除了修改，在具体的注音过程中，朱熹还为一些《韵补》未收的字标注了叶音，并未完全采用《韵补》。

朱熹对吴棫的注音确有修改，但究竟做了多少修改，现代学者对此也有一些研究成果，例如刘晓南先生根据宋人杨简的《慈湖诗传》和王质的《诗总闻》两书，勾稽出吴棫《毛诗补音》的音切1359条，通过将这1359条音切材料与《诗集传》相应的叶音进行逐条对比并分析后发现，朱熹与吴棫二人注音的差异几乎达40%。⑤ 而汪业全则认为"《诗集传》叶音1626条，《诗补音》协韵音切470条，是前者的28.9%。《诗集传》有而《诗补音》没有的音叶1212条，《诗补音》有而《诗集传》没有的56条，声韵相同的音切349条，相异音切65条。《诗集传》叶音异于《诗补音》者达1277个，约占《诗集传》叶音的78.5%。足见《诗集传》叶音'自以意补入'者多，照'用吴才老本'者少。即便辑佚材料

① （清）钱大昕：《潜研堂文集》卷二十七，江苏古籍出版社1997年版，第451页。

② （宋）黎靖德编：《朱子语类》第六册卷八十，中华书局1986年版，第2079页。

③ 同上书，第2081页。

④ 同上书，第2080页。

⑤ 参见刘晓南《论朱熹〈诗集传〉叶音对吴棫〈毛诗补音〉的改订》，《浙江大学学报》（人文社会科学版）2005年第3期。

有些残缺，对这一判断也不会产生多少影响。”① 结论的不同与二人所选用的方法不同是密切相关的。

关于朱熹叶音说的是非得失，我们将在下一节专门进行论述，兹不赘言。

第二节 关于朱熹的叶音说

一 关于叶音说的评价

一般认为，朱熹因为受历史观点的局限，不懂得语音随时间不断发展变化的道理，因此他在注解古籍时大力提倡叶音说，凡是不合宋代的语音，朱熹都强改字音以求叶韵，这集中体现在他的《诗集传》和《楚辞集注》中，例如：

> 《诗经·豳风·鸱鸮》：“予手拮据，予所捋荼。予所蓄租，予口卒瘏，曰予未有室家。”
>
> 朱熹集传：“家，叶古胡反。”

按：此处韵脚字为“据”“荼”“租”“瘏”“家”。这五个字在上古都是鱼部字，到了中古，用宋代音来读“家”不叶韵，因此朱熹为其标注了叶音。

> 《诗经·召南·行露》第二章：“谁谓雀无角，何以穿我屋？谁谓女无家，何以速我狱？虽速我狱，室家不足。”
>
> 朱熹集传：“家，叶音谷。”

按：此处韵脚字为“角”“屋”“狱”“狱”“足”，在上古同押屋部韵，而“家”的上古音为见母鱼部，故而不入韵。但朱熹认为“家”字应当入韵，为了与另外五字押韵，朱熹不仅为“家”标注了叶音，而且还为用宋代语音来读不押韵的“角”标注了叶音：“角，叶卢谷反”，从

① 汪业全：《朱熹〈诗集传〉与吴棫〈诗补音〉音叶考异》，《南通大学学报》（社会科学版）2009年第2期。

而使该章韵脚字都押入声韵。

《诗经·召南·行露》第三章："谁谓鼠无牙，何以穿我墉？谁谓女无家，何以速我讼？虽速我讼，亦不女从。"

朱熹集传："家，叶各空反。"

按：此处韵脚字为"墉""讼""讼""从"，在上古同押东部韵，"牙"的上古音为疑母鱼部，与"家"都不入韵。但朱熹都将其视为韵脚，除了为"家"标注叶音外，还为"牙"和"讼"标注了叶音："牙，叶五红反；讼，叶祥容反"，从而使该章的韵脚字都入东、锺韵。

又如：

《诗经·小雅·湛露》："其桐其椅，其实离离。岂弟君子，莫不令仪。"

按：此处"仪"与"椅""离"为韵脚，上古都为歌部字，到了中古又都为支韵字，符合宋代语音，没有不押韵的情况，因此朱熹未标注叶音。

《诗经·鄘风·柏舟》："汎彼柏舟，在彼中河。髧彼两髦，实维我仪。之死矢靡他。母也天只，不谅人只。"

朱熹集传："仪，叶牛何反。"

按：此处韵脚字为"河""仪""他"，上古都为歌部字。到了中古，按照宋代语音，"仪"不押韵，因此朱熹为其标注叶音，从而使该章韵脚字都入歌韵。

《诗经·小雅·斯干》："乃生女子，载寝之地，载衣之裼，载弄之瓦。无非无仪，唯酒食是议，无父母诒罹。"

朱熹集传："仪，叶音义。"

按：此处韵脚字为"地""裼""瓦""仪""议""罹"，为歌锡合韵。朱熹认为按照宋代语音，“瓦”“仪”“罹”不押韵，因此分别为三者标注叶音：“瓦，叶鱼位反。仪，叶音义。罹，叶音丽。”

《诗经·豳风·东山》：“亲结其缡，九十其仪。其新孔嘉，其旧如之何?”

朱熹集传：“仪，叶宜、俄二音。”

按：此处韵脚字为“缡”“仪”“嘉”“何”“仪”与“缡”“嘉”“何”押韵。朱熹认为不合宋代语音，因此在此四字下都标注叶音：“缡，叶离、罗二音。仪，叶宜、俄二音。嘉，叶居宜、居何二反。何，叶奚、何二音。”事实上，“缡”“仪”“嘉”“何”在上古都为歌部字，没有不押韵的情况。

再如：

《楚辞·天问》：“明明闇闇，惟时何为？阴阳三合，何本何化?”

朱熹集注：“化，叶虎为反。”

按：此处“为”与“化”为韵脚字。“为”的上古音为匣母歌部，“化”的上古音为晓母歌部，二者同押歌部韵。到了中古，语音发生了变化，用宋代的语音来读“化”与“为”不再押韵，因此朱熹为“化”标注叶音，且用“为”来作“化”的反切下字，从而使得二者用宋代的语音来读仍然押韵。

《楚辞·九章·思美人》：“独历年而离愍兮，羌冯心犹未化。宁隐闵而寿考兮，何变易之可为!”

朱熹集注：“化，叶音㧑。”

按：该例同上，韵脚字仍为“化”与“为”。这里用来标注叶音的“㧑”在《广韵》中的读音为“许为切”，用“为”作反切下字，“为”与“㧑”同属平声支韵字。“化，叶音㧑”实际上就是“化，叶音为”，标注叶音的目的仍是为了使“化”与“为”押韵。

《楚辞·哀时命》："鸾凤翔于苍云兮，故矰缴而不能加。蛟龙潜于旋渊兮，身不挂于罔罗。知贪饵而近死兮，不如下游乎清波。宁幽隐以远祸兮，孰侵辱之可为？子胥死而成义兮，屈原沈于汨罗。虽体解其不变兮，岂忠信之可化？志怦怦而内直兮，履绳墨而不颇。执权衡而无私兮，称轻重而不差。"

朱熹集注："化，叶胡戈反。"

按：此处韵脚字为"加""罗""波""为""罗""化""颇""差""加"的上古音为见母歌部，"罗"的上古音为来母歌部，"波"的上古音为帮母歌部，"为"的上古音为匣母歌部，"化"的上古音为晓母歌部，"颇"的上古音为滂母歌部，"差"的上古音为初母歌部，没有不押韵的情况。但到了中古，朱熹认为按照宋代语音，"加""为""化""差"都不再押韵，因此为它们标注叶音："加，叶音戈"，"为，叶吾禾反"，"化，叶胡戈反"，"差，叶七反"，使得这几个字都入歌、戈韵。

这引起了历代学者的大力批判。明代焦竑在《焦氏笔乘》卷三中说："诗有古韵、今韵。古韵久不传，学者于《毛诗》《离骚》，皆以今韵读之，其有不合，则强为之音，曰此'叶'也，予意不然。如'驺虞'，一'虞'也，既音牙而叶葭与豝，又音五红反而叶蓬与豵；'好仇'，一'仇'也，既音求而叶鸠与洲，又音渠之反而叶逵。如此则'东'亦可音'西'，'南'亦可音'北'，'上'亦可音'下'，'前'亦可音'后'，凡字皆无正呼，凡诗皆无正字矣，岂理也哉！"①

明代末年的古音学家陈第也坚决反对朱熹的叶音说，而且还著《毛诗古音考》和《屈宋古音义》来分别给《诗经》和《楚辞》中不同于今音的韵字注明古读。陈第在《毛诗古音考·自序》中说：

"盖时有古今，地有南北，字有更革，音有转移，亦势所必至。故以今之音读古之作，不免乖剌而不入，于是悉委之叶。夫其果出于叶也，作之非一人，采之非一国，何'母'必读'米'，非韵'杞'韵'止'，则韵'祉'韵'喜'矣；'马'必读'姥'，非韵'组'韵'黼'，则韵'旅'韵'土'矣；'京'必读'疆'，非韵'堂'

① （明）焦竑：《焦氏笔乘》，上海古籍出版社1986年版，第83页。

韵‘将’，则韵‘常’韵‘王’矣；‘福’必读‘逼’，非韵‘食’韵‘翼’，则韵‘德’韵‘亿’矣。厥类实繁，难以殚举；其矩律之严，即《唐韵》不啻，此其故何邪？又《左》《国》《易·象》《离骚》《楚辞》、秦碑汉赋，以至上古歌谣箴铭颂赞，往往韵与《诗》合，实古音之证也。”

又在《屈宋古音义·跋》中说：“夫古声今声必有异也。……自唐以来，皆以今声读古之辞赋，一有不谐，则一曰叶；百有不谐，则百曰叶。借‘叶’一字而尽该千百字之变，岂不至易而至简，然而古音亡矣。”

王力先生在他的《汉语音韵》中也说：“《诗经》三百篇是研究古韵的最好的根据，可惜前人并不是从一开始就正确地利用了《诗经》来研究古韵的。原因是他们并不懂得语言是发展的，缺乏历史观点，以为古音和今音是一致的，不过在做诗时为了押韵的需要，临时改读某些字音罢了。宋人把这种虚构的情况叫做‘叶音’。朱熹在他所著的《诗集传》中大量地应用了叶音。同是一个‘家’字，他在《豳风·鸱鸮》《小雅·常棣》《我行其野》《雨无正》《大雅·绵》都注云叶古胡反（在《小雅·采薇》注云叶古乎反），在《召南·行露》注云叶音谷，又云叶各空反，只有《周南·桃夭》《桧风·隰有苌楚》两个地方未注叶音，大约就是照宋代的读音。这样临时改读是没有理论根据的，特别是叶音谷，叶音各空反，更是荒唐。”①

现代有学者为朱熹的叶音正名，认为朱熹不是乱改字音，而是语皆有据的。例如陈鸿儒在《〈诗集传〉叶音辨》一文中指出，朱熹的叶音不是随意地以“东”音“西”，而是有自己的标准的，这主要表现在一下几个方面：首先，朱熹在读不出叶音的地方还是没有强为而临时改读；其次，朱熹的叶音常有舍简就繁，改两字甚或多字以就一字的读音之例；第三，朱熹的叶音与陈第在《毛诗古音考》中所考的古音是高度一致的，故而朱熹的叶音是临时强为之音的说法与事实不符。② 陈广忠通过对《诗集传》1360 例叶音逐一进行音理分析，得出的结论是正确和基本正确的占

① 王力：《汉语音韵》，中华书局 2003 年版，第 136—137 页。
② 参见陈鸿儒《〈诗集传〉叶音辨》，《古汉语研究》2001 年第 2 期。

82%，失误的占18%，认为“朱熹是我国古音学理论的第一个实践者”①。刘晓南在《论朱熹诗骚叶音的语音根据及其价值》一文中论证了朱熹的叶音具有三方面的语音根据：首先是实际语音的根据，包括当时的通语和方言；其次是音理上的根据，包括根据韵和纽通转叶音和根据谐声偏旁类推叶音；第三是文献上的根据，包括根据古读或异读叶音和根据古韵类推叶音。刘晓南同时指出：“在叶音的问题上，有无语音根据和这个根据能否证明叶音的合理性或者是否具有价值等问题，应当是互相关联但又不同的两个问题。”②

我们认为，朱熹所注的叶音固然有一部分可以找到语音根据，但并非朱熹标注的所有的叶音都是有语音根据的。从我们上面所举的例子可以看到，朱熹按照宋代语音来改读字音以求押韵和谐的情况还是普遍存在的。麦耘先生认为：“朱氏在根据吴氏的古韵学成果为《诗经》标注叶音的实践中，是感觉到了吴氏学说中的纰漏。如果说这是对上古韵读的一种认识，当然是对的，但这只是朦胧的认识，不能跟顾炎武、江永的分别部居相提并论，连吴棫也不能比。吴、顾、江的工作是语言学（或接近于语言学层次）的研究，而朱氏叶音只能算是语言学知识的语文学应用。”③这是非常客观的评价。

二　叶音说在音韵学领域的应用价值

事实上，朱熹标注的叶音虽有临时改读字音的缺点，但也有其应用价值，因为朱熹所注叶音的性质是宋代的实际语音，我们可以据此来研究宋代的语音系统，这对近代汉语语音的研究同样具有重要的学术价值，兹举一例。

《楚辞·离骚》：“固时俗之流从兮，又孰能无变化？览椒兰其若兹兮，又况揭车与江离？”

朱熹集注：“化，叶虎瓜反。离，叶音罗。化，或叶虎为反，即离如字。”

---

① 参见陈广忠《朱熹〈诗集传〉叶音考辨》，《安徽大学学报》（哲学社会科学版）1999年第2期。

② 刘晓南：《论朱熹诗骚叶音的语音根据及其价值》，《古汉语研究》2003年第4期。

③ 麦耘：《“朱熹古韵”献疑》，庆祝刘又辛教授90华诞学术研讨会论文，2002年4月。

按：此处“化”与“离”为韵脚字。“化”的上古音为晓母歌部，“离”的上古音为来母歌部，“化”与“离”押韵。但到了中古，“化”在《广韵》中的读音为“呼霸切”，已属去声祃韵，而“离”的读音也发生了变化，在《广韵》中的读音为“吕支切”，属于平声支韵。按照宋代的语音，“化”与“离”不再押韵，因此朱熹为其标注叶音，将“化”改读为“虎瓜反”，“离”改读为“罗”。这里，朱熹还为此二字标注了又读：“化，或叶虎为反，即离如字。”“为”在《广韵》中的读音为“薳支切”，属平声支韵，“离”在《广韵》中的读音为“吕支切”，亦为平声支韵，如此则“化”与“离”可以押韵。

此处朱熹为押韵而标注的“化”的叶音“虎瓜反”与“离”的叶音“罗”，正反映了当时语音的实际情况。“化”的叶音的反切下字“瓜”在《广韵》中的读音为平声麻韵，“罗”在《广韵》中的读音为平声歌韵，按照清人戴震做的《考订〈广韵〉独用同用四声表》，歌戈韵是同用的，而麻韵是独用的，也就是说，在《广韵》时代，歌韵与麻韵的读音还是有区别的。根据现代音韵学的研究成果，歌韵的主元音为［ɑ］，麻韵的主元音为［a］。到了南宋时代，语音发生了变化，歌韵与麻韵可以相押，说明二者的主元音在趋于一致。王力先生在《汉语语音史》的“宋代音系”一章将歌戈韵的主元音拟为［ɔ］，将麻蛇韵的主元音拟为［a］①，并说“歌戈部到了宋代，大约已由［ɑ］转变为［ɔ］，……从音位观点看，［ɑ］和［a］是一样的，因为在宋代没有［ɑ］和［a］的对立”②。将歌戈韵的主元音拟为［ɔ］，似有不确。因为既然歌韵可以与麻韵相押，就说明两者的主元音相近，而［ɔ］为后次低圆唇元音，［a］为前低不圆唇元音，让这两个音在一起押韵，还是有些牵强的。类似的例子还有：

《楚辞·离骚》：“初既与余成言兮，后悔遁而有他。余既不难夫离别兮，伤灵修之数化。”

朱熹集注：“化，叶虎瓜反。”

《楚辞·九辩》：“专思君兮不可化，君不知兮可柰何！”

朱熹集注：“化，叶呼瓜反。”

---

① 参见王力《汉语语音史》，商务印书馆2008年版，第301—302页。

② 王力：《汉语语音史》，商务印书馆2008年版，第341页。

按："他"在《广韵》中的读音为"托何切"，属平声歌韵字，"何"在《广韵》中的读音为"胡歌切"，亦属平声歌韵字，它们在句中分别与"化"相押韵，"化"的叶音的反切下字"瓜"的读音为平声麻韵，说明在朱熹时代，歌韵与麻韵的主元音应该是相近的，故而可以相互押韵。

就叶音说本身而言，同样的一个字，意义上并没有什么不同，只因为用当时的语音来读不押韵，为了押韵，同一个字在不同的句子中便有了几种截然不同的读音，而且这些读音之间没有必然的联系，这就是叶音说的缺点所在。但是我们应该认识到，朱熹标注叶音的目的是为了使古诗押韵和谐，并非为了改读字音而改读字音。而且我们前面提到，朱熹对一些韵脚字采取实事求是的态度标注"无韵，未详"或"叶韵未详"等字样，并没有强行为之标注叶音，就这一点而言，全盘否定朱熹的叶音说也是不客观的。

第三节　朱熹在语音训释中所体现出的训诂思想

一　对音转现象的认识

音转即语音的转化，是语言中一种客观存在的现象。研究音转的目的在于解决词与词之间的意义关系，所以音转属于训诂学的范畴。在训诂学史上，第一个提出"转"这个术语来的，是西汉的扬雄，他在所著的《輶轩使者绝代语释别国方言》（简称《方言》）一书中提出了"转语""语之转"的说法。《方言》卷三："庸谓之倯，转语也。"《方言》卷十："煤，火也，楚转语也，犹齐言焜，火也。"又："嘱哰、谨谈，拏也。东齐、周、晋之鄙曰嘱哰。嘱哰，亦通语也。南楚曰谨谈，或谓之支註，或谓之詀謕，转语也。"又："绁、末、纪，绪也。南楚皆曰绁，或曰端，或曰纪，或曰末，皆楚转语也。"《方言》卷三："撲、铤、澌，尽也。南楚凡物尽生者曰撲生，物空尽者曰铤，铤，赐也。连此撲澌皆尽也。铤，空也，语之转也。"《方言》卷十一："鼅鼄，鼄蝥也。自关而西秦晋之间谓之鼄蝥，自关而东赵魏之郊谓之鼅鼄，或谓之蠾蝓。蠾蝓者，侏儒语之转也。"

现代学者研究认为："汉字的字音随着意义分化或方音差异而产生变

化，这种变化带有一定的规律，因此可以探讨其轨迹，这种现象叫作音转。”① “音转反映的是语言在某一时期的共时变化和不同时期的历时变化。”② 音转现象在语言中是一种常见的现象，扬雄所谓的“转语”，就已经包括了因意义发生分化而产生音变和因方言差异直接引起音变两种现象，后人总结的“音近义通”的规律和清代才开始完备的“因声求义”的训诂方法，可以说都导源于此。“研究音转可以探求词义的来源，弄清事物之间的联系，沟通生僻词与常用词、古词与今词的关系，使不易理解的古代诗文变得容易理解”③，对人们了解历史、认识古代社会还是有积极意义的，因此朱熹在训诂时就已经对音转现象予以了充分的重视，这体现在他具体的训诂实践中，例如：

《诗经·周颂·维天之命》：“假以溢我，我其收之。骏惠我文王，曾孙笃之。”

朱熹集传：“假，《春秋传》作‘何’。‘何’之为‘假’，声之转也。”

按：朱熹这里是通过异文材料来判断声转现象的。“假”上古为见母鱼部字，“何”上古为匣母歌部字，见母和匣母同属牙音，鱼部和歌部的主元音都为［ɑ］。到了中古，“假”变为见母上声马韵字，“何”仍为为匣母平声歌韵字，二者声母未变，韵部的主元音相近，马韵的主元音为［a］，歌韵的主元音为［ɑ］，故而不论利用上古音还是中古音来判断，“假”与“何”都可以发生音转。

又如：

《诗经·商颂·列祖》：“鬷假无言，时靡有争。绥我眉寿，黄耉无疆。”

朱熹集传：“鬷，《中庸》作‘奏’，正与上篇义同。盖古声‘奏’‘族’相近。‘族’声转平而为‘鬷’耳。”

---

① 王宁：《音转原理浅谈》，《训诂与训诂学》，山西教育出版社2005年版，第389页。

② 吴泽顺：《汉语音转研究》，岳麓书社2006年版，第6页。

③ 王宁：《音转原理浅谈》，《训诂与训诂学》，山西教育出版社2005年版，第402页。

按：“䠞”与“奏”可以相通假，表示奏进。朱骏声《说文通训定声·丰部》：“䠞，叚借为奏。”而“奏”又是“族”的被通假字，义为节奏。《荀子·非相》：“是以文久而灭，节族久而绝。”《尚书大传》卷一下：“贡正声而九族具成。”郑玄注：“族，当为奏。言诸侯贡其正声而天子九奏之乐乃具成也。”《汉书·严安传》：“调五声使有节族，杂五色使有文章。”颜师古注引苏林曰：“族，音奏。”魏了翁《古今考》：“晦翁云：旧有监本《荀子》‘节奏’字，‘奏’皆作‘族’，常疑其误，后见《汉书》亦然，盖古字通用，未可以臆见轻改也。”“族”上古为从母屋部字，“䠞”上古为精母东部字，屋部是与平声东部相配的入声韵部，故而朱熹说“‘族’声转平而为‘䠞’耳。”

再如：

《诗经·大雅·云汉》：“趣马师氏，膳夫左右。靡人不周，无不能止。瞻卬昊天，云如何里。”

朱熹集传：“里，忧也。与《汉书》‘无俚’之‘俚’同，聊赖之意也。”

《孟子·尽心下》：“貉稽曰：‘稽大不理于口。’”

朱熹集注：“赵氏曰：‘……理，赖也。’今按，《汉书》‘无俚’，《方言》亦训赖。”

按：《说文·人部》：“俚，聊也。”《广雅·释言》：“俚，赖也。”《汉书·季布栾布田叔传》：“夫婢妾贱人，感槩而自杀，非能勇也，其画无俚之至耳。”颜师古注引晋灼曰：“扬雄《方言》曰：‘俚，聊也。’许慎曰：‘赖也。’此为其计画无所聊赖，至于自杀耳。”朱熹所引的《汉书》语盖本于此，释“俚”为聊赖、依托义。又《楚辞·离骚》：“吾令丰隆乘云兮，求虙妃之所在。解佩纕以结言兮，吾令蹇修以为理。”朱熹集注：“在，叶才里反。……或曰：在如字，即理叶音赖。”关于“理”和“赖”的音义关系，朱熹在《楚辞辩证·上》中写道：“《孟子》‘不理于口’，《汉书》‘无俚之至’，说者皆训为赖，则理固有赖音矣。”朱熹在训诂时虽未明言上述几个字的关系为“一声之转”，但根据我们分析发现，“里”“俚”“理”“聊”“赖”这几个字的上古音和中古音声母都是来母，属于音转类型中的双声相转。

音转现象大量存在于古籍文献中，给后人的阅读和理解造成了困难。朱熹在注解古籍时，虽然不能像清代的小学家那样，在上古音研究取得突破性进展的基础上对音转现象进行深入细致的研究，运用因声求义的方法去解决积疑千百年来的难题，但是朱熹已经能够认识到这种音转现象的客观存在，并能够用他自己的古音知识作出较为正确的判断，在当时的历史条件下，已属难得。

二　对古音、古韵的朦胧认识

朱熹虽然为了使古诗押韵和谐而主张叶音说，没有意识到用《诗经》时代的语音来读韵脚字是和谐的，没有形成系统的上古音的观念，但却已经有了朦胧的古音、古韵与当时语音不同的意识，因为朱熹在自己的著作中曾明确提到过“古音”“古韵”等说法，例如：

《楚辞·离骚》：“纷吾既有此内美兮，又重之以修能。扈江离与辟芷兮，纫秋兰以为佩。”

朱熹集注：“能，叶奴代反。”

对此，朱熹在《楚辞辩证·上》中注有一段话：“古音能，孥代叶，又乃代。盖于篇首发此一端，以见篇内凡韵皆叶，非谓独此字为然，而它韵皆不必协也。故洪本载欧阳公、苏子容、孙莘老本，于多艰、夕替下注：‘徐铉云：“古之字音多与今异，如皂亦音香，乃亦音仍，他皆放此。”盖古今失传，不可详究，如艰与替之类，亦应叶，但失其传耳。’夫《骚》韵于俗音不叶者多，而三家之本，独于此字立说，则是它字皆可类推，而独此为未合也。黄长睿乃谓‘或韵或否，为楚声’，其考之亦不详矣。近世吴棫才老，始究其说，作《补音》《补韵》，援据根原，甚精且博。而余故友黄子厚及古田蒋全甫，祖其遗说，亦各有所论著，今皆已附于注矣。读者详之。”

这里朱熹认同徐铉“古之字音多与今异”的观点，认为“盖古今失传，不可详究”，是很有见地的。又如：

《楚辞·渔父》：“吾闻之，新沐者必弹冠，新浴者必振衣；安能以身之察察，受物之汶汶者乎！”

朱熹集注："衣如字，从《史》则叶於巾反。"

关于"衣"的读音，朱熹在《楚辞辩证·下》中注云："衣叶於巾反者，《礼记》一戎衣，郑读为殷，古韵通也。"

按："衣"上古为平声影母微部字，"殷"上古为平声影母文部字，二者影母双声，微文对转，可谓古韵相通。

由此可见，朱熹并非不知古今语音是有差异的，问题在于他没有能够正确地对待这种现象。对于那些与古音不同的宋代语音，朱熹不能用发展的眼光来予以接受，而是采取了改读今音以合古音的做法，这是他失之偏颇的地方。或者认为，"以朱氏的学识，若深研古韵，所得自当在吴氏之上。但朱氏注《诗》，意在阐发理学，'叶音'本是宋人现成的手段，朱氏拿来运用，仅为读《诗》而已，并无心于古音研究。"① 但我们也不能完全否定朱熹在语音方面的正确认识，特别是他提到的"古音""古韵"与宋代语音不同的观点，对后世古音学的发展是有积极意义的，因此，在中国音韵学史上应该给予朱熹公允的评价。

三　以方言证古的思想

方言是语言活的化石，古代语言有很多留存于方言中的痕迹，我们可以通过考察方言来探究古代语言的面貌，特别是对于一发即逝的语音而言，方言有保存古音的功能，可补"文献不足征"之阙，因此具有很高的音韵学和训诂学价值。以方言证古是现代语言学界常用的一种方法，而且经实践证明也是较为科学的一种方法，正如王献堂先生在为《俚语证古》一书所作的序言中说的那样，利用方言来佐证古籍，可"于书证之外，为研经者别增口证，于旧途之外，为治学者别辟新途"②。

朱熹在他那个时代已经认识到了这一点，例如朱熹的学生就曾记下了这样的语录："'《诗》音韵间有不可晓处。'因说：'如今所在方言，亦自有音韵与古合处。'"③ 又如："五方之民，言语不通，却有暗合处。盖是风气之中有自然之理，便有自然之字，非人力所能安排，如'福'与

① 麦耘：《"朱熹古韵"献疑》，庆祝刘又辛教授90华诞学术研讨会论文，2002年4月。

② 王献堂：《诂雅堂主治学记》，丁惟汾《俚语证古》，齐鲁书社序言第6页。

③ （宋）黎靖德编：《朱子语类》第六册卷八十，中华书局1986年版，第2081页。

‘备’通。”[1] 此外，朱熹还具体分析了几处方言暗合古语的情况：“‘打’字，今浙西呼如谪耿切之声，亦有用去声处。大抵方言多有自来，亦有暗合古语者，如浙人谓‘不’为‘弗’，又或转而为‘否’（呼若甫云）。闽人有谓‘口’为‘苦’，‘走’为‘祖’者，皆合古韵。此类尚多，不能尽举也。”[2]

朱熹不仅在理论上这样认为，还将其运用到了具体的语音注释中，这在他的训诂著作中有多处记载，实属难能可贵。例如：

> 《楚辞·九歌·河伯》：“鱼鳞屋兮龙堂，紫贝阙兮朱宫。灵何为兮水中？”
>
> 朱熹集注：“堂，叶音同。”

按：“堂”的上古音为定母阳部，“宫”的上古音为见母冬部，“中”的上古音为端母冬部，阳部与冬部的韵尾相同，故而三者可以相押韵。关于该句韵脚字的读音，朱熹在《楚辞辩证·上》中注云：“‘堂’‘宫’‘中’，或云当并叶‘堂’韵。‘宫’字已见《云中君》，‘中’字今闽音正为‘当’字。”“堂”在中古为平声唐韵字，其叶音“同”为平声东韵字，说明在朱熹时代，东韵字可以为唐韵字标注叶音。对于“宫”字，朱熹在《楚辞·九歌·云中君》篇的“謇将憺兮寿宫，与日月兮齐光。龙驾兮帝服，聊翱游兮周章”句下为其标注的读音为“宫，叶古荒反。”“宫”在中古本为平声东韵字，“荒”在中古为平声唐韵字，“宫，叶古荒反”已言明“宫”可以叶平声唐韵。“中”在中古为平声东韵字，“当”在中古为平声唐韵字，朱熹利用方言材料，指出“‘中’字今闽音正为‘当’字”，同样说明了东韵字可以和唐韵字相协，正如朱熹自己在《楚辞辩证》中所说：“‘堂’‘宫’‘中’，或云当并叶‘堂’韵。”这里朱熹利用了闽方言中保留古音的现象，通过说明‘堂’‘宫’‘中’在后代的协韵情况，间接地为我们展示了此三字在上古读音相近的面貌。

又如：

---

① （宋）黎靖德编：《朱子语类》第八册卷一百四十，中华书局1986年版，第3336页。

② 朱熹：《偶读漫记》，朱杰人、严佐之、刘永翔主编《朱子全书》第二十四册《晦庵先生朱文公文集》卷七十一，上海古籍出版社、安徽教育出版社2002年版，第3420页。

《楚辞·九歌·国殇》:"带长剑兮挟秦弓,首虽离兮心不惩。诚既勇兮又以武,终刚强兮不可凌。身既死兮神以灵,魂魄毅兮为鬼雄。"

朱熹集注:"雄,叶音形。"

王力先生认为此处韵脚字为"弓""惩""凌""雄",上古同为蒸部字。[①] 朱熹在《楚辞辩证·上》中为"雄"的叶音提供语音根据:"雄,与凌叶,今闽人有谓雄为形者,正古之遗声也。"这里朱熹运用了实际语言的读音来印证古读,指出"雄"读为"形"是古音的遗迹。"雄"上古为匣母蒸部字,"形"上古为匣母耕部字,二者声母相同,韵部耕蒸旁转。到了中古,"雄"的语音发生了演变,由蒸部字变为了东部字,而与其押韵的"凌"的读音未发生变化,仍为来母蒸部字,为了使押韵和谐,朱熹为"雄"标注了叶音。但事实上,这个为"雄"标注的叶音"形"正为"雄"字的古读,这由朱熹时代保存了古音遗迹的闽方言的实际读音可证。由此可见朱熹对"以方言证古"的认同,同时也表明了朱熹已经认识到古今语音是有差异的,而且在为韵脚字标注叶音时,并非完全是随意改读,部分还是有依据可循的。

此外,《朱子语类》中还记载了一则朱熹使用"此间乡音"来证明音读的例子:"或问:'吴氏叶韵何据?'曰:'他皆有据。泉州有其书,每一字多者引十余证,少者亦两三证。他说,元初更多,后删去,姑存此耳。然犹有未尽。'因言:'《商颂》"天命降监,下民有严;不僭不滥,不敢怠遑"。吴氏云:"'严'字,恐是'庄'字,汉人避讳,改作'严'字。"某后来因读《楚辞·天问》,见"严"字都押入"刚"字、"方"字去。又此间乡音"严"作户刚反,乃知"严"字自与"皇"字叶。'"[②] 对于这里的"此间乡音",刘晓南先生进一步考证说:"查该条语录乃朱熹弟子辅广所记,原出《池录》,甲寅(1194年)以后所闻。甲寅年朱熹六十五岁,据清康熙丙午毛念恃合刻《延平四先生年谱》之《文公朱紫阳先生年谱》,朱熹是光宗绍熙三年(六十三岁)始筑室于建阳之考亭,六十五岁(1194年)初到长沙任潭州安抚。这年七月宁宗即位,八月即调朱熹任焕章阁待制兼侍讲,九月到京,十一月返考亭。那么在这年

① 王力:《诗经韵读 楚辞韵读》,中国人民大学出版社2004年版,第425页。

② (宋)黎靖德编:《朱子语类》第六册卷八十,中华书局1986年版,第2080页。

以后所讲的‘此间乡音’当指宋代建阳乡音无疑。”① 建阳地处闽北，且上述几例都涉及闽方言，这与朱熹长期寄居福建，熟知闵语有关。

总之，从关于朱熹的语录记载和他的训诂著作中可以看出，朱熹对方言在古籍注释中的价值已有充分认识，且能够将以方言证古的思想运用到训诂实践中。同时，朱熹还认识到语音不仅是有古今差异的，而且是有地域差异的，只是这些观点都散见于朱熹具体的训诂当中，没有上升到理论的高度对其加以概括和总结。现在学界一提到朱熹的语音就要批判他的叶音说，批判他不懂语音的发展演变，通过上面的论述，我们认为这些观点都是片面的，朱熹的语音观还有待于做进一步的深入研究。

① 刘晓南：《朱熹与闽方言》，《方言》2001 年第 1 期。

第三章　朱熹对古籍词汇的研究

第一节　朱熹解释不同词类的方式

历代训诂著作中体现出来的释词方式多种多样，根据解释的词类不同，也有不同的释词格式。朱熹在自己的训诂过程中，充分继承了前人的释词方式，针对不同词类的特点采用了不同的释词格式。词可以分为实词和虚词两大类，我们先来讨论朱熹解释实词的方式。实词中以解释名词、动词和形容词最为复杂，下面我们就主要分析朱熹解释这三类词的方式。

一　解释名词

解释名词旧称名物训诂，从大类上可以分为人名训释和物名训释两类。

（一）解释人名

1. 释以姓、氏、名、字、谥号等

《诗经·邶风·击鼓》："从孙子仲，平陈与宋。不我以归。忧心有忡。"

朱熹集传："孙，氏；子仲，字。"

《论语·公冶长》："子张问曰：'令尹子文三仕为令尹，无喜色；三已之，无愠色。旧令尹之政，必以告新令尹。何如？'"

朱熹集注："子文，姓鬬，名穀於菟。"

《论语·宪问》："公伯寮愬子路于季孙。子服景伯以告，曰：'夫子固有惑志于公伯寮，吾力犹能肆诸市朝。'"

朱熹集注："子服，氏；景，谥；伯，字。"

《孟子·尽心下》："'敢问何如斯可谓狂矣？'曰：'如琴张、曾皙、牧皮者，孔子之所谓狂矣。'”

朱熹集注：“琴张，名牢，字子张。”

2. 释以何地之人

《论语·八佾》：“林放问礼之本。子曰：‘大哉问！礼，与其奢也，宁俭；丧，与其易也，宁戚。'”

朱熹集注：“林放，鲁人。”

《孟子·离娄下》：“公都子曰：‘匡章，通国皆称不孝焉。夫子与之游，又从而礼貌之，敢问何也?'”

朱熹集注：“匡章，齐人。”

《孟子·滕文公下》：“景春曰：‘公孙衍、张仪岂不诚大丈夫哉?一怒而诸侯惧，安居而天下熄。'”

朱熹集注：“公孙衍、张仪，皆魏人。”

3. 释以官爵

《论语·八佾》：“孔子谓季氏：‘八佾舞于庭，是可忍也，孰不可忍也?'”

朱熹集注：“季氏，鲁大夫季孙氏也。”

《孟子·离娄下》：“公行子有子之丧。右师往吊，入门，有进而与右师言者，有就右师之位而与右师言者。”

朱熹集注：“公行子，齐大夫。”

4. 释以身份

《论语·微子》：“微子去之，箕子为之奴，比干谏而死。孔子曰：‘殷有三仁焉。'”

朱熹集注：“微子，纣庶兄。箕子、比干，纣诸父。”

《孟子·滕文公上》：“陈良之徒陈相与其弟辛，负耒耜而自宋之滕，曰：‘闻君行圣人之政，是亦圣人也，愿为圣人氓。'”

朱熹集注：“陈良，楚之儒者。”

（二）解释物名的方式

1. 释以别名

由于古今方俗的差异，同一种事物往往有不同的名称，因此以别名相训也是名物训诂中一种常用的方式，例如：

（1）直接释以别名

《诗经·鄘风·蝃蝀》："蝃蝀在东，莫之敢指。女子有行，远父母兄弟。"

朱熹集传："蝃蝀，虹也。"

《诗经·小雅·出车》："春日迟迟，卉木萋萋。仓庚喈喈，采蘩祁祁。"

朱熹集传："仓庚，黄鹂也。"

《楚辞·九歌·山鬼》："若有人兮山之阿，被薜荔兮带女罗。既含睇兮又宜笑，子慕予兮善窈窕。"

朱熹集注："女罗，兔丝也。"

（2）一物释以数名

《诗经·鄘风·桑中》："爰采唐矣，沬之乡矣。云谁之思？美孟姜矣。"

朱熹集传："唐，蒙菜也，一名兔丝。"

《诗经·小雅·鱼丽》："鱼丽于罶，鲂鳢。君子有酒，多且旨。"

朱熹集传："鳢，鲖也，又曰鲩也。"

《楚辞·大招》："鲜蠵甘鸡，和楚酪只。醢豚苦狗，脍苴蓴只。吴酸蒿蒌，不沾薄只。魂兮归徕！恣所择只。"

朱熹集注："苴蓴，一名蘘荷。"

对于一物异名的情况，朱熹有时还会分析说明其中的原因：

《诗经·豳风·七月》："五月斯螽动股，六月莎鸡振羽。七月在野，八月在宇，九月在户，十月蟋蟀入我床下。"

朱熹集传："斯螽、莎鸡、蟋蟀，一物随时变化而异其名。"

《诗经·小雅·大东》："东有启明，西有长庚。有捄天毕，载施之行。"

朱熹集传："启明、长庚，皆金星也。以其先日而出，故谓之启明；以其后日而入，故谓之长庚。"

(3) 释以今名、方言、俗语

朱熹对解经的用语有自己的看法，他认为："解经当取易晓底句语解难晓底句，不当反取难晓底解易晓者。"[①] 故而朱熹在解释词义时特别注意使用今名、方言和俗语。朱熹的名物训诂中以今名释古名的例如：

《诗经·邶风·简兮》："山有榛，隰有苓。云谁之思？西方美人。彼美人兮，西方之人兮。"

朱熹集传："苓，一名大苦，叶似地黄。即今甘草也。"

《诗经·王风·中谷有蓷》："中谷有蓷，暵其干矣。有女仳离，嘅其叹矣。嘅其叹矣，遇人之艰难矣。"

朱熹集传："蓷，鵻也。叶似萑，方茎白华，华生节间，即今益母草也。"

《诗经·小雅·瞻彼洛矣》："瞻彼洛矣，维水泱泱。君子至止，鞞琫有珌。君子万年，保其家室。"

朱熹集传："鞞，容刀之鞞，今刀鞘也。"

释以方言的例如：

《诗经·召南·采蘋》："于以采蘋，南涧之滨。于以采藻，于彼行潦。"

朱熹集传："蘋，水上浮萍也，江东人谓之薸。"

《诗经·小雅·小弁》："弁彼鸒斯，归飞提提。民莫不穀，我独于罹。"

朱熹集传："鸒，雅乌也，小而多群，腹下白，江东呼为鸭乌。"

① （宋）黎靖德编：《朱子语类》第三册卷四十六，中华书局1986年版，第1176页。

《诗经·鲁颂·泮水》:“思乐泮水，薄采其茆。鲁侯戾止，在泮饮酒。”

朱熹集传:“茆，凫葵也，叶大如手，赤圆而滑，江南人谓之莼菜者也。”

释以俗语的例如:

《诗经·曹风·候人》:“维鹈在梁，不濡其翼。彼其之子，不称其服。”

朱熹集传:“鹈，洿泽水鸟也，俗所谓淘河也。”

《诗经·小雅·小宛》:“交交桑扈，率场啄粟。哀我填寡，宜岸宜狱。握粟出卜，自何能穀?”

朱熹集传:“桑扈，窃脂也，俗呼青觜，肉食不食粟。”

2. 释以类属

(1) 直接释以某种类属

《诗经·周南·卷耳》:“陟彼崔嵬，我马虺隤。我姑酌彼金罍，维以不永怀。”

朱熹集传:“虺隤，马罢不能升高之病。”

《诗经·郑风·缁衣》:“缁衣之宜兮，敝予又改为兮。适子之馆兮，还予授子之粲兮。”

朱熹集传:“缁衣，卿大夫居私朝之服也。”

《孟子·万章下》:“孔子尝为委吏矣，曰:‘会计当而已矣。’尝为乘田矣，曰:‘牛羊茁壮长而已矣。’”

朱熹集注:“委吏，主委积之吏也。乘田，主苑囿刍牧之吏也。”

(2) 以“某，某名”的格式为训

《诗经·卫风·木瓜》:“投我以木瓜，报之以琼琚。匪报也，永以为好也。”

朱熹集传:“琚，佩玉名。”

《论语·八佾》："季氏旅于泰山。子谓冉有曰：'女弗能救与?'对曰：'不能。'子曰：'呜呼！曾谓泰山不如林放乎?'"

朱熹集注："旅，祭名。"

《孟子·告子上》："孟子曰：'拱把之桐、梓，人苟欲生之，皆知所以养之者。至于身，而不知所以养之者。岂爱身不若桐、梓哉?弗思甚也。'"

朱熹集注："桐、梓，二木名。"

(3) 以"某，某属"的格式为训

《诗经·周南·关雎》："参差荇菜，左右芼之。窈窕淑女，钟鼓乐之。"

朱熹集传："钟，金属。鼓，革属。"

《孟子·梁惠王下》："今王田猎于此，百姓闻王车马之音，见羽旄之美，举疾首蹙頞而相告曰：'吾王之好田猎，夫何使我至于此极也?父子不相见，兄弟妻子离散。'此无他，不与民同乐也。"

朱熹集注："羽旄，旌属。"

《楚辞·远游》："擥彗星以为旍兮，举斗柄以为麾。叛陆离其上下兮，游惊雾之流波。"

朱熹集注："麾，旗属。"

3. 释以形状和特征

《诗经·邶风·谷风》："采葑采菲，无以下体。德音莫违，及尔同死。"

朱熹集传："菲，似葍，茎粗叶厚而长，有毛。"

《诗经·卫风·硕人》："手如柔荑，肤如凝脂，领如蝤蛴，齿如瓠犀。螓首蛾眉，巧笑倩兮，美目盼兮。"

朱熹集传："螓，如蝉而小，其额广而方正。"

《楚辞·九辩》："愿衔枚而无言兮，尝被君之渥洽。太公九十乃显荣兮，诚未遇其匹合。"

《孟子·离娄上》："淳于髡曰：'男女授受不亲，礼与？'孟子曰：'礼也。'曰：'嫂溺，则援之以手乎？'曰：'嫂溺不援，是豺狼也。男女授受不亲，礼也；嫂溺援之以手者，权也。'"

朱熹集注："援，救之也。"

《周易·晋·象》："明出地上，晋；君子以自昭明德。"

朱熹本义："昭，明之也。"

《楚辞·九歌·少司命》："孔盖兮翠旍，登九天兮抚彗星，竦长剑兮拥幼艾，荪独宜兮为民正。"

朱熹集注："抚，扫除之也。"

《楚辞·九章·怀沙》："玄文处幽兮，蒙瞍谓之不章。离娄微睇兮，瞽以为无明。"

朱熹集注："睇，盼之也。"

三　解释形容词

（一）以"某，某（之）貌"的格式为训

1. 对一般形容词的训释

《诗经·齐风·甫田》："婉兮娈兮，总角丱兮。未幾见兮，突而弁兮。"

朱熹集传："突，忽然高出之貌。"

《礼记·大学》："小人闲居为不善，无所不至，见君子而后厌然，掩其不善，而著其善。人之视己，如见其肺肝然，则何益矣。此谓诚于中，形于外，故君子必慎其独也。"

朱熹集注："厌然，消沮闭藏之貌。"

《周易·屯》："六二，屯如邅如，乘马班如，匪寇婚媾。女子贞不字，十年乃字。"

朱熹本义："班，分布不进之貌。"

《楚辞·九章·惜诵》："纷逢尤以离谤兮，謇不可释也。情沉抑而不达兮，又蔽而莫之白也。"

朱熹集注："纷，乱貌。"

2. 对联绵形容词的训释

《诗经·小雅·四牡》:“四牡騑騑，周道倭迟。岂不怀归？王事靡盬，我心伤悲。”

朱熹集传:“倭迟，回远之貌。”

《周易·屯》:“初九，磐桓，利居贞，利建侯。”

朱熹本义:“磐桓，难进之貌。”

《楚辞·九歌·东皇太一》:“灵偃蹇兮姣服，芳菲菲兮满堂。五音纷兮繁会，君欣欣兮乐康。”

朱熹集注:“偃蹇，美貌。”

3. 对重言形容词的训释

《诗经·卫风·氓》:“淇水汤汤，渐车帷裳。女也不爽，士贰其行。士也罔极，二三其德。”

朱熹集传:“汤汤，水盛貌。”

《礼记·中庸》:“唯天下至诚，为能经纶天下之大经，立天下之大本，知天地之化育。夫焉有所倚？肫肫其仁，渊渊其渊，浩浩其天。”

朱熹集注:“肫肫，恳至貌。渊渊，静深貌。浩浩，广大貌。”

《论语·雍也》:“子曰:‘质胜文则野，文胜质则史。文质彬彬，然后君子。’”

朱熹集注:“彬彬，犹班班，物相杂而适均之貌。”

（二）以“某，某（之）状”的格式为训

1. 对一般形容词的训释

《诗经·邶风·北风》:“北风其喈，雨雪其霏。惠而好我，携手同归。其虚其邪，既亟只且。”

朱熹集传:“霏，雨雪分散之状。”

《诗经·小雅·隰桑》:“隰桑有阿，其叶有难。既见君子，其乐如何?”

朱熹集传："阿，……难，……皆言枝叶条垂之状。"

2. 对联绵形容词的训释

《诗经·邶风·击鼓》："击鼓其镗，踊跃用兵。土国城漕，我独南行。"

朱熹集传："踊跃，坐作击刺之状也。"

《诗经·大雅·生民》："诞实匍匐，克岐克嶷。以就口食，蓺之荏菽。"

朱熹集传："岐嶷，峻茂之状。"

《周易·系辞下传》第五章："天地细缊，万物化醇。男女构精，万物化生。《易》曰：'三人行，则损一人；一人行，则得其友。'言致一也。"

朱熹本义："细缊，交密之状。"

3. 对重言形容词的训释

《诗经·小雅·采薇》："四牡翼翼，象弭鱼服。岂不日戒，猃狁孔棘。"

朱熹集传："翼翼，行列整治之状。"

《诗经·大雅·皇矣》："临冲闲闲，崇墉言言，执讯连连，攸馘安安。"

朱熹集传："连连，属续状。"

《周易·震》："六三，震苏苏，震行无眚。"

朱熹本义："苏苏，缓散自失之状。"

（三）以"某，某（之）意"的格式为训

1. 对一般形容词的训释

《诗经·邶风·简兮》："简兮简兮，方将万舞。日之方中，在前上处。"

朱熹集传："简，简易不恭之意。"

《周易·需·九二》："《象》曰：'需于沙'，衍在中也；虽'小有言'，以吉终也。"

朱熹本义："衍，宽意。"

《楚辞·远游》："路曼曼其修远兮，徐弭节而高厉。左雨师使径待兮，右雷公而为卫。"

朱熹集注："厉，凭陵之意。"

2. 对联绵形容词的训释

《诗经·周南·关雎》："关关雎鸠，在河之洲。窈窕淑女，君子好逑。"

朱熹集传："窈窕，幽闲之意。"

《诗经·邶风·凯风》："睍睆黄鸟，载好其音。有子七人，莫慰母心。"

朱熹集传："睍睆，清和圆转之意。"

《楚辞·九辩》："性愚陋以褊浅兮，信未达乎从容。窃美申包胥之气晟兮，恐时世之不固。"

朱熹集注："从容，宛转委屈之意。"

3. 对重言形容词的训释

《诗经·魏风·葛屦》："纠纠葛屦，可以履霜。掺掺女手，可以缝裳。要之襋之，好人服之。"

朱熹集传："纠纠，缭戾寒凉之意。"

《论语·微子》："曰：'滔滔者天下皆是也，而谁以易之？且而与其从辟人之士也，岂若从辟世之士哉？'耰而不辍。"

朱熹集注："滔滔，流而不反之意。"

《周易·渐》："六二，鸿渐于磐，饮食衎衎，吉。"

朱熹本义："衎衎，和乐意。"

关于朱熹解释虚词（朱熹时代所认定的虚词与现在不同）的方式，下面还有专节论述，兹不赘言。

第二节　朱熹解释词语的方法

传统的解释词语的方法可以分为形训、声训和义训三种。朱熹在自己的训诂过程中，不但继承了这几种释词方法，而且对语言的音、形、义三要素还分别有自己的认识和见解。在具体的训诂实践中，朱熹还能够运用相关领域的研究成果，为传统的训诂方法增添了新的内容。

一　形训

形训是一种通过字形分析来了解汉字所记录的词的本义，即体现在造字意图中的基本词义的训诂方法。因为汉字是一种象形意味很重的、属于表意体系的文字，最早的汉字是根据所要表达的意义来设计字形的，直接寓义于形中，所以相当一部分汉字的字形是和字义有密切关系的，这就决定了分析字形对了解字义的可能性与必要性。最先使用据形求义方法的是东汉许慎的《说文解字》，其后，通过说解字形来探求词义一直作为传统训诂学的一种重要方法而被广泛使用，朱熹在注解古籍的过程中，不仅对传统的形训方法有所继承，而且对相关的理论问题都有一些探讨，下面将分别对此进行论述。

（一）朱熹对汉字本体的认识

首先，朱熹对于造字的缘起有自己的认识，例如有学生向他请教关于仓颉造字的说法，朱熹回答说："此亦非自撰出，自是理如此。如'心''性'等字，未有时，如何撰得？只是有此理，自流出。"① 朱熹从理学的角度出发，认为即使仓颉"亦非细人"，他在造字时也不是凭空杜撰的，而是说只要"理如此"，便可自然而然地造出字来。

至于汉字的结构类型，朱熹亦有自己的见解："大凡字，只声形二者而已。如'楊'字，'木'是形，'昜'是声，其余多有只从声者。"②"凡字，如'楊、柳'字，'木'是文，'昜、卯'是字；如'江、河'字，'水'是文，'工、可'是字。字者，滋也，谓滋添者是也。"③ 这里朱熹分析了占汉字数量绝大多数的形声字的构成，在上例中，朱熹正确区

---

① （宋）黎靖德编：《朱子语类》第八册卷一百四十，中华书局 1986 年版，第 3335 页。

② 同上。

③ 同上。

分了形声字的形符和声符，只是又将形符称作“文”，将声符称作“字”，这与许慎在《说文解字·叙》中为“文”与“字”所下的定义不同（按：《说文解字·叙》：“仓颉之初作书，盖依类象形，故谓之文；其后形声相益，即谓之字。”），一定程度上造成了术语的混乱。又如：“因说叶韵，先生曰：‘此谓有文有字。文是形，字是声。文如从“水”从“金”从“木”从“日”从“月”之类；字是“皮、可、工、奚”之类。故郑渔仲云：“文，眼学也；字，耳学也。”盖以形、声别也。’”① 都是将形符称作“文”，将声符称作“字”的。

此外，朱熹对当时收集汉字的字书、韵书中存在的失误也有所批评：“《说文》亦有误解者，亦有解不行者。音是徐铉作，许氏本无。”② 这是指出《说文》中对某些字的说解不当，虽未具体举例，但至少能够说明朱熹对《说文》还是仔细研读过的，所以才会有以上的看法。再如：“《玉篇》偏傍多误收者，如‘者、考、老’是也。”“韵书难理会。如昨日检‘抑’字，《玉篇》、《说文》中检‘扌’及‘邑’附，皆不见。后来在《集韵》中寻出，乃云：‘反印也’，却在‘印’部寻得。元来无挑‘扌’，如此写‘𠂎卩’。”③ 这是指出字书、韵书在收录汉字时对某些文字的归部不当，从而造成查检的不便。

（二）朱熹对“六书”理论的利用

传统的语言文字学是用“六书”来分析字形的。“六书”指象形、指事、会意、形声、转注和假借，这是文字学中习见的术语。“六书”中反映字形结构的实际上是前四书，即象形、指事、会意和形声，关于转注和假借，文字学界的分歧较大，一般认为二者是用字方法而非造字方法，对此我们不准备进行详细论述，这里只分析朱熹利用“六书”理论的情况。

朱熹在训诂实践中，以对会意字和形声字的分析为多，分析会意字的例如：

> 《诗经·大雅·崧高》：“锡尔介圭，以作尔宝。往近王舅，南土是保。”

① （宋）黎靖德编：《朱子语类》第八册卷一百四十，中华书局1986年版，第3335页。

② 同上书，第3336页。

③ 以上均见（宋）黎靖德编《朱子语类》第八册卷一百四十，中华书局1986年版，第3336页。

朱熹集传："近，郑音记。按：《说文》：从辵从丌。今从斤，误。近，辞也。"

按：郑玄笺云："近，辞也。声如'彼记之子'之记。"陆德明音义："近音记。"《说文·丌部》："辺，古之遒人，以木铎记诗言。从辵从丌，丌亦声。读与记同。"徐锴曰："遒人行而求之，故从辵。丌，荐而进之于上也。"段玉裁注："遒人即班之行人。以木铎巡于路，使民间出男女歌咏。记之简牍，递荐于天子。故其字从辵丌。辵者，行也。丌者，荐也。记与丌，叠韵也。"朱熹的意思是此处"近"当作"辺"，且同意郑玄的解释，将其释为虚词。马瑞辰《毛诗传笺通释》卷二十七："辺者，己之假借。己为语词，《诗》言'往辺'，犹《虞书》言'往哉'，《周书》'予往己'也，辺、近，形近易讹。"王引之《经传释词》卷五："其，语助也。或作记，或作忌，或作己，或作辺，义并同也。"可见朱熹的考辨是正确的。

《楚辞·九歌·云中君》："灵皇皇兮既降，焱远举兮云中。览冀州兮有余，横四海兮焉穷。"

朱熹集注："焱，卑遥反，其字从三火。……焱，去疾貌。"

关于"焱"的字形，朱熹在《楚辞辩证·上》中有一段辨析文字："焱，《说文》从三犬，而释为群犬走貌。然《大人赋》有'焱风涌而云浮'者，其字从三火，盖别一字也，此类皆当从三火。"

按：《说文·犬部》："猋，犬走皃，从三犬。"《说文·焱部》："焱，火华也。从三火。"段玉裁注："古书'焱'与'猋'二字多互讹。如曹植《七启》'风厉猋举'，当作'焱举'。班固《东都赋》'焱焱炎炎'，当作'猋猋炎炎'。王逸曰：'猋，去疾皃也。'李善注几不别二字。从三火，凡物盛则三之。"

此外，《朱子语类》中还记载有朱熹对文字形体进行分析的例子："古人相形造字，自是动不得。如'辔'字，后面一个'车'，两边从'糸'，即缠绳也，前面口字，即马口也，马口中衔著缠绳也。"① 这也是

① （宋）黎靖德编：《朱子语类》第八册卷一百四十，中华书局1986年版，第3336页。

对会意字的分析。

朱熹分析形声字的例子较多，例如：

《楚辞·离骚》："忽奔走以先后兮，及前王之踵武。荃不揆余之中情兮，反信谗而齌怒。"

朱熹集注："齌，从火，齊声。"

按："齌"指炊火猛烈。《说文·火部》："齌，炊餔疾也。从火，齊声。"段玉裁注："餔，日加申时食也。晚饭恐迟，炊之疾速，故字从火。"朱熹实际上是采用了《说文》的解释。

《楚辞·九歌·河伯》："灵何为兮水中？乘白鼋兮逐文鱼，与女游兮河之渚，流澌纷兮将来下。"

朱熹集注："澌，音斯。从仌者，流冰也；从水者，水尽也。此当从仌。"

《楚辞·天问》："穆王巧挴，夫何周流？环理天下，夫何索求？"

朱熹集注："挴，芒改反，字从手；或从木、或从玉者，皆非也。……《方言》云：'挴，贪也。'贾生所谓'品庶每生'是也。巧挴，言巧于贪求也。"

《楚辞·离骚》："昔三后之纯粹兮，固众芳之所在。杂申椒与菌桂兮，岂维纫夫蕙茝！"

朱熹集注："维，当作唯，古通用。"

除该句外，在《离骚》篇当中还出现了"惟庚寅吾以降"和"夫唯捷径以窘步"，三句中分别用了"维""惟""唯"三字。对于这三个字，朱熹在《楚辞辩证·上》中辨析道："'惟庚寅吾以降''岂维纫夫蕙茝''夫唯捷径以窘步'，据字书，'惟'从心者思也，'维'从系者系也，皆语辞也。'唯'从口者专词也，应词也。三字不同，用各有当。然古书多通用之，此亦然也。后放此。"

关于假借，许慎在《说文解字·叙》中的定义为："假借者，本无其字，依声托事。"是指语言中本来没有为某些词造字，而是借用了一个与之声音相同或相近的字来表示它的现象。由于文字的数量是有限的，而需要表达的概念却是无穷的，假借通过借用音同音近的字解决了这种矛盾，使得运用有限的汉字形体来表达无穷的概念变成了可能。因此，假借方法的产生是汉字发展过程中的一个飞跃。朱熹在训诂实践中，对于假借这种用字方法有多处说明，可以分为以下几种情况：

1. 直接说明假借

一般认为，假借可以分为“本无其字”的假借和“本有其字”的假借两种类型，其中“本有其字”的假借又称“通假”，是指语言中已经为某个词造了本字，但在使用时却借用了一个与之音同或音近的字，这个借用的字就称为通假字。朱熹也认识到了这两种情况的不同：“‘壹、贰、叁、肆’，皆是借同声字。‘柒’字本无此字，唯有‘漆、沮’之‘漆’。‘漆’字草书颇似‘柒’，遂误以为真。洪氏《隶释》辨不及此。”① 但是在训诂实践中，朱熹多数情况只是说明了某两字之间的通用关系，并没有对有无本字进行详细的分析。根据朱熹在说明假借时使用术语的不同，又可以分为以下几种情况：

（1）说明某字与某字“通”

《诗经·周颂·敬之》：“维予小子，不聪敬止，日就月将，学有缉熙于光明。佛时仔肩，示我显德行。”

朱熹集传：“佛、弼通。”

《孟子·离娄上》：“孟子曰：‘道在尔而求诸远，事在易而求之难。人人亲其亲、长其长而天下平。’”

朱熹集注：“尔、迩，古字通用。”

《周易·咸·上六》：“《象》曰：‘咸其辅颊舌’，滕口说也。”

朱熹本义：“滕、腾通用。”

《楚辞·远游》：“顺凯风以从游兮，至南巢而壹息。见王子而宿之兮，审壹气之和德。”

朱熹集注：“宿，与肃通。”

（2）说明某字与某字“同”

① （宋）黎靖德编：《朱子语类》第八册卷一百四十，中华书局1986年版，第3335页。

《诗经·郑风·扬之水》："扬之水，不流束楚。终鲜兄弟，维予与女。无信人之言，人实迋女。"

朱熹集传："迋，与诳同。"

《礼记·大学》："《诗》云：'节彼南山，维石岩岩。赫赫师尹，民具尔瞻。'有国者不可以不慎，辟则为天下僇矣。"

朱熹集注："僇，与戮同。"

《孟子·万章下》："孟子曰：'在国曰市井之臣，在野曰草莽之臣，皆谓庶人。庶人不传质为臣，不敢见于诸侯，礼也。'"

朱熹集注："质，与贽同。"

《周易·中孚·九二》："鸣鹤在阴，其子和之。我有好爵，吾与尔靡之。"

朱熹本义："靡，与縻同。"

《楚辞·远游》："玉色頩以脕颜兮，精醇粹而始壮。质销铄以汋约兮，神要眇以淫放。"

朱熹集注："眇，与妙同。"

上述朱熹所分析的假借字，经过我们验证，都以音同音近为条件，且有其他古籍中的文献用例为证，朱熹在注释过程中定然也吸收了前人的研究成果。例如上例中"迋"假借作"诳"表示欺骗义，毛传："迋，诳也。"《左传·定公十年》："辰为之请，弗听。辰曰：'是我迋吾兄也。'"杜预注："迋，欺也。"《集韵·漾韵》："诳，《说文》：'欺也。'或作迋。"又《养韵》："迋，欺也。或从狂。"朱骏声《说文通训定声·壮部》："迋，叚借为诳。""迋"上古为匣母阳部字，"诳"上古为见母阳部字，匣母与见母同为牙音，阳部叠韵，故二者因语音相近而可以发生假借。又如"眇"的本义为眼睛小，《说文·目部》："眇，一目小也。"段玉裁注本改为"小目也。"《周易·履·六三》："眇能视，跛能履。"假借为"妙"。长沙马王堆汉墓帛书乙本《老子·道经》："（故）恒无欲也，以观其眇。"今本《老子》"眇"作"妙"。《史记·货殖列传》："俗之渐民久矣，虽户说以眇论，终不能化。"《汉书·扬雄传下》："是以声之眇者不可同于众人之耳，形之美者不可棍于世俗之目。"颜师古注："眇，读曰妙。""眇"与"妙"上古均为明母宵部字，属于同音假借。

（3）同时使用“通”“同”“借”等术语

《论语·公冶长》：“子曰：‘道不行，乘桴浮于海。从我者，其由与？’子路闻之喜。子曰：‘由也好勇过我，无所取材。’”

朱熹集注：“材，与裁同，古字借用。”

《孟子·告子下》：“取食之重者，与礼之轻者而比之，奚翅食重？取色之重者，与礼之轻者而比之，奚翅色重？”

朱熹集注：“翅，与啻同，古字通用。”

《楚辞·远游》：“嘉南州之炎德兮，丽桂树之冬荣。山萧条而无兽兮，野家漠其无人。载营魄而登霞兮，掩浮云而上征。”

朱熹集注：“霞，与遐同，古字借用。”

我们现在一般用某与某“通”来说明假借字，用某与某“同”来说明异体字。但是在朱熹的时代，使用术语时还没有这样严格的界限，因此在朱熹的训诂著作中，常常有用某与某“同”来说明假借字的例子。例如同样是“上”与“尚”之间的假借，朱熹在《孟子·万章下》的“以友天下之善士为未足，又尚论古之人。颂其诗，读其书，不知其人，可乎？是以论其世也。是尚友也”一句下注云：“尚、上同。”而在《周易·大壮》九四爻的象传“‘藩决不羸’，尚往也”下注云：“尚、上通。”又如《诗经·大雅·思齐》：“雝雝在宫，肃肃在庙。不显亦临，无射亦保。”朱熹集传：“射，与斁同，厌也。”《诗经·大雅·抑》：“神之格思，不可度思，矧可射思。”朱熹集传：“射、斁通，厌也。”再如《诗经·小雅·桑扈》：“兕觥其觩，旨酒思柔。彼交匪敖，万福来求。”朱熹集传：“敖、傲通。”《楚辞·九章·抽思》：“与美人之抽思兮，并日夜而无正。㤭吾以其美好兮，敖朕辞而不听。”朱熹集注：“敖，与傲同。”可见，朱熹在使用“通”与“同”这两个术语来说明假借字时是没有区别的。

下面这个例子最能说明朱熹在分析两个字相互之间的借用情况时，所使用的术语具有多样性的特点。

《孟子·梁惠王上》：“今夫天下之人牧，未有不嗜杀人者也。如有不嗜杀人者，则天下之民皆引领而望之矣！诚如是也，民归之，由水之就下，沛然谁能御之?”

朱熹集注：“由，当作犹，古字借用。后多放此。”

《孟子·公孙丑上》：“纣之去武丁未久也，其故家遗俗，流风善政，犹有存者；又有微子、微仲、王子比干、箕子、胶鬲，皆贤人也，相与辅相之，故久而后失之也。尺地莫非其有也，一民莫非其臣也，然而文王犹方百里起，是以难也。”

朱熹集注：“‘犹方’之‘犹’，与‘由’通。”

按：“由”与“犹”可以相互借用。“由”假借为“犹”表示“如同，好像”，《玉篇·用部》：“由，若也。”《周礼·考工记·梓人》：“是故击其所县而由其虡鸣。”郑玄注引郑司农云：“由，若也。”《史记·李斯列传》：“夫以秦之强，大王之贤，由灶上骚除，足以灭诸侯，成帝业。”王念孙《读书杂志》：“由，与犹同。”刘淇《助字辨略》：“由，与犹通。”吴昌莹《经词衍释》卷一：“由，同犹，若也。”“犹”亦可假借为“由”表示“从”，李白《怨情》诗：“新人如花虽可宠，故人似玉犹来重。”苏轼《又答毡帐》诗：“莫嫌雪里闻毡帐，作事犹来未合时。”朱骏声《说文通训定声·孚部》：“犹，叚借为由。”“由”与“犹”上古均为喻母幽部字，古音相同，故可相互假借。

这里朱熹在说明“由”可假借为“犹”时，使用了“借”这个术语，而在说明“犹”可假借为“由”时，则使用了“通”这个术语。对于同样的两个字，它们相互之间可以借用的情况应该没有什么不同，而朱熹却使用了不同的术语进行说明，可见，朱熹在说明假借时，使用的术语具有多样性。

2. 通过分析古音相近来说明假借

将“通过分析古音相近来说明假借”这部分内容放到“声训”这一训诂方法下面来论述似乎更为合理，因为假借的基本原理就是利用语音相同或相近的关系。但“假借”是传统“六书”理论当中的一个部分，我们姑且依照习惯，将这部分内容置于“形训”下面。

《诗经·邶风·泉水》：“载脂载舝，还车言迈。遄臻于卫，不瑕有害?”

朱熹集传：“瑕、何，古音相近，通用。”

《诗经·大雅·下武》:“昭兹来许,绳其祖武。于万斯年,受天之祜。”

朱熹集传:“兹、哉声相近,古盖通用也。”

《礼记·大学》:“唯仁人放流之,迸诸四夷,不与同中国。此谓唯仁人为能爱人,能恶人。”

朱熹集注:“迸,读为屏,古字通用。”

《孟子·滕文公下》:“世衰道微,邪说暴行有作,臣弑其君者有之,子弑其父者有之。”

朱熹集注:“‘有作’之‘有’,读为又,古字通用。”

《孟子·离娄下》:“文王视民如伤,望道而未之见。武王不泄迩,不忘远。”

朱熹集注:“而,读为如,古字通用。”

考之古音,“瑕”上古为匣母鱼部字,“何”上古为匣母歌部字,二者声母相同,韵部的主元音相同,属于音近假借;“兹”上古为精母之部字,“哉”上古亦为精母之部字,二者属于同音假借;“迸”上古为帮母耕部字,“屏”上古为並母耕部字,二者声母同为唇音,韵部相同,属于音近假借;“有”上古为匣母之部字,“又”上古亦为匣母之部字,二者属于同音假借;“而”上古为日母之部字,“如”上古为日母鱼部字,二者声母相同,韵部之鱼旁转,属于音近假借。

3. 通过分析古籍用字的实际情况来说明假借

《周易·蒙·六三》:“《象》曰:‘勿用取女’,行不顺也。”

朱熹本义:“顺,当作慎。盖‘顺’‘慎’古字通用。《荀子》‘顺墨’作‘慎墨’,且‘行不慎’,于经意尤亲切,今当从之。”

按:“顺”“慎”通用,“顺”可假借为“慎”。《礼记·礼器》:“是故君子之教也,必由其本,慎之至也。”陆德明音义:“顺,亦作慎。”《荀子·强国》:“故为人上者,不可不顺也。”杨倞注:“或曰:‘顺’当为‘慎’。”《墨子·非攻下》:“必顺虑其义,而后为之行,是以动则不疑,速通成得其所欲。”于省吾新证:“顺、慎古字通。”朱骏声《说文通训定声·屯部》:“顺,叚借为慎。”“慎”亦可假借为“顺”。《墨子·天志中》："天之意不可不慎也。"孙诒让间诂："慎与顺通。上下文屡云顺天意。"《荀子·成相》："请布基，慎圣人。"杨倞注："慎读为顺。"《逸周书·度训》："和非中不立，中非礼不慎。"孙诒让斠补："慎当读为顺，顺慎声相近。"朱骏声《说文通训定声·坤部》："慎，叚借为顺。"

《楚辞·离骚》："何所独无芳草兮，尔何怀乎故宇？世幽昧以昡曜兮，孰云察余之善恶？"

朱熹集注："宇，一作宅，待洛反。《尚书》《周礼》古文宅、度多通用也。"

按："宅"与"度"可通用，《书·尧典》："宅西曰昧谷"，《周礼·天官·缝人》郑玄注引作"度西"，陆德明音义："度西音宅。"《方言》卷三："度，尻也。"《集韵·陌韵》："宅，或作度。"《左传·文公十八年》："不度于善，而皆在于凶德，是以去之。"杜预注："度，居也。"《汉书·韦玄成传》："我既此登，望我旧阶，先后兹度，涟涟孔怀。"颜师古注："臣瓒曰：'案：古文宅、度同。'先后即先君也。以父昔居此位，故泣涕而甚思之也。"考之古音，"宅"上古为定母铎部字，"度"上古亦为定母铎部字，故可相互通用。

4. 通过分析异文来说明假借

《论语·宪问》："子曰：'桓公九合诸侯，不以兵车，管仲之力也。如其仁！如其仁！'"

朱熹集注："九，《春秋传》作'纠'，督也，古字通用。"

《孟子·滕文公上》："'君子之德，风也；小人之德，草也。草尚之风必偃。'是在世子。"

朱熹集注："尚，加也，《论语》作'上'，古字通也。"

《楚辞·离骚》："吾令丰隆乘云兮，求虙妃之所在。解佩纕以结言兮，吾令蹇修以为理。"

朱熹集注："虙，房六反；一作宓，莫笔反。"

关于"虙"与"宓"的关系，朱熹在《楚辞辩证·上》有很好的说明："虙妃，一作宓妃。《说文》：'虙，房六反，虎行貌。宓，美毕反，安也。'《集韵》云：'虙与伏同，虙牺氏亦姓也，宓与密同，亦姓。俗作密，非是。'《补注》引颜之推说云：'宓字，本从虍。虙子贱，即伏牺之后，而其碑文说济南伏生，又子贱之后。是知古字伏、虙通用，而俗书作宓，或复加山，而并转为密音耳。'"

（三）朱熹对古今字的分析

古今字是指先后造的记录同一个词的两个或多个文字，这一术语由东汉郑玄最先提出。《礼记·曲礼下》："君天下曰'天子'，朝诸侯、分职、授政、任功，曰'予一人'。"郑玄注："余、予古今字。"古今字是汉字在其发展过程中产生的，上古时代，汉字的数量少，一个字常常表示几个意义，随着汉字分工的越来越细，很多新的区别字产生了，这就形成了古今字。所谓"古"与"今"，只是一个相对的概念，段玉裁在《说文·言部》的"谊"字下注云："凡读经传者，不可不知古今字。古今无定时，周为古则汉为今，汉为古则晋宋为今。随时异用者，谓之古今字。非如今人所言古文、籀文为古字，小篆、隶书为今字也。"朱熹在其训诂中亦有对古今字的说明，例如：

《礼记·大学》："《康诰》曰：'克明德。'《大甲》曰：'顾諟天之明命。'"

朱熹集注："諟，古是字。"

《礼记·大学》："好人之所恶，恶人之所好，是谓拂人之性，菑必逮夫身。"

朱熹集注："菑，古灾字。"

《楚辞·离骚》："民好恶其不同兮，惟此党人其独异！户服艾以盈要兮，谓幽兰其不可佩。"

朱熹集注："要，于遥反，即古腰字。"

《楚辞·九歌·少司命》："秋兰兮麋芜，罗生兮堂下。绿叶兮素枝，芳菲菲兮袭予。"

朱熹集注："秋，古秋字。"

《楚辞·九章·思美人》："勒骐骥而更驾兮，造父为我操之。迁逡次而勿驱兮，聊假日以须旹。指嶓冢之西隈兮，与纁黄以为期。"

朱熹集注："旹，古时字。"

《楚辞·远游》："恐天时之代序兮，耀灵晔而西征。微霜降而下沦兮，悼芳草之先蘦。”

朱熹集注：“蘦，今作零。”

《周易·系辞上传》第十章：“是以君子将有为也，将有行也，问焉而以言，其受命也如嚮，无有远近幽深，遂知来物。非天下之至精，其孰能与于此?”

朱熹本义：“嚮，古文響字。”

此外，朱熹还对一些古今字做了详细的分析，例如：

《诗经·邶风·二子乘舟》：“二子乘舟，汎汎其景。愿言思子，中心养养。”

朱熹集传：“景，古影字。”

关于“景”与“影”的关系，朱熹在《楚辞·九章·悲回风》“登石峦以远望兮，路眇眇之默默。入景响之无应兮，闻省想而不可得”下注：“景，於境反，葛洪始加彡为影字。”又如《周易·大有》：“九三，公用亨于天子，小人弗克。”朱熹本义：“亨，《春秋传》作‘享’，谓朝献也。古者‘亨通’之‘亨’，‘享献’之‘享’，‘烹饪’之‘烹’，皆作‘亨’字。”这些都反映了朱熹对古籍文献中的古今字现象的认识：古今字是汉字孳乳繁衍的一个重要方面，今字的构成大多是在原有古字的基础上增加、减少或变换构件形成的，上述朱熹所分析的几个例子，正好说明了这种情况。

（四）朱熹对金石文字的利用

我国的金石之学兴起于北宋时期，首先是欧阳修收集历代的石刻跋尾，撰成《集古录》（又称《集古录跋尾》）十卷。其后，集古之风大盛，“有吕大临收集铭文，摹写玉器图像，注明出土地点，作《考古图》一卷。薛尚功收集商、秦、汉代金石文字编成《历代钟鼎彝器款识法帖》。赵明诚仿欧阳修《集古录》书例，又编《金石录》三十卷。洪适收藏金石拓本，著《隶释》二十七卷、《隶续》二十一卷，并用以考证史传的讹误。从此以后，金石之学蔚为大观，使训诂学获得了新的材料”①。

① 周大璞主编：《训诂学初稿》，武汉大学出版社2007年版，第437—438页。

朱熹在其训诂过程中，充分利用了宋代金石学的研究成果，将训诂学与金石学结合起来，引用金石铭文来印证经传，开创了训诂研究方法的新局面。在注释《诗经·大雅》时，朱熹就屡次引用了古器物铭文来印证《诗经》中的成语，例如：

《诗经·大雅·行苇》："曾孙维主，酒醴维醹。酌以大斗，以祈黄耇。黄耇台背，以引以翼。寿考维祺，以介景福。"

朱熹集传："以祈黄耇，犹曰'以介眉寿'云耳。古器物款识云，'用蕲万寿'；'用蕲眉寿'，'永命多福'；'用蕲眉寿'，'万年无疆'，皆此类也。"

《诗经·大雅·既醉》："昭明有融，高朗令终。令终有俶，公尸嘉告。"

朱熹集传："令终，善终也。《洪范》所谓'考终命'，古器物铭所谓'令终'、'令命'是也。"

《诗经·大雅·江汉》："虎拜稽首，对扬王休。作召公考，天子万寿。明明天子，令闻不已。矢其文德，洽此四国。"

朱熹集传："言穆公既受赐，遂答称天子之美命，作康公之庙器，而勒王策命之辞，以考其成，且祝天子以万寿也。古器物铭云：'郝拜稽首，敢对扬天子休命，用作朕皇考龚伯尊敦。郝其眉寿，万年无疆'。语正相类。但彼自祝其寿，而此祝君寿耳。"

朱熹所引用的古器物铭文，均来自于薛尚功的《历代钟鼎彝器款识法帖》。其中，《行苇》篇的"用蕲万寿"见该书卷十三《伯囧父敦》，"用蕲眉寿，永命多福"见该书卷十五《姬奂豆》，"用蕲眉寿，万年无疆"见该书卷十六《叩仲槃》；《既醉》篇的"令终""令命"见该书卷十四《僎敦》；《江汉》篇的"郝拜稽首，敢对扬天子休命，用作朕皇考龚伯尊敦。郝其眉寿，万年无疆"见该书卷十四《郝敦一》。

除了引用古器物铭文之外，朱熹在训诂时还能对汉碑石刻上的文字有所利用。《诗经·大雅·下武》："昭兹来许，绳其祖武。於万斯年，受天之祜。"对于"昭兹"，朱熹注云："兹、哉声相近，古盖通用也。"为何会有这样的注释呢？《朱子语类》中记载得很详细："'昭兹来许'，汉碑作'昭哉’。洪氏《隶释》‘兹’‘哉’叶韵。《柏梁台诗》末句韵亦同。”[1]

随着后世出土文字的增多，我国的古文字学逐渐发达，到了清代，运用金文来训诂的方法已经较为普遍，人们对于古文字的辨认也要比宋人精确。特别是在甲骨文字大量出土之后，利用古文字材料来考证史实的方法得到了广泛的应用。但是，朱熹利用金石文字来说解古籍，实属开风气之先。洪诚先生说：“引彝器铭文于训诂，实汉唐所未有，南宋朱熹开其端。”[2] 现在我们在使用据金石证古这一训诂方法时，不应忘记朱熹的开创之功。

综上所述，朱熹虽然不是文字学家，但他对文字形体还是非常重视的，既在理论上有一些真知灼见，在训诂实践中也不乏形训的例子，同时还将金石文字引入到了古籍的训释中，为传统的训诂方法开辟了新的途径，特别是在考据辨伪等方面被后世学者广为传用，影响深远。

二 声训

声训是一种用音同或音近的字来解释词义的方法，也称为“以声音通训诂”。字形对语言中的词来说，只是外在的因素。语言中的词是音义的结合体，索绪尔曾把这种关系比作一张纸的正反两面[3]，语音才是词的真正的物质外壳。仅仅靠词的外在形式来研究词义，是不能从根本上解决问题的。因此，前代学者在长期的训诂实践中创造并大量使用了声训这一行之有效的科学的释词方法。

声训产生的年代较早，先秦时期已经有声训的例子，例如《周易·说卦传》：“乾，健也；坤，顺也；震，动也；巽，入也；坎，陷也；离，丽也；艮，止也；兑，说也。”《礼记·乡饮酒义》：“东方者春，春之为言蠢也，产万物者圣也。南方者夏，夏之为言假也，养之、长之、假之，仁也。西方者秋，秋之为言愁也，愁之以时察，守义者也。北方者冬，冬之为言中也，中者藏也。”《庄子·齐物论》：“庸也者，用也。用也者，通也。”所以在朱熹的时代，声训更是一种普遍采用的释词方法。

---

① （宋）黎靖德编：《朱子语类》第六册卷八十一，中华书局1986年版，第2129页。

② 洪诚：《洪诚文集》，江苏古籍出版社2000年版，第18页。

③ 参见［瑞士］索绪尔《普通语言学教程》，商务印书馆1980年版，第158页。

（一）朱熹进行声训所采用的格式

1．直接进行声训

（1）语音完全相同

《诗经·大雅·生民》："载震载夙，载生载育，时维后稷。"

朱熹集传："震，娠也。"

按："震"与"娠"的上古音同为章母文部，此为通过声训来破除假借之例。"震"通"娠"，例句"载震载夙"，陈奂《诗毛氏传疏》："震与娠通。"高亨注："震，通娠，怀孕。"《集韵·真韵》："娠，《说文》：'女妊身动也。'或作震。"朱骏声《说文通训定声·屯部》："震，叚借为娠。"《左传·昭公元年》："当武王邑姜方震大叔，梦帝谓己：'余命而子曰虞，将与之唐，属诸参，而蕃育其子孙。'"杜预注："怀胎为震。"陆德明《经典释文》："震，本又作娠，怀妊也。"

又如：

《周易·夬》："夬，扬于王庭，孚号有厉。告自邑，不利即戎，利有攸往。"

朱熹本义："夬，决也。阳决阴也。"

按："夬"与"决"的上古音同为见母月部，属于用形声字训释该形声字的声符字的情况。"夬"有决断义，《说文·又部》："夬，分决也。"夬卦的卦象为乾下兑上，《象》曰："泽上于天，夬。"王弼注："夬者，明法而决断之象也。""决"亦有决断义，《荀子·强国》："观其朝廷，其朝闲，听决百事不留，恬然无治者，古之朝也。"《汉书·西南夷两粤朝鲜传》："汉使安国少季谕王、王太后入朝，令辩士谏大夫终军等宣其辞，勇士魏臣辅其决。"颜师古注："助令决策也。"

（2）声母相同，韵部相近

《诗经·郑风·风雨》："风雨如晦，鸡鸣不已。既见君子，云胡不喜。"

朱熹集传："晦，昏。"

按："晦"的上古音为晓母之部，"昏"的上古音为晓母文部，二者声母相同，韵部的主元音亦相同，之文通转。《说文·日部》："晦，月尽也。"引申为昏暗义。《楚辞·九歌·山鬼》："杳冥冥兮羌昼晦，东风飘兮神灵雨。"王逸注："晦，暗也。"《说文·日部》："昏，日冥也。"则"昏"亦有昏暗义。王褒《九怀·陶壅》："浮云郁兮昼昏，霾土忽兮塺塺。"王僧达《和琅邪王依古》："白日无精景，黄沙千里昏。"可见，以"昏"训"晦"当为以同源词相训。

又如：

《诗经·小雅·大田》："彼有不获稚，此有不敛穧；彼有遗秉，此有滞穗，伊寡妇之利。"

朱熹集传："秉，把也。"

按："秉"的上古音为帮母阳部，"把"的上古音为帮母鱼部，二者声母相同，韵部鱼阳对转。"秉"指禾束、禾把。《说文·又部》："秉，禾束也。"《礼仪·聘礼》："四秉曰筥。"郑玄注："此秉谓刈禾盈手之秉也。"《说文·手部》："把，握也。"引申指一掌所握的粗细或多少。《文子·道德》："十围之木始于把，百仞之台始于下。"例句中"把"谓一掌所握的稻禾，故而以"把"来训释"秉"。

（3）韵部相同，声母相近

《诗经·鄘风·蝃蝀》："朝隮于西，崇朝其雨。女子有行，远兄弟父母。"

朱熹集传："崇，终也。从旦至食时为终朝。"

按：从天亮到早饭时称为"终朝"，此为通过声训来推求假借字的本字之例。"崇"在此处通"终"，《后汉书·蔡邕传》："或画一策而绾万金，或谈崇朝而锡瑞珪。"陈子昂《晖上人房饯齐少府使入京府序》："嗟乎！朝廷子入，期富贵于崇朝；林岭吾栖，学神仙而未毕。"陆游《灵祕院营造记》："院之崇成也，恭来请记。"朱骏声《说文通训定声·丰部》："崇，叚借为终。""崇"的上古音为崇母冬部，"终"的上古音为章母冬部，二者韵部相同，声母章崇邻纽，故而可以假借。

又如：

《楚辞·九章·惜诵》："惜诵以致愍兮，发愤以抒情。所非忠而言之兮，指苍天以为正。"

朱熹集注："愤，懑也。"

按："愤"的上古音为并母文部，"懑"的上古音为明母文部，二者韵部相同，声母同为唇音，并明旁纽。"愤"指郁结于心，憋闷。《说文·心部》："愤，懑也。"《论语·述而》："不愤不启，不悱不发。"朱熹集注："愤者，心求通而未得之意。""懑"指烦闷，与"愤"语义相通。《说文·心部》："懑，烦也。""懑"可与"愤"互训。《楚辞·哀时命》："幽独转而不寐兮，惟烦懑而盈匈。"王逸注："懑，愤也。""愤"与"懑"因语义相近而经常对举或连用，表达"抑郁、烦闷"之义。《后汉书·章帝纪》："朕思迟直士，侧席异闻，其先至者已发愤吐懑，略闻子大夫之志矣，皆欲置于左右，顾问省纳。"司马迁《报任安书》："恐卒然不可为讳，是仆终已不得舒愤懑以晓左右。"应劭《风俗通·十反·赵相汝南李统》："经术浅末，不晓天官，见其非常，昭昭再见，诚切恠之，诚懑愤。""愤"与"懑"音近义通，当属以同源词相训。

2. 采用"之言""之为言"的格式进行声训

用"某之为言某也"的格式来解释词语，可以表明被训释词与训释词在声音和意义方面均有联系，朱熹对此已有认识。例如有学生问《论语·为政》篇"色难。有事，弟子服其劳；有酒食，先生馔，曾是以为孝乎？"一句中"曾"的音义："'曾'字，或训则，或训尝，何也？又《诗》中'憯'字训曾，不知一音耶，二音耶？"朱熹曰："除了人姓，皆当音在增反。凡字义云'某之为言某也'者，则是音义皆略相近。尝与则，意亦略同。"①

"凡字义云'某之为言某也'者，则是音义皆略相近"，这是朱熹使用"之言""之为言"格式进行声训的指导思想，朱熹在具体的训诂实践中也多次运用了这种方式，例如：

① （宋）黎靖德编：《朱子语类》第二册卷二十三，中华书局1986年版，第562页。

(1) 同音相训

《诗经·邶风·绿衣》:"绿兮衣兮,绿衣黄裳。心之忧矣,曷维其亡。"

朱熹集传:"亡之为言忘也。"

按:此处"亡"意为"失去",朱熹注云:"今以绿为衣,而黄者自里转而为裳,其失所益甚矣。"《书·大诰》:"敷前人受命,兹不忘大功。"记忆失去了称"忘",二者为同源词。王引之《经义述闻·尚书上》:"忘,与'亡'同,言不失前人之大功也。"《汉书·武五子传》:"子胥尽忠而忘其号,比干尽仁而遗其身。"颜师古注:"忘,亡也。吴王杀之,被以恶名,失其善称号。"《文选·陆机〈叹逝赋〉》:"乐隤心其如忘,哀缘情而来宅。"李善注:"忘,失也。""亡"与"忘"的上古音同为明母阳部,此为通过声训来探求同源之例。

又如:

《诗经·鄘风·君子偕老》:"君子偕老,副笄六珈。委委佗佗,如山如河。"

朱熹集传:"珈之言加也,以玉加于笄而为饰也。"

按:"珈"与"加"的上古音同为见母歌部,"加"为"珈"的声符字,此为通过声训来探求事物命名理据之例。《说文新附·玉部》:"珈,妇人首饰,从玉,加声。《诗》曰:'副笄六珈。'"毛传:"珈笄,饰之最盛者,所以别尊卑。"郑笺:"珈之言加也,副既笄而加饰,如今步摇上饰。"孔疏:"以珈字从玉,则珈为笄饰。谓之珈者,珈之言加,由副既笄,而加此饰,故谓之珈,如汉之步摇之上饰也。"朱熹的解释则直接指出了"珈"的命名理据:"以玉加于笄而为饰也。"

(2) 双声为训

《诗经·大雅·生民》:"厥初生民,时维姜嫄。生民如何,克禋克祀。以弗无子,履帝武敏歆,攸介攸止。"

朱熹集传:"弗之言祓也。祓无子,求有子也。"

按：毛传："弗，去也。去无子，求有子，古者必立郊禖焉。"郑笺："姜嫄之生后稷，如何乎？乃禋祀上帝于郊禖，以祓除其无子之疾，而得其福也。""郊禖"为古帝王求子所祭之神，以其祠在郊，故称。此为以声训来破除假借之例，"弗"通"祓"，意为"清除、消除"。《广雅·释诂下》："祓，除也。"《汉书·司马相如传下》："犹兼正列其义，祓饰厥文，作《春秋》一艺。"颜师古注："祓，除也。祓饰者，言除去旧事，更饰新文也。""弗"的上古音为帮母物部，"祓"的上古音为帮母月部，二者声母相同，韵部同为入声韵，物月旁转。

又如：

《孟子·公孙丑上》："曰：'尔何曾比予于管仲？管仲得君，如彼其专也；行乎国政，如彼其久也；功烈，如彼其卑也。尔何曾比予于是？'"

朱熹集注："曾之言则也。"

按："曾"的上古音为精母蒸部，"则"的上古音为精母职部，二者声母相同，韵部的主元音相同，蒸职对转。这里的"曾"相当于"则""就"，表示承接。《广韵·登韵》："曾，则也。"《淮南子·修务训》："三代与我同行，五伯与我齐智，彼独有圣智之实，我曾无闾里之闻，穷巷之知者何？"高诱注："曾，则也。""何曾"与"何则"均为"何故、为何"之义，宋玉《九辩》："何曾华之无实兮，从风雨而飞扬？"《左传·桓公六年》："吾牲牷肥腯，粢盛丰备，何则不信？"故而朱熹以"则"训"曾"。

（3）叠韵为训

《诗经·周南·麟之趾》："麟之定，振振公姓。于嗟麟兮！"

朱熹集传："姓之为言生也。"

按："姓"的上古音为心母耕部，"生"的上古音为生母耕部，二者韵部相同，声母同为齿音，此为用声符字训释以该字为声符的形声字。《说文·女部》："姓，人所生也。古之神圣母，感天而生子，故称天子。从女，从生，生亦声。《春秋传》曰：'天子因生以赐姓。'"徐灏注笺：

“姓之本义谓生，故古通作生，其后因生以赐姓，遂为姓氏字耳。”《仪礼·特牲馈食礼》：“子姓兄弟，如主人之服。”郑玄注：“言子姓者，子之所生。”《管子·法禁》：“身无职事，家无常姓。”尹知章注：“姓，生也。身既无职事，家又无常生。”故而朱熹以“生”训“姓”。

又如：

《论语·述而》：“子之所慎：齐，战，疾。”

朱熹集注：“齐，侧皆反。齐之为言齐也，将祭而齐其思虑之不齐者，以交于神明也。”

按：例句中“齐”（齊）同“斋”（齋），意为古人在祭祀或其他典礼前整洁身心，以示庄敬。陆德明《经典释文》：“‘齐’本或作‘斋’，同。”《集韵·皆韵》：“斋，《说文》：‘戒洁也。’隶作齐。”《左传·庄公四年》：“楚武王荆尸，授师孑焉，以伐随。将齐，入告夫人邓曼曰：‘余心荡。’”杨伯峻注：“齐同斋，授兵于太庙，故先须斋戒。”《庄子·人间世》：“颜回曰：‘回之家贫，唯不饮酒、不茹荤者数月矣，如此则可以为斋乎？’”成玄英疏：“斋，齐也，谓心迹俱不染尘境也。”“齐”的上古音为从母脂部，“斋”的上古音为庄母脂部，二者韵部相同，声母同为齿音，故可进行声训。“斋”在《广韵》中的读音为“侧皆切”，正如朱熹所注，为庄母平声皆韵字；与“斋”义同的“齐”在《集韵》中的读音为“庄皆切”，亦为庄母平声皆韵字，即二者的中古音已然相同。

（二）朱熹进行声训所依据语音的性质

经过分析，朱熹训诂中所使用的声训大多来源于古籍旧注，因此主要的语音依据是上古音。我们将上面所举的声训的例子与前人的传笺注疏一一进行对比，结果如下：

在以同音相训的例子中，将“震”训为“娠”，采自孔颖达正义：“《大明》曰：‘大任有身。’是谓震为有身。《静女》传曰：‘生子月辰，以金环退之。妇人有娠，则礼当不御。’”将“夬”训为“决”，亦采自孔颖达正义：“夬，决也。此阴消阳息之卦也。阳长至五，五阳共决一阴，故名为‘夬’也。”将“亡”训为“忘”，采自郑笺：“亡之言忘也。”将“珈”训为“加”，亦采自郑笺：“珈之言加也。”

在以双声为训的例子中，将“晦”训为“昏”，采自毛传：“晦，昏也。”将“秉”训为“把”，亦采自毛传：“秉，把也。”将“弗”训为“祓”，采自郑笺：“弗之言祓也。”将“曾”训为“则”，应当是朱熹根据文义，以古籍旧注为线索所作的训释。

在以叠韵为训的例子中，将“崇”训为“终”，采自毛传：“崇，终也。”将“愤”训为“懑”，采自王逸《楚辞章句》：“愤，懑也。”将“斋”训为“齐”，采自孔颖达正义：“将祭，散斋七日，致斋三日。斋之为言齐也，所以齐不齐也，故戒慎之。”将“姓”训为“生”，亦是朱熹根据文义，以古籍旧注为线索所作的训释。

当然，朱熹也根据自己对音义关系的理解对词语进行声训，所依据的语音应是宋代当时的读书音，因为中古音与上古音是一脉相承的，故而我们很难严格地区分朱熹所使用的语音究竟是上古音还是中古音。例如上述将“曾”训为“则”之例，“曾”在《广韵》中的读音为“作滕切”，为精母平声登韵字，“则”在《广韵》中的读音为“子德切”，为精母入声德韵字，二者声母相同，德韵为与登韵相配的入声韵，在没有采用赵岐旧注的前提下，朱熹用“之言”的格式进行声训，依据的应当是当时的实际语音。但是我们已经知道，“曾”与“则”的上古音本就相近，属于声母相同，韵部对转的声训。鉴于我们在语音一章所分析的，朱熹没有系统的上古音的观念，因此我们只能这样认为，朱熹自己所作的声训如果与上古音相合，除了受到相关旧注以及字书的影响之外，就说明被训释词与训释词的语音从上古到中古的变化不大，用朱熹时代的语音来读仍旧是相似的，故而朱熹才因此以立训。但是朱熹也并不是一味地因袭旧注，他有时还结合文义或者是理学思想来对所作的声训进行具体的阐发，例如：

> 《论语·学而》：“子曰：‘学而时习之，不亦说乎？有朋自远方来，不亦乐乎？人不知而不愠，不亦君子乎？’”
>
> 朱熹集注：“学之为言效也。人性皆善，而觉有先后，后觉者必效先觉之所为，乃可以明善而复其初也。”

按照朱熹的理解，此处“效”当为“模仿、效法”之义。《说文·攴部》：“效，象也。”段玉裁注：“象当作像，《人部》曰：‘像，似也。’”《玉篇·攴部》：“效，法效也。”《周易·系辞上传》：“知崇礼卑，崇效天，卑法地。”韩康伯注：“极知之崇，象天高而统物；备礼之用，象地广而载物也。”刘勰《文心雕龙·宗经》：“故象天地，效鬼神，参物序，制人纪。”“学”亦有“效法、模仿”之义，《广雅·释诂三》：“学，效也。”《墨子·贵义》：“贫家而学富家之衣食多用，则速亡必矣。”《晋书·隐逸传·戴逵》：“是犹美西施而学其颦眉。”后世有“东施效颦”之成语，故知“学”“效”同义。

将“学”释为“效”，《广雅》中已有之。考之古音，“学”的上古音为匣母觉部，“效”的上古音为匣母宵部，二者声母相同，韵部宵觉旁对转，故而可以声训。随着语音的发展，“学”在《集韵》中的读音为“后教切”，为匣母去声效韵字，“效”在《广韵》中的读音为“胡教切”，亦为匣母去声效韵字，朱熹以“效”训“学”，虽然可以为其找到上古音的依据，但此二字在朱熹时代的读音必然也是相近的，所以朱熹才用“之为言”的格式进行声训。从声训所阐发的意义来讲，朱熹所作的这则声训得到了后人的认同。陈澧《东塾读书记·论语》：“盖惟上古圣人，生而知之。至于后世，则众人必效圣人，后圣亦必效先圣，后王亦必效先王。服尧之服，诵尧之言，行尧之行，此众人之效圣人也。祖述尧舜，宪章文武，此后圣之效先圣也。殷因于夏礼，周因于殷礼，此后王之效先王也。后觉效先觉，圣人复起，不易斯言矣。”

（三）朱熹对“右文说”的认识

“右文说”是受声训影响而产生的一种因声求义的训诂方法。早在晋代，杨泉在《物理论》中就说：“在金石曰堅，在草木曰緊，在人曰賢。”① 意思是说“堅”“緊”“賢”三字都从“臤”得义，这表明他已经认识到形声字的声符可以表义，同声符的形声字往往在意义上也有共同的特征。到了北宋，王圣美提出所谓的“右文说”，对此问题作了更为明确的阐发，据沈括《梦溪笔谈》的记载，王圣美的观点为：“凡字，其类在左，其义在右。如木类，其左皆从木。所谓右文者，如戋，小也，水之小者曰浅，金之小者曰钱，歹而小者曰残，贝之小者曰贱。如此之类，皆以戋为义也。”

在南宋，王观国和张世南也提出了与王圣美类似的观点。王观国在《学林》卷五中云：“盧者，字母也。加金则为鑪，加火则为爐，加瓦则为甗，加目则为矑，加黑则为黸。凡省文者，省其所加之偏旁，但用字

① 杨泉《物理论》已佚，此处见《艺文类聚·人部》所引。

母，则众义该矣。亦如田者，字母也，或为畋猎之畋，或为佃田之佃，若用省文，惟以田字该之。他皆类此。"① 张世南《游宦纪闻》卷九亦云："自《说文》以字画左旁为类，而《玉篇》从之，不知右旁亦多以类相从。如戋有戋小之义，故水之可涉者为浅，疾而有所不足者为残，货而不足为贵重者为贱，木而轻薄者为栈。青字有精明之义，故日之无障蔽者为晴，水之无溷浊者为清，目之能明见者为睛，米之去粗皮者为精。凡此都可类求，聊述两端，以见其凡。"②"右文说"的实质是认为形声字的声符都可同时表示意义，王安石的《字说》就是依据这个理论写作的。

应该看到，"右文说"有其合理的一面，它打破了字形的拘囿而从声符上探求词义，给后人以很大的启发。但是"右文说"又有其严重的不足，就是把音与义的关系看得太绝对化了，如果按照《字说》的理论，所有形声字的声符都有意义的话，那么形声字就都成为会意字了，这是不符合客观实际的，所以朱熹对王安石的根据"右文说"理论写作的《字说》也持否定态度："《字说》自不须辩。只看《说文》字类，便见王字无意思。"③

朱熹在自己的训诂实践中，对"右文说"意识到语词的音义之间存在联系的观点还是赞同的，例如：

《论语·泰伯》："子曰：'狂而不直，侗而不愿，悾悾而不信，吾不知之矣。'"

朱熹集注："侗，音通。悾，音空。侗，无知貌。……悾悾，无能貌。"

对于"侗"和"悾"的解释，朱熹曾不止一次地提到如此注解的理由："《集注》又曰：'侗，无知。倥倥，无能。'窃意侗者，同也，于物同然一律，瞑无识别，是犹是也，非犹是也。倥者，空也，倥而又倥，是表里俱倥，无寸长之实。此亦因旧说，以字义音韵推之恐或然耳。"④

① （宋）王观国：《学林》，中华书局1988年版，第177页。

② （宋）张世南：《游宦纪闻》，中华书局1981年版，第77页。

③ （宋）黎靖德编：《朱子语类》第八册卷一百四十，中华书局1986年版，第3336页。

④ 朱熹：《答陈安卿》，朱杰人、严佐之、刘永翔主编《朱子全书》第二十三册《晦庵先生朱文公文集》卷五十七，上海古籍出版社、安徽教育出版社2002年版，第2725页。

《朱子语类》中也有类似的记载："问：'侗者，同也，于物同然一律，无所识别之谓。悾者，空也，空而又空，无一长之实之谓。'先生以为，此亦因旧说，而以字义音训推之，恐或然尔。"①

又如：

《周易·贲》："六五，贲于丘园，束帛戋戋，吝，终吉。"

朱熹本义："戋戋，浅小之意。"

关于"戋戋"的释义，朱熹曾多次用"右文说"的观点做了解释："或以'戋戋'为盛多之貌。曰：'非也。"戋戋"者，浅小之意。凡"浅"字、"笺"字皆从"戋"。'"② "'戋戋'是狭小不足之意。以字义考之，从'水'则为'浅'，从'贝'则为'贱'，从'金'则为'钱'。"③ "盖'戋戋'自是浅小之意，如从'水'则为'浅'，从'人'则为'伐'，从'贝'则为'贱'，皆浅小意。"④

朱熹以上的观点都直接来源于王圣美，这说明朱熹对"右文说"的合理成分还是予以肯定的，同时也反映了朱熹对语词音义关系的认识。

三　义训

义训是直接从词义的角度出发，确定被训释词含义的一种训诂方法。用我们今天解释词义的观点来总结，朱熹使用的义训大致有以下几种方法：

（一）同义词训释法

同义词训释法是用一个义同或义近的词解释另一个词的方法。根据朱熹训诂的实际情况，又可以分为直训、互训、递训、同训等几种不同的训释形式。

1. 直训

直训是用一个同义词直接去解释另一个词，即简单的"甲，乙也"，

---

① （宋）黎靖德编：《朱子语类》第三册卷三十五，中华书局1986年版，第943页。

② （宋）黎靖德编：《朱子语类》第五册卷七十一，中华书局1986年版，第1782—1783页。

③ 同上书，第1783页。

④ 同上书，第1784页。

是古代最为常见的一种训释形式。朱熹训诂中采用直训的形式来解释词语的例子如：

《诗经·豳风·七月》："嗟我农夫，我稼既同，上入执宫功。昼尔于茅，宵尔索绹。亟其乘屋，其始播百谷。"

朱熹集传："索，绞也。绹，索也。乘，升也。"

《礼记·中庸》："哀公问政。子曰：'文武之政，布在方策。其人存，则其政举；其人亡，则其政息。'"

朱熹集注："方，版也。策，简也。"

《论语·学而》："子贡曰：'夫子温、良、恭、俭、让以得之。夫子之求之也，其诸异乎人之求之与？'"

朱熹集注："温，和厚也。良，易直也。恭，庄敬也。俭，节制也。让，谦逊也。"

《孟子·滕文公下》："陈代曰：'不见诸侯，宜若小然。今一见之，大则以王，小则以霸。且《志》曰："枉尺而直寻"，宜若可为也。'"

朱熹集注："枉，屈也。直，伸也。"

《周易·讼》："九四，不克讼，复即命，渝，安贞，吉。"

朱熹本义："即，就也。渝，变也。"

《楚辞·九辩》："憯凄增欷兮，薄寒之中人；怆怳懭悢兮，去故而就新；坎廪兮，贫士失职而志不平；廓落兮，羁旅而无友生；惆怅兮，而私自怜。"

朱熹集注："坎廪，不平也。廓落，空寂也。惆怅，悲哀也。"

2. 互训

互训是被训释词和训释词可以相互颠倒、相互解释的一种训释形式，是以被训释词和训释词在词义上的共同点为依据的。朱熹训诂中采用互训的形式来解释词语的例子如：

《诗经·卫风·硕人》："河水洋洋，北流活活。施罛濊濊，鳣鲔发发，葭菼揭揭，庶姜孽孽，庶士有朅。"

朱熹集传："施，设也。"

《楚辞·大招》："五谷六仞，设菰粱只。鼎臑盈望，和致芳只。内鸧鸽鹄，味豺羹只。魂乎归徕！恣所尝只。"

朱熹集注："设，施也。"

又如：

《孟子·告子上》："今夫水，搏而跃之，可使过颡；激而行之，可使在山。是岂水之性哉？其势则然也。人之可使为不善，其性亦犹是也。"

朱熹集注："跃，跳也。"

《楚辞·九辩》："何时俗之工巧兮？背绳墨而改错！却骐骥而不乘兮，策驽骀而取路。当世岂无骐骥兮，诚莫之能善御。见执辔者非其人兮，故驹跳而远去。"

朱熹集注："跳，跃也。"

再如：

《诗经·大雅·生民》："诞置之隘巷，牛羊腓字之；诞置之平林，会伐平林；诞置之寒冰，鸟覆翼之。鸟乃去矣，后稷呱矣。"

朱熹集传："隘，狭。"

《楚辞·哀时命》："篦簬杂于黀蒸兮，机蓬矢以射革。负担荷以丈尺兮，欲伸要而不可得。外迫胁于机臂兮，上牵联于矰帷。肩倾侧而不容兮，固狭腹而不得息。"

朱熹集注："狭，隘也。"

3. 递训

一般而言，几个同义词辗转相训，又回到第一个词，从而形成"甲，乙也。乙，丙也。……，甲也"的训释形式，就是递训。但是多数递训只是层递而下，并不能形成完全封闭的环形。朱熹训诂中采用递训的形式来解释词语的例子如：

《楚辞·九章·惜诵》："纷逢尤以离谤兮，謇不可释也。情沈抑而不达兮，又蔽而莫之白也。”

朱熹集注：“抑，按也。”

《诗经·大雅·皇矣》：“王赫斯怒，爰整其旅，以按徂旅，以笃于周祜，以对于天下。”

朱熹集传：“按，遏也。”

《孟子·万章上》：“孟子曰：‘否。此非君子之言，齐东野人之语也。尧老而舜摄也。《尧典》曰：“二十有八载，放勋乃徂落，百姓如丧考妣。三年，四海遏密八音。”’”

朱熹集注：“遏，止也。”

这样就形成了“抑→按→遏→止”的训释链条。

又如：

《诗经·郑风·叔于田》：“叔适野，巷无服马。岂无服马？不如叔也，洵美且武。”

朱熹集传：“适，之也。”

《诗经·大雅·桑柔》：“嗟尔朋友，予岂不知而作？如彼飞虫，时亦弋获。既之阴女，反予来赫！”

朱熹集传：“之，往。”

再如：

《诗经·唐风·山有枢》：“山有枢，隰有榆。子有衣裳，弗曳弗娄。子有车马，弗驰弗驱。宛其死矣，他人是愉。”

朱熹集传：“驱，策也。”

《论语·雍也》：“子曰：‘孟之反不伐，奔而殿。将入门，策其马，曰：“非敢后也，马不进也。”’”

朱熹集注：“策，鞭也。”

4. 同训

同训是用一个词来解释两个或两个以上同义词的训释形式。朱熹训诂中采用同训的形式来解释词语的例子如：

《诗经·周南·关雎》:“关关雎鸠,在河之洲。窈窕淑女,君子好逑。”

朱熹集传:“逑,匹也。”

《诗经·鄘风·柏舟》:“汎彼柏舟,在彼中河。髧彼两髦,实维我仪。之死矢靡他。母也天只,不谅人只。”

朱熹集传:“仪,匹。”

《诗经·小雅·我行其野》:“我行其野,言采其葍。不思旧姻,求尔新特。成不以富,亦秖以异。”

朱熹集传:“特,匹也。”

又如:

《诗经·周颂·时迈》:“实右序有周。薄言震之,莫不震叠。怀柔百神,及河乔岳。允王维后。”

朱熹集传:“叠,惧。”

《诗经·商颂·长发》:“受小共大共,为下国骏厖。何天之龙,敷奏其勇,不震不动,不戁不竦,百禄是总。”

朱熹集传:“竦,惧也。”

《楚辞·招魂》:“青骊结驷兮,齐千乘。悬火延起兮,玄颜烝。步及骤处兮,诱骋先。抑骛若通兮,引车右还。与王趋梦兮,课后先。君王亲发兮,惮青兕。”

朱熹集注:“惮,惧也。”

再如:

《诗经·小雅·伐木》:“伐木于阪,酾酒有衍。笾豆有践,兄弟无远。民之失德,干糇以愆。”

朱熹集传:“衍,多也。”

《诗经·小雅·楚茨》:“执爨踖踖,为俎孔硕,或燔或炙。君妇莫莫,为豆孔庶。”

朱熹集传:“庶,多也。”

《诗经·大雅·瞻卬》:“天之降罔,维其优矣。人之云亡,心之忧矣。"

朱熹集传："忧，多。"

《楚辞·九章·怀沙》："任重载盛兮，陷滞而不济。怀瑾握瑜兮，穷不知所示。"

朱熹集注："盛，多也。"

（二）下定义

下定义是指对于一种事物的本质特征或一个概念的内涵和外延所作的确切表述。这是在单词为训不能满足释义的情况下而采用的一种释词方式，其原则是准确、明晰，能够突出被释词所描绘的现实事物或现象的特点。朱熹训诂中采用的下定义的方法例如：

《诗经·郑风·女曰鸡鸣》："女曰鸡鸣，士曰昧旦。子兴视夜，明星有烂。将翱将翔，弋凫与雁。"

朱熹集传："昧旦，天欲旦，昧晦未辨之际也。"

《论语·述而》："子疾病，子路请祷。子曰：'有诸?'子路对曰：'有之。《诔》曰："祷尔于上下神祇。"'子曰：'丘之祷久矣。'"

朱熹集注："诔者，哀死而述其行之辞也。"

《楚辞·大招》："昭质既设，大侯张只。执弓挟矢，揖辞让只。魂乎归徕！尚三王只。"

朱熹集注："昭质，谓射侯所画之地。……大侯，谓所射之布。"

现代逻辑学意义上的最有代表性的定义格式是"属概念+种差"，即把某一概念包含在它的属概念中，并揭示它与同一个属概念下其他种概念之间的差别。其实这种思想在我国古代的训诂学中早已有所体现，只是古人不善于理论总结罢了。例如《说文·䖵部》："蟁，啮人飞虫。"《玉篇·夫部》："规，正圆之器也。"朱熹在训诂时充分继承了这种释词方式，例如：

《诗经·卫风·硕人》："手如柔荑，肤如凝脂，领如蝤蛴，齿如瓠犀。螓首蛾眉，巧笑倩兮，美目盼兮。"

朱熹集传："蝤蛴，木虫之白而长者。"

《诗经·小雅·巷伯》："萋兮斐兮，成是贝锦。彼谮人者，亦已大甚。"

朱熹集传："贝，水中介虫也。有文彩似锦。"

《楚辞·天问》："靡蓱九衢，枲华安居？灵蛇吞象，厥大何如？"

朱熹集注："枲，麻之有子者。"

朱熹在使用下定义的方法解释名物时，常常详于前人的旧注，或者对旧注没有解释的名物进行注解，这既反映了当时人们对事物认识的深化，也体现了朱熹在训诂时力求精确，以期给人以更多的信息量的意识，例如：

《诗经·唐风·山有枢》："山有栲，隰有杻。子有廷内，弗洒弗埽。"

毛传："杻，檍也。"

朱熹集传："杻，檍也。叶似杏而尖，白色，皮正赤，其理多曲少直，材可为弓弩干者也。"

《楚辞·离骚》："制芰荷以为衣兮，集芙蓉以为裳。不吾知其亦已兮，苟余情其信芳。"

王逸注："芰，蔆也，秦人曰薢茩。"

朱熹集注："芰，菱也，生水中，叶浮水上，花黄白色，实紫色，两头锐者也。"

又如《诗经·邶风·雄雉》："雄雉于飞，泄泄其羽。我之怀矣，自诒伊阻。"毛传对"雉"未做解释，朱熹注曰："雉，野鸡。雄者有冠，长尾，身有文采，善斗。"再如《诗经·小雅·鹤鸣》："鹤鸣于九皋，声闻于野。鱼潜在渊，或在于渚。"关于"鹤鸣"，毛传无注，仅在章首有陆德明音义引《草木疏》云："鹤鸣闻八九里。"朱熹则详细注曰："鹤，鸟名。长颈，竦身，高脚，顶赤，身白，颈尾黑。其鸣高亮，闻八九里。"可见，朱熹在使用下定义的方法解释词义时，确实比古籍旧注要详细。

（三）譬况

对于一些表示人们不熟悉事物的词和一些不好解释的词，可以用近似的事物来比照说明，进而加以解释，这就是譬况，即我们通常所说的打比方。朱熹训诂中采用的譬况方法例如：

《诗经·陈风·防有鹊巢》："防有鹊巢，邛有旨苕。谁侜予美，心焉忉忉。"

朱熹集传："苕，苕饶也。茎如劳豆而细，叶似蒺藜而青，其茎叶绿色，可生食，如小豆藿也。"

《诗经·小雅·斯干》："下莞上簟，乃安斯寝，乃寝乃兴，乃占我梦。吉梦维何，维熊维罴，维虺维蛇。"

朱熹集传："罴，似熊而长头高脚，猛憨多力，能拔树。"

《楚辞·九章·思美人》："解萹薄与杂菜兮，备以为交佩。佩缤纷以缭转兮，遂萎绝而离异。"

朱熹集注："萹，萹蓄也，似小梨，赤茎节，好生道旁。"

总之，朱熹训释词语的方法，既全面继承了前人已有的成果，又能结合时代背景，在形训、声训和义训中都有自己的训诂特色，对后世的训诂产生了重要的影响。

第三节　朱熹在词语训释方面的创获与不足

一　朱熹在词语训释方面的创获

朱熹在训释词语时常发前人所未发，颇多新解。在这些新解当中，虽然有一些由于各方面的原因是属于训释失误的，但更多的是朱熹在前人训诂的基础上，进一步做了深入的研究和探讨，使词语在具体语境中得到了更为合理的解释，而且这些解释有相当一部分为后人所继承、完善。经过分析总结，朱熹在词语训释中的创获主要体现在以下几个方面。

（一）对词义的理解与前人不同

1. 对名词的解释与前人不同

《诗经·小雅·渐渐之石》："渐渐之石，维其高矣。山川悠远，维其劳矣。武人东征，不皇朝矣。"

郑笺："皇，王也。将率受王命，东行而征伐，役人罢病，必不能正荆舒，使之朝于王。"

朱熹集传："遑，暇也，言无朝旦之暇也。"

毛传未对"皇"做解释，郑玄将"皇"释为"王"，朱熹则认为"皇"通"遑"，意为"闲暇、空闲"。《左传·昭公七年》："社稷之不皇，况能怀思君德。"杜预注："皇，暇也。"《汉书·董仲舒传》："朕获承至尊休德，传之亡穷而施之罔极，任大而守重，是以夙夜不皇康宁。"颜师古注："皇，暇也。"朱骏声《说文通训定声·壮部》："皇，叚借作遑。"杨树达《词诠》卷三："皇，与遑同。"马瑞辰《毛诗传笺通释》卷二十三："《尔雅·释言》：'偟，暇也。'字本作遑，通作皇。《表记》引《诗》'皇恤我后'，《左传》'社稷之不皇'，皇即遑也。此诗笺读为皇王之皇，于下二章'不皇出矣''不皇他矣'皆为费解，自从朱传读遑为允。……又按朱传原本盖云'皇读为遑'，今经作遑者，乃坊本误改。"

又如：

《诗经·大雅·假乐》："威仪抑抑，德音秩秩。无怨无恶，率由群匹。受福无疆，四方之纲。"

朱熹集传："匹，类也。"

毛传于"匹"下无注，郑笺："循用群臣之贤者，其行能匹耦己之心。"孔颖达疏："其行能匹耦己心者，谓举事允当，与己志合也。"朱熹则将其解释为"类也"，意为"同类、友辈"。《广雅·释诂一》："匹，辈也。"马瑞辰《毛诗传笺通释》卷二十五："群、匹二字平列而同义。《国语》：'兽三为群。'《广雅·释诂》：'匹，二也。'《小雅·吉日》诗：'从其群丑'，笺：'丑，众也。'又'或群或友'，传：'兽三曰群，二曰友。'今按《说文》：'群，辈也。'人曰'群匹'，正与兽之曰'群丑'、曰'群友'者同义。对言则群为三，匹为二，通言则群、匹一也。《三年问》'今是大鸟兽则失丧其群匹'，正以群匹并言。此诗上章'率由旧章'为法祖，此章'率由群匹'为从众。《春秋繁露》董仲舒曰：'百物皆有合偶。偶之合之，仇之匹之，善矣。'引《诗》'率由群匹'为证。皆以群匹为合偶仇匹之称。朱子《集传》训匹为类，是也。笺义未免迂曲。”郑笺未能明确解释出“匹”的意义，朱熹则对“匹”单独作解，使文意更加明确，效果胜于旧注。

2. 对动词的解释与前人不同

> 《诗经·齐风·东方之日》：“东方之日兮，彼姝者子，在我室兮。在我室兮，履我即兮。”
>
> 毛传：“履，礼也。”
>
> 朱熹集传：“履，蹑。”

毛传用声训的方法释“履”为“礼”，郑笺申毛说：“在我室者，以礼来，我则就之，与之去也。言今者之子，不以礼来也。”朱熹则根据文义将“履”释为“蹑”：“言此女蹑我之迹而相就也。”《说文·履部》：“履，足所依也。”徐灏注笺：“履，践也，行也。此古义也。”朱骏声《说文通训定声·尸部》：“此字本训践，转注为所以践之具也。”《玉篇·履部》：“履，践也。”马瑞辰《毛诗传笺通释》卷九：“履当如朱子《集传》读为践履之履。履我行者，谓女子从我行，犹云践我迹也。诗刺男女淫奔，相随而行，谓男倡而女随，非谓礼也。传、笺并训履为礼，失之。”可见朱熹的解释得到了后世注《诗》者的认同。

又如：

> 《诗经·小雅·雨无正》：“舍彼有罪，既伏其辜。若此无罪，沦胥以铺。”
>
> 毛传：“沦，率也。”
>
> 朱熹集传：“沦，陷。”

郑笺：“言王使此无罪者见牵率相引而徧得罪也。”与毛传一脉相承，也将“沦”释为“率”。朱熹则将其解释为“陷”，意为“陷入”：“此无罪者，亦相与而陷于死亡，则如之何哉?”马瑞辰《毛诗传笺通释》卷二十：“《汉书叙传》：‘乌呼史迁，薰胥以刑。’晋灼曰：‘齐、韩、鲁诗作薰。薰，帅也。’《后汉书·蔡邕传》‘下获勋胥之辜’，李贤注引《诗·小雅》曰：‘“若此无罪，勋胥以痡。”勋，帅也。胥，相也。痡，病也。

言此无罪之人，而使有罪者相帅而病之，是其大甚。见《韩诗》。’今按：薰、勋、沦音近通用，沦、率音之转。然以沦胥为率相，究为不词。《说文》：‘沦，一曰没也。’《广雅》《玉篇》并曰：‘沦，没也。’《广雅》又曰：‘沦，渍也。’沦又通隃。《说文》：‘隃，山阜陷也。’当从朱子《集传》训沦为陷。”“陷”确有“陷入”义，《庄子·秋水》：“且彼方跐黄泉而登大皇，无南无北，奭然四解，沦于不测。”现有联合式双音词“沦陷”，正说明“沦”与“陷”同义。“沦”虽有“率”训，但于具体文意中“究为不词”，我们认为此处朱熹训“沦”为“陷”更为合理。

再如：

《诗经·大雅·烝民》：“人亦有言，德輶如毛，民鲜克举之，我仪图之。维仲山甫举之，爱莫助之。”

毛传：“仪，宜也。”

郑笺：“仪，匹也。……我与伦匹图之，而未能为也。”

朱熹集传：“仪，度。”

对于“仪”的解释，毛传与郑笺不同，朱熹也没有采用传、笺的注解，而是根据文义将“仪”释为“度”。马瑞辰为朱熹的注释做了进一步的阐发，《毛诗传笺通释》卷二十七：“《释文》：‘我义，毛如字，宜也。郑作仪，匹也。’《正义》释笺云：‘郑读为仪。’是《释文》《正义》本经、传并作义，郑始读义为仪。今注疏本经、传并作仪，非其旧也。《说文》：‘义，己之威仪也。’《周官·大司徒》《典命注》并云：‘故书仪为义。’是义与仪古通用，故笺读义为仪。然训仪为匹，不若《集传》训度为善。《说文》：‘仪，度也。’《周语》：‘仪之于民，而度之于羣生。’又曰：‘不度民神之义，不仪生物之则。’仪犹度也。字亦作义，襄三十年《左传》：‘女待人，妇义事也。’义事即度事也。又通作议，昭六年《左传》：‘昔先王议事以制’，议事亦度事也。仪图二字同义，皆度也，古人自有复语耳。”朱熹将“我仪图之”的“仪”释为“度”，将“图”释为“谋也”，说明朱熹认为这是同义词连用的现象。

3. 对形容词所述状貌的解释与前人不同

《诗经·召南·甘棠》：“蔽芾甘棠，勿翦勿伐，召伯所茇。”

毛传："蔽芾，小貌。"

朱熹集传："蔽芾，盛貌。"

毛传将"蔽芾"解释为"小貌"，也是语皆有据的，只是根据下文的"勿翦勿伐""勿翦勿败""勿翦勿拜"来看，朱熹的解释"盛貌"更为合理。马瑞辰《毛诗传笺通释》卷三："蔽芾二字叠韵。《说文》：'蔽蔽，小草也。'蔽与尚声近。《广雅》：'尚，小也。'《尔雅·释言》：'芾，小也。'《易》：'丰其沛。'《子夏传》作芾，云'小也。'蔽、芾皆有小义，故毛传以'小貌'释之。但甘棠为召伯所舍，则不得为小。《风俗通》引传云：'送逸禽之超大，沛草木之蔽茂。'芾古作巿。《说文》：'巿，艸木盛巿巿然。'《广雅》：'芾芾，茂也。'蔽芾正宜从《集传》训为盛貌。《小雅》：'蔽芾其樗'义亦同。《韩诗外传》引《诗》：'蔽茀甘棠'，《张迁碑》作'蔽沛'，并声近而义同。又巿与茷音义亦相近。《说文》：'茷，艸叶多。'亦盛也。"正说明了朱熹的解释胜于毛传的原因。

又如：

《诗经·小雅·大东》："有饛簋飧，有捄棘匕。周道如砥，其直如矢。"

毛传："捄，长貌。"

朱熹集传："捄，曲貌。"

毛传对"捄"的解释为"长貌"，朱熹则释为"曲貌"，意在与下文呼应，因为朱熹对"周道如砥，其直如矢"中"砥"和"矢"的解释分别为："砥，砺石，言平也。矢，言直也。"一言其曲，一言其直，在具体的语境中似乎更为合理。朱熹的这种解释与毛传的解释没有本质上的抵牾，两种说法一起被后人继承下来。如《汉语大字典》在解释"捄"的形容词义项时就援引了上述《诗经》中的例子，并结合毛传和朱熹的集传，将其解释为"长而弯曲的样子"。《汉语大词典》同样引用了此例，将"捄"释为"长而曲貌"，并佐以朱熹对《诗经·周颂·良耜》篇中"杀时犉牡，有捄其角"的"捄"的解释"曲貌"，进一步认可了朱熹对"捄"的训释。

再如：

《诗经·大雅·瞻卬》："藐藐昊天，无不克巩。无忝皇祖，式救尔后。"

毛传："藐藐，大貌。"

郑笺："藐藐，美也。"

朱熹集传："藐藐，高远貌。"

朱熹认为此处"藐"意当为广阔、遥远，而未采毛传与郑笺的解释。《方言》卷十三："藐，广也。"《楚辞·九章·悲回风》："藐蔓蔓之不可量兮，缥绵绵之不可纡。"王逸注："一作'邈漫漫'。"洪兴祖补注："藐，音邈，远也。"《汉书·韦贤传》："既藐下臣，追欲从逸。"颜师古注："应劭曰：'藐，远也。'藐与邈同。应说是也。"可见，朱熹应当是在比较、借鉴了前人几种不同的注释之后，并结合自己对词义的理解，才最终确定了他所认为的最为恰当的解释的。

（二）对词语构成方式的理解与前人不同

《诗经·召南·羔羊》："羔羊之皮，素丝五纶。退食自公，委蛇委蛇。"

郑笺："退食，谓减膳也。"

朱熹集传："退食，退朝而食于家也。"

关于"退食"，郑玄将其解释为动宾结构"减膳"，而朱熹则释为状中式的偏正结构"退朝而食"，与郑玄的理解不同。《羔羊》篇的《小序》云："召南之国，化文王之政，在位皆节俭正直，德如羔羊也。"故"退食"常用来指官吏节俭奉公，任昉《梁武帝断华侈令》："若能人务退食，竞存约己，移风易俗，庶期月有成。"朱熹将"退食"训为"退朝而食于家也"，这种解释还不是很明确，后人在注解《诗经》时对此做了进一步的补充说明。马瑞辰《毛诗传笺通释》卷三："古者卿大夫有二朝，《鲁语》所云'合官职于外朝，合家事于内朝'也。其在公各有治事之朝，勤于治事，不遑家食，则有公膳可食。诗言'退食自公'，正著其尽心奉公。《缁衣》诗还而授餐，欲其还食于家，所以见君之优贤。此诗退食自公，有不遑家食之意，所以明臣之急公也。至《笺》以退食为减膳，则孙毓已驳之矣。”

又如：

《楚辞·离骚》：“初既与余成言兮，后悔遁而有他。余既不难夫离别兮，伤灵修之数化。”

洪兴祖补注：“成言，谓诚信之言，一成而不易也。《九章》作‘诚言’。”

朱熹集注：“成言，谓成其要约之言也。”

朱熹对“成言”的解释没有因袭洪兴祖的说法。洪兴祖将其解释为定中式的偏正结构“诚信之言”，朱熹则解释为动宾结构“成其要约之言”。事实上，朱熹的解释是正确的。《左传·襄公二十七年》：“壬戌，楚公子黑肱先至，成言于晋。”辛弃疾《沁园春·将止酒戒酒杯使勿近》：“与汝成言：‘勿留亟退，吾力犹能肆汝杯。’”蒲松龄《聊斋志异·寄生》：“前与张公业有成言，延数日而遽悔之。”“成言”都为“订约、成议”之义，洪兴祖的说法不确，即便是《九章》篇中的“诚言”也是动宾结构。《九章·抽思》：“昔君与我诚言兮，曰：‘黄昏以为期。’”王逸注：“始君与己谋政务也。诚，一作成。”

（三）于前人所未解处作解

《诗经·周南·关雎》：“参差荇菜，左右流之。”

朱熹集传：“参差，长短不齐之貌。”

按：“参差”为联绵词，还有其他多种不同的写法。马瑞辰《毛诗传笺通释》卷二：“参差双声。《说文·木部》引诗‘槮差荇菜’，又《竹部》‘篸，篸差也’，《糸部》‘縒，参縒也’，并字异义同。”关于“参差”的语义，毛传、郑笺在该句下均未作解，孔颖达疏：“后妃言此参差然不齐之荇菜，须嫔妾左右佐助而求之。”朱熹在前人训诂的基础上，明确指出“参差”为“长短不齐之貌”，该义在古代的用例颇多。张衡《西京赋》：“华岳峩峩，冈峦参差。”孟郊《旅行》诗：“野梅参差发，旅榜逍遥归。”苏轼《书李世南所画秋景》诗之一：“野水参差落涨痕，疏林欹倒出霜根。”

又如：

《诗经·豳风·东山》：“果臝之实，亦施于宇。伊威在室，蟏蛸在户。町畽鹿场，熠燿宵行。”

朱熹集传：“宵行，虫名。如蚕，夜行，喉下有光如萤也。”

按：毛传、郑笺均未对“宵行”一词进行解释，朱熹将其释为“虫名。如蚕，夜行，喉下有光如萤也”。“宵行”本指夜间出行，《周礼·秋官·司寤氏》：“司寤氏掌夜时，以星分夜，以诏夜士夜禁。御晨行者，禁宵行者、夜游者。”《荀子·解蔽》：“夏首之南有人焉，曰涓蜀梁。其为人也，愚而善畏，明月而宵行，俯见其影，以为伏鬼也。”这里用来指称萤火虫，是因为萤火虫常在夜间出行。马瑞辰《毛诗传笺通释》卷十六：“‘宵行’与‘鹿场’对文，此当从朱子《集传》，以宵行为萤火名。《本草纲目》言：‘萤火有一种长如蚕，尾后有光，无翼，乃竹根所化，亦名宵行。’其说是也。”

再如：

《诗经·小雅·鱼丽》：“鱼丽于罶，鰋鲤。君子有酒，旨且有。”

朱熹集传：“有，犹多也。”

按：毛传在“有”下未做解释，郑笺也只串讲了句意：“酒美而此鱼又有。”朱熹将“有”释为“多”，后世马瑞辰采纳了朱熹的解释，并且进一步指出这是变文以协韵的现象。《毛诗传笺通释》卷十七：“朱子《集传》曰：‘有，犹多也。’其说是也。《说文》：‘龓，兼有也。’《广雅》：‘龓，有也。’龓音近厖。《尔雅》：‘厖，有也。’厖训杂，与多义近；又训为有，则有亦多也。《公刘》诗：‘爰众爰有’，有犹众也。戴震曰：‘有，犹备也。’众与备皆多也。‘旨且有’犹云‘旨且多’，变文以协韵耳。《甫田》诗‘终善且有’，有亦多也。”

（四）联系上下文训释词义

朱熹曾明确指出，训诂要“随文解义”①，并进一步做了阐释：“凡读

① （宋）黎靖德编：《朱子语类》第一册卷十一，中华书局1986年版，第193页。

书，须看上下文意是如何，不可泥著一字。”① “大抵解经不可便乱说，当观前后字义也。”② 朱熹联系上下文解释词语的例子如：

《诗经·小雅·巧言》：“君子如怒，乱庶遄沮。君子如祉，乱庶遄已。”

朱熹集传：“祉，犹喜也。”

毛传：“祉，福也。”郑笺：“福者，福贤者，谓爵禄之也。”朱熹则训“祉”为“喜”。马瑞辰《毛诗传笺通释》卷二十：“祉与怒相对成文，从朱子《集传》训喜为是。宣十七年《左传》：‘范武子将老，召文子曰：“燮乎！吾闻之：喜怒以类者鲜，易者实多。《诗》曰：‘君子如怒，乱庶遄沮。君子如祉，乱庶遄已。’君子之喜怒，以已乱也。”’正训祉为喜。福与喜义本相通。《尔雅》：‘禔，福也。’又曰：‘禔，喜也。’郭注：‘有福即喜。’祉之为福又为喜者，犹禔之训福又训喜耳。《尔雅》又曰：‘禧，福也。’禧亦通作喜。《庄子·让王》篇‘时祀谨敬而不祈喜’，祈喜即祈福也。喜可训福，则知祉为福，亦可训喜矣。”

“祉”有福义，亦有喜义，二义本相承。《周易·泰》：“六五，帝乙归妹，以祉元吉。”李鼎祚集解引虞翻曰：“祉，福也。”《尔雅·释诂下》：“祉，福也。”邢昺疏：“祉者，繁多之福也。”《说文·示部》：“祉，福也。”《字汇·示部》：“祉，喜也。”朱熹为了与上文中“君子如怒”的“怒”相呼应，故而将“君子如祉”中的“祉”释为“喜”，实属联系上下文来解释词义的典型。

又如：

《诗经·鲁颂·有駜》：“振振鹭，鹭于下。鼓咽咽，醉言舞，于胥乐兮。”

朱熹集传：“鹭，鹭羽，舞者所持，或坐或伏，如鹭之下也。”

毛传：“鹭，白鸟也，以兴洁白之士咽咽鼓节也。”朱熹则根据上下

---

① （宋）黎靖德编：《朱子语类》第一册卷十一，中华书局1986年版，第192页。

② （宋）黎靖德编：《朱子语类》第四册卷五十九，中华书局1986年版，第1421页。

文认为此处“鹭”当指鹭羽，而非为鸟类。马瑞辰《毛诗传笺通释》卷二十九：“《鲁颂·有駜》篇‘振振鹭，鹭于飞’，朱子《集传》以鹭为鹭羽，舞者所持，盖据下文‘醉言舞’，知振鹭为羽舞也。今按此诗‘振鹭于飞’亦当指羽舞言。《陈风·宛丘》篇‘值其鹭羽’，是鹭羽可为舞也。庄二十八年《左传》：‘楚令尹子元欲蛊文夫人，为馆于其宫侧，而振万焉。’是舞可称振也。‘振鹭于飞’盖状振羽之容与飞无异。于、如古通用，于飞即如飞也。振鹭一名振羽，《仲尼·燕居》篇‘彻以振羽’，郑注‘振羽当为振鹭’是也。盖因其为羽舞，故一名振羽耳。”可见朱熹的解释在具体语境中更符合文义。

二　朱熹在词语训释方面的不足

尽管朱熹在词语训释方面创获良多，但是无论何人在认识上总有其局限性，朱熹也不例外。朱熹在词语训释中也是有失误的，导致失误的原因大致可以概括为以下几个方面。

（一）因对前人训诂成果的盲目继承而致误

《诗经·邶风·终风》：“终风且暴，顾我则笑。谑浪笑敖，中心是悼。”

朱熹集传：“终风，终日风也。”

毛传：“终日风为终风。”郑笺：“既竟日风矣，而又暴疾。”孔颖达疏：“言天既终日风，且其间有暴疾，……”陆德明《经典释文》：“终风，《韩诗》云：‘西风也。’”关于“终风”的解释，自毛亨而下一千多年无人能够作出正确的解释，直到清代王念孙才给出的解。王引之《经义述闻》卷五：

“家大人曰：《终风》篇：‘终风且暴’，《毛诗》曰：‘终日风为终风。’《韩诗》曰：‘终风，西风也。’此皆缘词生训，非经文本义。终，犹既也，言‘既风且暴’也。（《尔雅》曰：‘南风谓之凯风，东风谓之谷风，北风谓之凉风，西风谓之泰风，焚轮谓之颓，回风为飘。’以上六句，通释诗词而不及‘终风’。又曰：‘日出而风为暴，风而雨土为霾，阴而风为曀。’以上三句，专释此诗之文而亦不及

‘终风’。然则‘终’为语词明矣。）《燕燕》曰：‘终温且惠，淑慎其身。’《北门》曰：‘终窭且贫，莫知我艰。’《小雅·伐木》曰：‘神之听之，终和且平。’（《商颂·那》曰：‘既和且平。’）《甫田》曰：‘禾易长亩，终善且有。’《正月》曰：‘终其永怀，又窘阴雨。’‘终’字皆当训为‘既’。（《王风·葛藟》篇：‘终远兄弟’，言‘既远兄弟’也。《郑风·扬之水》篇：‘终鲜兄弟’，言‘既鲜兄弟’也。《鄘风·定之方中》篇：‘终然允臧’，言‘既而允臧’也。《列女传》楚昭越姬曰：‘昔吾先君庄王淫乐三年，不听政事，终而能改，卒霸天下。’言‘既而能改’也。）既、终语之转，‘既已’之‘既’转为‘终’，犹‘既’尽之‘既’转为‘终’耳。解者皆失之。”

又如：

《诗经·秦风·终南》：“终南何有？有纪有堂。君子至止，黻衣绣裳。佩玉将将，寿考不忘。”

朱熹集传：“纪，山之廉角也。堂，山之宽平处也。”

毛传：“纪，基也。堂，毕道平如堂也。”郑笺：“毕也堂也，亦高大之山所宜有也。毕，终南山之道名，边如堂之墙然。”孔颖达疏：“以下文有堂，故以为基，谓山基也。……以终南之山见有此堂，知是毕道之侧，其崖如堂也。”朱熹的解释承袭旧注，虽略有发挥，但没有实质性的不同。清代学者王引之对这一解释持否定态度，他认为：“终南何有？设问山所有之物耳。山基与毕道仍是山，非山之所有也。”并在《经义述闻》卷五的“有纪有堂”条下做了详细的考证：

“今以全诗之例考之，如‘山有榛’‘山有扶苏’‘山有枢’‘山有苞栎’‘山有嘉卉，侯栗侯梅’‘山有蕨薇’‘南山有台，北山有莱’，凡云山有某物者，皆指山中之草木而言。又如‘邱中有麻’‘邱中有麦’‘邱中有李’‘山有扶苏，隰有荷华’‘山有桥松，隰有游龙’‘园有桃’‘园有棘’‘山有枢，隰有榆’‘山有栲，隰有杻’‘山有漆，隰有栗’‘阪有漆，隰有栗’‘阪有桑，隰有杨’‘山有苞栎，隰有六驳’。……凡首章言草木者，二章三章四章五章亦皆言草木，此不易之例也。今首章言木而二章乃言山，则既与首章不合，又与全诗之例不符矣。今案：纪读为杞，堂读为棠，条、梅、杞、棠皆木名也，纪、堂假借字耳。考《白帖》终南山类引《诗》正作‘有杞有棠’，唐时齐、鲁诗皆亡，唯韩诗尚存，则所引盖韩诗也。且首章言‘有条有梅’，二章言‘有纪有堂’；首章言‘锦衣狐裘’，二章言‘黻衣绣裳’。条、梅、纪、堂之皆为木，亦犹锦衣、黻衣之皆为衣也。”

再如：

《孟子·公孙丑上》：“北宫黝之养勇也，不肤挠，不目逃，思以一豪挫于人，若挞之于市朝。”

赵岐章句：“人刺其饥肤，不为挠却。”

朱熹集注：“肤挠，肌肤被刺而挠屈也。”

朱熹继承赵岐的注释，用“肤”的常义来解释“肤挠”，于文意晦涩难通。对此，清人已有了较好的研究。王引之《经义述闻》卷三十一：

“人之颜色见于皮肤，故古人以‘肤’‘色’并言。《管子·内业篇》：‘和于形容，见于肤色。’《列子·汤问篇》：‘肤色脂泽。’枚乘《七发》：‘今太子肤色靡曼’是也。‘肤’‘色’相连，故‘色’亦可谓之‘肤’。《孟子·公孙丑篇》：‘不肤挠，不目逃。’肤挠，色挠也。《魏策》：‘唐且挺剑而起，秦王色挠。’《韩子·显学篇》：‘不色挠，不目逃。’正与《孟子》同义，故知‘肤’即‘色’也。挠，弱也。面有惧色，则示人以弱，故谓之色挠。不肤挠者，无惧色也。赵注谓‘人刺其饥肤，不为挠却’，失之。”

王引之指出：“肤”有色义，“挠”为弱也，“肤挠”意为“面有惧色，则示人以弱”，非为“肌肤被刺而挠屈也”。段成式《酉阳杂俎·黥》：“荆州街子葛清，勇不肤挠，自颈已下，遍刺白居易舍人诗。”可见朱熹盲目继承汉代赵岐的训释而未做分析，结论是错误的。

（二）因望文生训而致误

《诗经·邶风·旄丘》："琐兮尾兮，流离之子。叔兮伯兮，褎如充耳。"

朱熹集传："流离，漂散也。……言黎之君臣，流离琐尾，若此其可怜也。而卫之诸臣，褎然如塞耳而无闻，何哉？至是然后尽其辞焉。流离患难之余，而其言之有序而不迫如此，其人亦可知矣。"

按：朱熹用"漂散"来训释"流离"，根据下面的注文，朱熹是将其理解为动词的，但是从"流离"在句中所处的位置来看，此处应为名词。毛传："流离，鸟也，少好长丑，始而愉乐，终以微弱。"郑笺："卫之诸臣，初有小善，终无成功，似流离也。"孔颖达疏："毛以为，黎之臣子责卫诸臣，言琐兮而少，尾兮而好者，乃流离之子也。此流离之子，少而美好，长即丑恶，以兴卫之诸臣，始而愉乐，终以微弱。言无德自将，不能常为乐也。……郑以为，卫之诸臣，初许迎黎侯而复之，终而不能，故责之。言流离之子，少而美好，长即丑恶，以兴卫之臣子，初有小善，终无成功。"又云："《释鸟》云：'鸟少美长丑，为鹠鷅。'陆机云：'流离，枭也。自关西谓枭为流离，其子适长大，还食其母。'故张奂云'鹠鷅食母'，许慎云'枭，不孝鸟'，是也。流与鹠盖古今之字。《尔雅》'离'或作'栗'。"陆德明《经典释文》："流音留，本又作'鹠'。"

后人在此基础上又作了进一步研究。马瑞辰《毛诗传笺通释》卷四："流离二字双声。《尔雅》：鸟少美长丑为鹠鷅。郭注：'鹠鷅，犹留离，《诗》所谓"留离之子"。'《说文》作鹠离，次于雗鷽之后，雗鷽为鸟之始小终大者，故与鹠离少美长丑者连类而及。留离转为栗留，仓庚老而无毛则呼为黄栗留是也。《诗》以鸟之少美长丑喻卫臣之始有小善终无成功，非遂比之枭鸟不孝。陆玑以流离为枭，失之。"

可见，"流离"应为一种幼小时美丽，长大后丑陋的鸟类，非"漂散"之义，朱熹的训释有失偏颇。

又如：

《诗经·小雅·小弁》："相彼投兔，尚或先之。行有死人，尚或墐之。"

朱熹集传:"投,奔。……相彼被逐而投人之兔。"

按:郑笺:"投,掩。……视彼人将掩兔,尚有先驱走之者。"马瑞辰《毛诗传笺通释》卷二十:"投、度双声,投之言度也。(《绵》诗'度之薨薨',笺:'度,犹投也。'《韩诗》:'度,填也。')《说文》:'敷,闭也。或作剫。'《广雅》:'塿,塞也。'字通作杜,贾逵《左传注》:'杜,塞也。'凡兔皆自作径途,人张罝以掩覆之,必塞其路,故笺谓投兔即掩兔。朱子《集传》以投兔为投人之兔,非也。"可见,朱熹在这里亦犯了望文生训的错误。

再如:

《孟子·公孙丑上》:"《太甲》曰:'天作孽,犹可违;自作孽,不可活。'此之谓也。"

朱熹集注:"活,生也,《书》作逭。逭,犹缓也。"

按:该句在《书·太甲》篇中作"天作孽,犹可违;自作孽,不可逭",孔传:"逭,逃也。言天灾可避,自作灾不可逃。"《礼记·缁衣》:"《太甲》曰:'天作孽,可违也,自作孽,不可以逭。'"郑玄注:"逭,逃也。""逭"上古为匣母元部字,"活"上古为匣母月部字,二者声母相同,韵部元月对转,当属因语转而造成的异文。《新唐书·张说传》:"后逭暑三阳宫,汔秋未还。"苏轼《上神宗皇帝书》:"人主失人心则亡,此必然之理,不可逭之灾也。"例句中"不可活"的意义当为"不可逃避",朱熹将其释为"生也""缓也",非是。

(三)因未解通假而致误

《诗经·豳风·东山》:"有敦瓜苦,烝在栗薪。自我不见,于今三年。"

朱熹集传:"栗,周土所宜木,与苦瓜皆微物也。"

按:此"栗"当通"裂",意为"裂开、破裂"。郑笺:"栗,析也。

言君子又久见使析薪，于事尤苦也。古者声栗、裂同也。”《周礼·考工记·弓人》：“居干之道，菑栗不迤，则弓不发。”郑玄注：“栗，读为裂繻之裂，谓以锯副析干。”方苞《七思·妻蔡氏》：“暑沾襦兮寒栗肤，随冢妇兮馈中厨。”朱骏声《说文通训定声·履部》：“栗，叚借为裂。”朱熹释以“栗”的本义，失之。

又如：

《论语·宪问》：“子贡方人。子曰：‘赐也贤乎哉？夫我则不暇。’”

朱熹集注：“方，比也。……比方人物而较其短长。”

按：该“方”字通“谤”，意为“讥评他人”。刘宝楠正义：“《释文》云：‘方人，郑本作“谤”，谓言人之过恶。’卢氏文弨考证，古《论》‘谤’字作‘方’，盖以声近通借。”《三国志·魏志·高堂隆传》：“昔汉文帝称为贤主，躬行约俭，惠下养民，而贾谊方之，以为天下倒悬，可为痛苦者一，可为流涕者二，可为长叹息者三。”朱熹未能破解此处的通假，仍以“方”的常义解之，故而失误。

以上我们分析了朱熹在词语训释方面的创获与不足。需要指出的是，尽管朱熹有一些训释失误的地方，但是瑕不掩瑜，在朱熹的训诂著作中，与前人不同的且被后人所广泛采用的注解比比皆是，在此不再一一列举。文中只是对其中一些具有代表性的训释进行了分析，以期收到窥斑见豹之效。

第四节　朱熹在词语训释中所体现出的训诂思想

一　区分词义的两种状态

词义具有两种状态，即储存状态和使用状态。二者既有联系又有区别。前者具有客观性和概括性，后者则表现出词义的具体性和灵活性。词在储存状态中的意义叫储存义，在使用状态中的意义叫使用义，在普通语言学上又把二者称之为语言意义和言语意义。

王宁先生在《训诂学原理》中指出：“储存状态的词是作为全民语

言的建筑材料而存在的，在它的意义中，保存了使用该语言的人们对这个词所标识的事物全部的共同认识和感情色彩，包括了全民族统一的对于用这个词命名的事物的各种经验，所以，它大部分是多义的，又是广义的。”

“使用状态的词也就是个人言语中的词，它活动在说话或作文者的口中或笔下，进入到一定的语言环境中。因此，全民语言中概括的词义就转化为个人语言中的具体词义，它不但有固定的含义而免除了词的多义性，还有了具体所指，免除了词的广义性。它还带有了说话者个人希望展示的具体的情感和形象的体验。这种具体意义首先要在全民共同理解的意义基础上实现；其次，由于在一定的语言环境中，能为听话和读书的人了解，所以，它仍然具有社会交际性能，而不是个人主观的。”①

例如，“公子”一词在储存状态下的意义是概括的，其义有三：一为“诸侯的儿女”，《左传·桓公三年》：“凡公女嫁于敌国，姊妹则上卿送之，……公子则下卿送之。”此句指“诸侯之女”，又《左传·隐公五年》：“郑二公子以制人败燕师于北制。”此句指“诸侯之子”；二为“诸侯之庶子”，与“世子”相对，《礼记·玉藻》：“公子，谓诸侯庶子也”；三为豪门贵族子弟的统称，《战国策·楚策四》：“（黄雀）昼游乎茂树，夕调乎酸咸，倏忽之间，坠于公子之手。”后来“公子”一词还用于对别人儿子的敬称，但不管哪个意义，都是概括的。《左传·隐公五年》杜预注：“二公子，曼伯、子元。”杜预这里就释出了“公子”的具体所指，这种注释是非常必要的。

训诂学首先要揭示词的概括意义。我们知道，客观对象是词义形成的基础和根据，概括就是对现实现象的分类，把有共同特点和性质的现象归纳在一起，给一个名称，使它们和其他现象区别开来。小学专著如《说文》《尔雅》等，乃至今天的字典、词典对词所作的解释就是这种词义。同时，训诂学又是一门应用科学，它的任务在于指导人们阅读古书，因此确定进入句子以后的词的确切而灵活的含义，也是训诂学的重要任务。这时，词义在概括过程中被舍弃的某些特征又重新显示出来了。朱熹在他的训诂中就很好地区分了词义的这两种状态，这集中体现在他对《诗经》的注释中，例如：

① 王宁：《训诂学原理》，中国国际广播出版社 1996 年版，第 37 页。

《诗经·周南·桃夭》："桃之夭夭，灼灼其华。之子于归，宜其室家。"

毛传："之子，嫁子也。"

朱熹集传："之子，是子也。此指嫁者而言也。"

《诗经·周南·汉广》："翘翘错薪，言刈其楚。之子于归，言秣其马。"

郑笺："之子，是子也。"

孔颖达疏："《释训》云：'之子，是子也。'"

朱熹集传："之子，指游女也。"

《诗经·召南·鹊巢》："维鹊有巢，维鸠居之。之子于归，百两御之。"

郑笺："之子，是子也。"

朱熹集传："之子，指夫人也。"

《诗经·召南·江有汜》："江有汜，之子归，不我以。"

郑笺："之子，是子也。是子，谓嫡也。"

朱熹集传："之子，媵妾，指嫡妻而言也。"

《诗经·邶风·燕燕》："燕燕于飞，差池其羽。之子于归，远送于野。"

毛传："之子，去者也。"

朱熹集传："之子，指戴妫也。"

《诗经·王风·丘中有麻》："丘中有李，彼留之子。彼留之子，贻我佩玖。"

朱熹集传："之子，并指前二人也。"

《诗经·曹风·候人》："彼候人兮，何戈与祋。彼其之子，三百赤芾。"

郑笺："之子，是子也。"

朱熹集传："之子，指小人。"

《诗经·豳风·伐柯》："伐柯伐柯，其则不远。我觏之子，笾豆有践。"

朱熹集传："之子，指其妻而言也。"

《诗经·豳风·九罭》："九罭之鱼，鳟鲂。我觏之子，衮衣绣裳。"

朱熹集传："之子，指周公也。"

《诗经·小雅·鸿雁》："鸿雁于飞，肃肃其羽。之子于征，劬劳于野。"

朱熹集传："之子，流民自相谓也。"

《诗经·小雅·采绿》："之子于狩，言韔其弓。之子于钓，言纶之绳。"

朱熹集传："之子，谓其君子也。"

"之子"的"之"为指示代词，这里用作定语，表示泛指。《尔雅·释训》："之子，是子也。"《诗经》毛传、郑笺多采之，极少根据语境作出具体解释。而朱熹通过理解句子的上下文意，将"之子"在具体语言环境当中的意义确切地解释了出来，使"之子"在句中有了具体所指，避免了"之子"的多义性和广义性，为我们准确理解句子含义提拱了帮助。

又如：

《诗经·召南·江有汜》："江有汜，之子归，不我以。不我以，其后也悔。"

朱熹集传："我，媵自我也。"

《诗经·鄘风·柏舟》："汎彼柏舟，在彼中河。髧彼两髦，实维我仪。"

朱熹集传："我，共姜自我也。"

《诗经·豳风·七月》："三之日于耜，四之日举趾。同我妇子，馌彼南亩，田畯至喜。"

朱熹集传："我，家长自我也。"

《诗经·豳风·伐柯》："伐柯伐柯，其则不远。我覯之子，笾豆有践。"

朱熹集传："我，东人自我也。"

《诗经·小雅·鹿鸣》："呦呦鹿鸣，食野之苹。我有嘉宾，鼓瑟吹笙。吹笙鼓簧，承筐是将。人之好我，示我周行。"

朱熹集传："我，主人也。"

《诗经·小雅·雨无正》："周宗既灭，靡所止戾。正大夫离居，莫知我勚。”

朱熹集传：“我，不去者自我也。”

《诗经·小雅·楚茨》：“楚楚者茨，言抽其棘。自昔何为？我蓺黍稷。我黍与与，我稷翼翼。我仓既盈，我庾维亿。”

朱熹集传：“我，为有田禄而奉祭祀者之自称也。”

《诗经·小雅·甫田》：“倬彼甫田，岁取十千。我取其陈，食我农人。”

朱熹集传：“我，食禄主祭之人也。”

《诗经·小雅·白华》：“白华菅兮，白茅束兮。之子之远，俾我独兮。”

朱熹集传：“我，申后自我也。”

《诗经·大雅·常武》：“整我六师，以修我戎。既敬既戒，惠此南国。”

朱熹集传：“我，为宣王之自我也。”

“我”本为第一人称代词，指称自己。《说文·我部》：“我，施身自谓也。”《广韵·哿韵》：“我，己称。”《周易·中孚》：“九二，鸣鹤在阴，其子和之。我有好爵，吾与尔靡之。”“我”有时也泛指自己的一方，《左传·庄公十年》：“春，齐师伐我。”《汉书·李广传》：“虏亦不得犯我。”毛传、郑笺于“我”处多不作解，朱熹则根据“我”在具体语境中所指称对象的不同，分别对“我”在不同语句中的含义作出了明确的解释，使读者对文意有了更为确切的了解，为我们今天阅读古书亦提供了很大的帮助。

二　揭示词语的受义之由

东汉刘熙在其著作《释名》的自序中说：“熙以为自古造化制器立象有物以来迄于近代，或典礼所制，或出自民庶，名号雅俗，各方名殊。圣人于时就而弗改，以成其器著于既往，哲夫巧士以为之名，故兴于其用而不易其旧，所以崇易简省事功也。夫名之于实，各有义类，百姓日称而不知其所以之意，故撰天地、阴阳、四时、邦国、都鄙、车服、丧纪，下及民庶应用之器，论叙指归，谓之《释名》。”明确指出该书的写作动机是为了揭示事物的得名之由。

在我们今天看来，并非所有事物的命名都有理据可寻，因为在语言发生的起点，音义结合是任意的，具有约定俗成的性质，正如《荀子·正名》篇中所说，“名无固宜，约之以命，约定俗成谓之宜，异于约则谓之不宜。”但是也确有词语是可以解释其意义的来源的，我国古代的声训就在为探求词语的受义之由而不断地做着尝试，例如“日，实也”，“月，阙也”。很明显，这里所解释的并非“日”“月”的词义，而是企图说明“日”“月”的得名之由。朱熹训诂中亦有用声训来探求事物命名理据的例子：

《楚辞后语·大风歌》：“还过沛，留置酒沛宫，悉召故人父老子弟佐酒，发沛中儿得百二十人，教之歌。酒酣，上击筑，自歌，令儿皆歌习之。”

朱熹注：“筑，音竹。状似琴而大头细颈，安弦以竹击之，故名为筑。”

按：朱熹这里用声训的方法说明乐器“筑”的得名之由是因为“安弦以竹击之”，“筑”与“竹”的上古音同为端母觉部，在《广韵》中的读音同为“张六切”，是知母入声屋韵字。朱熹用“竹”为“筑”注音，说明在朱熹时代，二者的语音仍相同。

朱熹在注解古籍的过程中，已经意识到某些词义的来源是有理据的，故而他在训诂中力图解释这种理据，特别是在名物训诂中，朱熹从不同的角度对一些事物的命名理据都尝试着做了解释，尽管有些解释在我们今天看来还是有局限性的，但是能够意识到词语受义之由的存在并能够自觉地予以揭示，已属朱熹训诂思想中的闪光点。

（一）从事物特征的角度揭示命名理据

1. 因与已有事物的特征相似而得名

《诗经·邶风·新台》：“新台有泚，河水弥弥。燕婉之求，籧篨不鲜。”

朱熹集传：“籧篨，不能俯，疾之丑者也。盖籧篨本竹席之名，人或编以为囷，其状如人之拥肿而不能俯者，故又因以名此疾也。”

《诗经·小雅·大东》：“东有启明，西有长庚。有捄天毕，载施之行。”

朱熹集传："天毕，毕星也。状如掩兔之毕。"

《诗经·鲁颂·泮水》："思乐泮水，薄采其芹。鲁侯戾止，言观其旂。"

朱熹集传："泮水，泮宫之水也。诸侯之学，乡射之宫，谓之泮宫。其东西南方有水，形如半璧，以其半于辟雍，故曰泮水，而宫亦以名也。"

《楚辞·大招》："北至幽陵，南交址只。西薄羊肠，东穷海只。"

朱熹集注："羊肠，山名。山形屈辟，状如羊肠。"

以上几种事物的命名，朱熹的解释是因其形貌特征与已有的事物相似，故而得名。"籧篨"本指粗竹席，《说文·竹部》："籧，籧篨，粗竹席也。"因为被用来"编以为囷"后，"其状如人之拥肿而不能俯者"，故用来指不能俯身的病名。"毕"指古时田猎用的一种长柄网，《说文·華部》："毕，田罔也。"段玉裁注："谓田猎之网也。"毕星为二十八宿之一，为西方白虎七宿的第五宿，有星八颗，以其分布之状像古代田猎用的毕网，故名。《尔雅·释天》："濁谓之毕。"郭璞注："掩兔之毕，或呼为濁，因星形以名。""辟雍"本为西周天子所设大学，校址圆形，围以水池，前门外有便桥。"泮水"为古代学宫前的水池，因其形状如半月而得名。"羊肠山"的命名理由则更为直接，以其"山形屈辟，状如羊肠"，故而将此山命名为"羊肠"。

2. 因事物自身固有的特征而得名

《诗经·召南·鹊巢》："维鹊有巢，维鸠居之。之子于归，百两御之。"

朱熹集传："两，一车也。一车两轮，故谓之两。"

《诗经·秦风·小戎》："小戎俴收，五楘梁辀。游环胁驱，阴靷鋈续。"

朱熹集传："阴，掩轨也。轨在轼前，而以板横侧掩之，以其阴映此轨，故谓之阴也。"

《诗经·鲁颂·閟宫》："秋而载尝，夏而楅衡。白牡骍刚，牺尊将将。毛炰胾羹，笾豆大房。"

朱熹集传："羹，大羹，铏羹也。大羹，太古之羹，湇煮肉汁不和，盛之以登，贵其质也。铏羹，肉汁之有菜和者也，盛之铏器，故曰铏羹。”

《楚辞·离骚》：“纷吾既有此内美兮，又重之以修能。扈江离与辟芷兮，纫秋兰以为佩。”

朱熹集注：“离，香草。生于江中，故曰江离。”

《楚辞·离骚》：“步余马于兰皋兮，驰椒丘且焉止息。进不入以离尤兮，退将复修吾初服。”

朱熹集注：“泽曲曰皋，其中有兰，故曰兰皋。丘上有椒，故曰椒丘。”

《楚辞·离骚》：“百神翳其备降兮，九疑缤其并迎。皇剡剡其扬灵兮，告余以吉故。”

朱熹集注：“九疑，在零陵、苍梧之间；疑，似也，山有九峰，其形相似，游者疑焉，故曰九疑也。”

以上几种事物的命名，朱熹的解释是因其自身固有某些性质，故而得名。例如以“两”来指车，是因为车有两轮。《书·牧誓序》：“武王戎车三百两。”孔颖达疏：“数车之法，一车谓之一两。”《后汉书·吴佑传》：“此书若成，则载之兼两。”李贤注：“车有两轮，故称‘两’也。”“阴”指车轼前覆车轨的横板，“以其阴映此轨”，故得名“阴”。《释名·释车》：“阴，荫也。横侧车前，所以荫笭也。”“铏”指古代盛羹的器皿，常用于祭祀。《周礼·秋官·掌客》：“铏四十有二。”郑玄注：“铏，羹器也。”《广韵·青韵》：“铏，祭器。”“铏羹”是一种肉菜羹，因其盛于铏器之中而得名。“江离”是因为“离”生于江中，“兰皋”是因为皋中有兰，“椒丘”是因为丘上有椒。“九疑”是山名，因为该山“有九峰，其形相似，游者疑焉”，故名曰“九疑”。

（二）从文化的角度揭示命名理据

《诗经·鄘风·定之方中》：“定之方中，作于楚宫。揆之以日，作于楚室。”

朱熹集传：“定，北方之宿，营室星也。此星昏而正中，夏正十月也。于是时，可以营制宫室，故谓之营室。”

《楚辞·远游》：“集重阳入帝宫兮，造旬始而观清都。朝发轫于太仪兮，夕始临乎于微闾。”

朱熹集注：“重阳者，积阳为天，天有九重，故曰重阳。”

《楚辞·远游》：“时暧曃其曭莽兮，召玄武而奔属。后文昌使掌行兮，选署众神以并毂。”

朱熹集注：“玄武，北方七宿，谓龟、蛇也，位在北方，故曰玄；身有鳞甲，故曰武。”

《诗经·小雅·采薇》：“采薇采薇，薇亦刚止。曰归曰归，岁亦阳止。”

朱熹集传：“阳，十月也。时纯阴用事，嫌于无阳，故名之曰阳月也。”

《论语·公冶长》：“孟武伯问：‘子路仁乎?’子曰：‘不知也。’又问。子曰：‘由也，千乘之国，可使治其赋也，不知其仁也。’”

朱熹集注：“赋，兵也。古者以田赋出兵，故谓兵为赋，《春秋传》所谓‘悉索敝赋’是也。”

《论语·颜渊》：“哀公问于有若曰：‘年饥，用不足，如之何?’有若对曰：‘盍彻乎?’”

朱熹集注：“彻，通也，均也。周制：一夫受田百亩，而与同沟共井之人通力合作，计亩均收。大率民得其九，公取其一，故谓之彻。”

《孟子·梁惠王上》：“王曰：‘何以利吾国?’大夫曰：‘何以利吾家?’士庶人曰：‘何以利吾身?’上下交征利而国危矣。”

朱熹集注：“征，取也。上取乎下，下取乎上，故曰交征。”

《楚辞·远游》：“接径千里，出若云只。三圭重侯，听类神只。察笃夭隐，孤寡存只。魂兮归徕！正始昆只。”

朱熹集注：“三圭，谓公、侯、伯也。公执桓圭，侯执信圭，伯执躬圭，故曰三圭也。”

以上朱熹分别从天文、历法、社会制度、礼仪等方面对“营室星”“阳月”“赋”“彻”制、“交征”“重阳”“玄武”“三圭”等几个词语进行了命名理据的阐释。虽然其中有些阐释在今天看来缺乏科学性，例如对“重阳”得名理据的阐释：“重阳者，积阳为天，天有九重，故曰重阳。”这虽然来源于洪兴祖的《楚辞补注》，但也反映了朱熹认识上的局限性。

然而我们并不能因此而抹杀朱熹在探求词语受义之由和事物命名理据方面所做的努力，朱熹在这一训诂分支领域里还是有重要贡献的，对此我们应当予以正确看待。

三　对多义词、同音词和同形词现象的区分

多义词、同音词和同形词是汉语中常见的词汇现象。“就语言的本质来说，某一特定的语音形式同特定的意义内容之间并没有必然的联系，同一语音形式可以用来表示不同的意义内容，不同的语音形式也可以用来表示相同的意义内容，这种情况是由社会的习惯来决定的。因此，词的声音和意义是词的两个方面，它们是统一的，又是矛盾的。”① 也就是说，如果用不同的语音形式表示了相同的意义内容，就造成了词的同义现象，产生了同义词。如果用相同的语音形式表示了不同的意义内容，就分别造成了词的多义现象和同音现象，从而产生了多义词和同音词。

“多义词和同音词，都是一种用同一语音形式来表示不同意义内容的语言现象，它们在性质上有一定的共同点，但相互之间也有很大的区别。这就是：多义词指的是一个词具有不同的意义，而同音词则是几个词具有相同的语音形式。因此，多义词的几个意义之间有明显的、必然的联系，它们都是从一个基本意义派生出来的，有共同的基础。而同音词则不然，它们相互之间虽然语音形式相同，但意义上缺乏联系，缺乏共同的基础。”②

朱熹虽然没有从理论上说明这几种词汇现象的区别，但通过对他的训诂实践进行分析，我们可以判断出，朱熹已经能够正确地对这几种不同的词汇现象予以区分。朱熹训释的多义词、同音词和同形词分别如下：

1. 朱熹对多义词的训释

《楚辞·招魂》：“一夫九首，拔木九千些。豺狼从目，往来侁侁些。悬人以娭，投之深渊些。致命于帝，然后得瞑些。归来归来！往恐危身些。”

朱熹集注：“投，擿也。”

① 胡裕树：《现代汉语》，上海教育出版社1995年版，第216页。

② 同上书，第224—225页。

按："投"的本义是"抛、掷"，《说文·手部》："投，擿也。""擿"是"掷"的古字，《说文·手部》："擿，一曰投也。"段玉裁注："今字作'掷'。"《庄子·胠箧》："擿玉毁珠，小盗不起。"《史记·刺客列传》："荆轲废，乃引其匕首以擿秦王，不中，中铜柱。"司马贞索隐："擿与掷同，古字耳。"《左传·成公二年》："齐高固入晋师，桀石以投人。"杜预注："投，掷也。"

《诗经·小雅·巷伯》："彼谮人者，谁适与谋。取彼谮人，投畀豺虎。豺虎不食，投畀有北。有北不受，投畀有昊。"

朱熹集传："投，弃也。"

按："投"由"抛、掷"义引申为"丢弃"。《小尔雅·广言》："投，弃也。"《左传·文公十八年》："投诸四裔，以御魑魅。"《后汉书·樊准传》："投戈讲艺，息马论道。"

《楚辞·大招》："二八接武，投诗赋只。叩钟调磬，娱人乱只。四上竞气，极声变只。魂乎归徕，听歌譔只。"

朱熹集注："投，合也。"

按："投"还有"相合"的义项。《广韵·侯韵》："投，合也。"李白《秋日赠元六兄林宗》："投分三十载，荣枯所共欢。"王安石《得书知二弟附陈师道舟上汴》诗："儿童闻太丘，邂逅两心投。"成语有"情投意合"，"投"正为"合"义。

以上"投"的三个义项之间都是有直接或间接的引申关系的，"投"是一个多义词。

又如：

《诗经·大雅·假乐》："之纲之纪，燕及朋友，百辟卿士，媚于天子。不解于位，民之攸塈。"

朱熹集传："解，惰。"

《诗经·大雅·烝民》："肃肃王命，仲山甫将之。邦国若否，仲山甫明之。既明且哲，以保其身。夙夜匪解，以事一人。"

朱熹集传："解，怠也。"

再如：

《诗经·周南·卷耳》："陟彼崔嵬，我马虺隤。我姑酌彼金罍，维以不永怀。"

朱熹集传："陟，升也。"

《诗经·小雅·车舝》："陟彼高冈，析其柞薪。析其柞薪，其叶湑兮。鲜我觏尔，我心写兮。"

朱熹集传："陟，登。"

2. 朱熹对同音词的训释

同音词可以分为同音同形词和同音异形词，二者的区别在于同音同形词之间的字形、读音相同而意义各不相关，而同音异形词之间则是字形不同、意义各不相关而读音相同。朱熹训释的同音同形词例如：

《诗经·大雅·既醉》："其告维何，笾豆静嘉。朋友攸摄，摄以威仪。"

朱熹集传："摄，检也。"

按：《诗经》该篇孔颖达疏："摄者，收敛之言，各自收敛，以相助佐为威仪之事。"此处"检"为"约束、限制"之义。《书·伊训》："与人不求备，检身若不及。"孔颖达疏："检，谓自摄敛也。"《后汉书·仲长统传》："逮至清世，则复入于矫枉过正之检。"《字汇·木部》："检，检束也。"

《论语·八佾》："子曰：'管仲之器小哉！'或曰：'管仲俭乎？'曰：'管氏有三归，官事不摄，焉得俭？'"

朱熹集注："摄，兼也。"

按：该"摄"为"代理、兼职"之义。《左传·昭公十三年》："羊舌鲋摄司马。"杜预注："摄，兼官。"《新唐书·杜如晦传》："俄检校侍中，摄吏部尚书。”《广韵·叶韵》：“摄，兼也。”

《论语·乡党》：“过位，色勃如也，足躩如也，其言似不足者。摄齐升堂，鞠躬如也，屏气似不息者。”

朱熹集注：“摄，抠也。”

按：此处“摄”为“提起、牵曳”之义。朱熹下文注：“礼：将升堂，两手抠衣，使去地尺，恐蹑之而倾跌失容也。”《说文·手部》：“摄，引持也。”段玉裁注：“谓引进而持之也。”曹植《弃妇诗》：“搴帷更摄带，抚弦调鸣筝。”余冠英注：“摄，牵引。”

以上三个“摄”的上古音均为书母葉部，中古音也为书母葉韵，在《广韵》中的读音同为“书涉切”，属于入声字。但是它们的意义之间缺乏联系，分别是三个不同的词语，属于同音同形词。

又如：

《孟子·梁惠王上》：“老吾老，以及人之老；幼吾幼，以及人之幼。天下可运于掌。《诗》云：‘刑于寡妻，至于兄弟，以御于家邦。’言举斯心加诸彼而已。”

朱熹集注：“御，治也。”

按：“御”的本义为“驾驭车马”。《说文·彳部》：“御，使马也。从彳，从卸。驭，古文御。”后引申为“治理、统治”之义。《玉篇·彳部》：“御，治也。”《广韵·御韵》：“御，理也。”《书·大禹谟》：“临下以简，御众以宽。”《国语·周语上》：“瞽告有协风至，王即齐宫，百官御事，各即其齐三日。”韦昭注：“御，治也。”贾谊《过秦论上》：“振长策而御宇内，吞二周而亡诸侯。”

《诗经·小雅·吉日》：“既张我弓，既挟我矢。发彼小豝，殪此大兕。以御宾客，且以酌醴。”

朱熹集传：“御，进也。”

按：该“御”为“进献”之义。《广雅·释诂二》：“御，进也。”

《诗经・小雅・六月》："饮御诸友，炰鳖脍鲤。侯谁在矣，张仲孝友。"毛传："御，进也。"《潜夫论・赞学》："黼黻之章，可著于鬼神，可御于王公。"《后汉书・张晧传附张纲》："书御，京师震竦。"李贤注："御，进也。"

以上两个"御"的上古音均为疑母鱼部，中古音均为疑母御韵，在《广韵》中的读音同为"牛倨切"，是去声字。上述两个"御"的意义之间没有联系，故二者为同音同形词。

再如：

《楚辞・招魂》："靡颜腻理，遗视矊些。离榭修幕，侍君之闲些。"

朱熹集注："靡，致也。"

按：该"靡"为形容词"细致、细密"之义。《方言》卷二："东齐言布帛之细者曰绫，秦、晋曰靡。"郭璞注："靡，细好也。"《小尔雅・广言》："靡，细也。"《汉书・扬雄传上》："靡薜荔而为席兮，折琼枝以为芳。"颜师古注："靡，纤密也，谓纤织之也。"刘勰《文心雕龙・体性》："孟坚雅懿，故裁密而思靡。"

《诗经・小雅・采薇》："采薇采薇，薇亦作止。曰归曰归，岁亦莫止。靡室靡家，猃狁之故。"

朱熹集传："靡，无也。"

按：该"靡"为动词"无、没有"之义。《尔雅・释言》："靡，无也。"《书・咸有一德》："天难堪，命靡常。"《诗经・邶风・泉水》："毖彼泉水，亦流于淇。有怀于卫，靡日不思。"郑笺："靡，无也。"陶潜《桃花源诗》："春蚕收长丝，秋熟靡王税。"沈括《〈梦溪笔谈〉自序》："下至闾巷之言，靡所不有。"

以上两个"靡"的上古音均为明母歌部，中古音均为明母纸韵，在《广韵》中的读音同为"文彼切"，是上声字。这两个"靡"的意义之间同样没有联系，应当属于同音同形词。

朱熹训释的同音异形词数量很多，它们的特点是相互之间的语音相同，字形不同，彼此的意义之间也是没有联系的，兹举数例。

《诗经·小雅·信南山》："上天同云，雨雪雰雰，益之以霢霂。既优既渥，既沾既足，生我百谷。"

朱熹集传："优，渥。"

《孟子·离娄上》："暴其民甚，则身弑国亡；不甚，则身危国削。名之曰'幽''厉'，虽孝子慈孙，百世不能改也。"

朱熹集注："幽，暗。"

《楚辞·九章·抽思》："悲秋风之动容兮，何回极之浮浮！数惟荪之多怒兮，伤余心之懮懮。"

朱熹集注："懮，愁也。"

按："优""幽""懮"的上古音均为影母幽部，三者的意义之间完全没有联系，属于同音异形词。

3. 朱熹对同形词的训释

同形词可以分为同形同音词和同形异音词两种类型。朱熹对同形同音词的训释如上所述，实际上反映了朱熹对于同一字形身兼数职现象的区分，比如朱熹在《楚辞·九章·涉江》："乘鄂渚而反顾兮，欸秋冬之绪风。步余马兮山皋，邸余车兮方林"一句下注云："欸，叹也。《方言》云：'南楚谓然为欸。'《史》《汉》：'亚父曰唉'及唐人'欸乃'，皆此字也。"这是对三词共形现象的区分：其一，释为"叹也"的"欸"为动词，义为叹息。扬雄《法言·渊骞》："始皇方猎六国，而翦牙欸！"李轨注："欸者，绝语叹声。"其二，"南楚谓然为欸"及"亚父曰唉"的"欸"（唉）为叹词，表示应答。《方言》卷十："南楚凡言然者曰欸。"《广雅·释诂一》："欸，譍也。"《集韵·海韵》："欸，譍也。或作唉。"章太炎《新方言·释词》："今应人及然许人皆言欸。"其三，"欸乃"为象声词，形容摇橹声。元结《欸乃曲》："谁能听欸乃，欸乃感人情。"题注："棹舡之声。"柳宗元《渔翁》："烟销日出不见人，欸乃一声山水绿。"胡仔《苕溪渔隐丛话前集·柳柳州》："《元次山集·欸乃曲》注云：'欸音襖，乃音靄，棹舡之声。'洪驹父《诗话》谓欸音靄，乃音襖，遂反其音。"

朱熹训释的同形异音词例如：

《诗经·小雅·巧言》："荏染柔木，君子树之。往来行言，心焉数之。蛇蛇硕言，出自口矣。巧言如簧，颜之厚矣。"

朱熹集传："数，辨也。"

按：该"数"为"审辨、考察"之义。《字汇·攴部》："数，辨也。"《周易·说卦传》："数往者顺，知来者逆。"《荀子·非相》："欲观千岁，则数今日；欲知亿万，则审一二。"

《楚辞·九章·抽思》："悲秋风之动容兮，何回极之浮浮！数惟荪之多怒兮，伤余心之慢慢。"

朱熹集注："数，计也。"

按：该"数"为"计算、点数"之义。《说文·攴部》："数，计也。"《周礼·地官·廪人》："以岁之上下数邦用，以知足否，以诏谷用，以治年之凶丰。"郑玄注："数，犹计也。"

以上两"数"的上古音为生母侯部，中古音为生母麌韵，在《广韵》中的读音同为"所矩切"，属于上声字。

《孟子·告子上》："今夫弈之为数，小数也。不专心致志，则不得也。"

朱熹集注："数，技也。"

按：该"数"为"技术、技艺"之义。焦循正义："数之为技，犹数之为术，即数之为艺。"《广雅·释言》："数，术也。"《庄子·天道》："得之于手而应之于心，口不能言，有数存焉于其间。"成玄英疏："数，术也。"

该"数"的上古音为生母侯部，中古音为生母遇韵，在《广韵》中的读音为"色句切"，属于去声字。

《孟子·梁惠王上》："不违农时，谷不可胜食也；数罟不入洿池，鱼鳖不可胜食也；斧斤以时入山林，材木不可胜用也。"

朱熹集注："数，密也。"

按：该“数”为“细密、稠密”之义。杨伯峻注：“数，音朔。细也，密也。”《周礼·考工记·梓人》：“锐喙，决吻，数目，顾脰，小体，骞腹，若是者谓之羽属，恒无力而轻，其声清阳而远闻。”孙诒让正义引《毛诗》释文曰：“数，细也，谓细目也。”柳宗元《小石城山记》：“其疏数偃仰，类智者所施设也。”

该“数”的上古音为生母屋部，中古音为生母觉韵，在《广韵》中的读音为“所角切”，属于入声字。

以上几个“数”有三种不同的读音，且相互之间的意义也没有联系，是一组同形异音词。

又如：

《诗经·周颂·敬之》：“维予小子，不聪敬止，日就月将，学有缉熙于光明。佛时仔肩，示我显德行。”

朱熹集传：“将，进也。”

按：该“将”为“行进、前进”之义。《广雅·释诂一》：“将，行也。”《诗经·郑风·丰》：“子之昌兮，俟我乎堂兮，悔予不将兮。”毛传：“将，行也。”孔颖达疏：“今日悔我本不共是子行去兮。”《墨子·节用中》：“古者圣王，为大川广谷之不可济，于是利为舟楫，足以将之则止。”

《诗经·商颂·长发》：“外大国是疆，幅陨既长。有娀方将，帝立子生商。”

朱熹集传：“将，大也。”

按：该“将”为“壮、大”之义。《尔雅·释诂上》：“将，大也。”《方言》卷一：“将，大也。秦、晋之间凡人之大谓之奘，或谓壮；燕之北鄙，齐、楚之郊或曰京，或曰将，皆古今语也。”《诗经·小雅·北山》：“四牡彭彭，王事傍傍。嘉我未老，鲜我方将，旅力方刚，经营四方。”毛传：“将，壮也。”《法言·孝至》：“夏、殷、商之道将兮，而以延其光兮。”李轨注：“将，大。”

以上两个“将”的上古音均为精母阳部，中古音也为精母阳韵，在

《广韵》中的读音同为“即良切”，属于平声字。

> 《诗经·王风·丘中有麻》：“丘中有麻，彼留子嗟。彼留子嗟，将其来施施。”
>
> 朱熹集传：“将，愿也。”

按：该“将”为“愿、请”之义。《广雅·释言》：“将，请也。”《诗经·卫风·氓》：“匪我愆期，子无良媒。将子无怒，秋以为期。”毛传：“将，愿也。”郑笺：“将，请也。”《穆天子传》卷三：“将子无死，尚能复来。”郭璞注：“将，请也。”柳宗元《湘源二妃庙碑》：“南风湑湑，湘水如舞。将子无欢，神听钟鼓。”

该“将”的上古音为清母阳部，中古音也为清母阳韵，在《集韵》中的读音为“千羊切”，是平声字，与上面两个“将”为同形异音词。

上述朱熹对词义的储存状态和使用状态的区分，对词语命名理据的揭示以及对词汇系统中几种特殊的词汇现象的认识，都反映了朱熹在古籍词语训诂方面的成就。

总之，任何事物都是不断向前发展的，前修未密，后出转精，朱熹作为宋学的集大成者，既全面继承了汉唐训诂学的优秀传统，汲取了前人训诂中的精华，又能不拘泥于古籍旧注的束缚，勇于探索，在许多方面都做了大胆的创新，其训诂成就亦为后人多所继承。同时，朱熹还开拓出了一些新的研究领域，这对后代训诂学的发展都起了至关重要的作用，也能让我们正确认识到宋代训诂学在中国训诂学史上的地位。

第四章　朱熹对古籍语法的研究

第一节　朱熹对语法现象的解释

我国语法学的正式建立，始于清末马建忠的《马氏文通》，此前可以说没有真正的语法学著作。但是，不能因此说我们的前人对语法现象全然没有分析，甚至根本没有语法观念。事实上，汉民族传统的语法研究，一向是附属于训诂学而进行的，古人在传注训诂中就已经初步表现出了对某些语法规则的认识，也解释了一些不易为当时的语言习惯所感知的特殊的语言现象，这是后人进行全面语法研究的基础。朱熹的训诂实践已经表明了他具有较强的语法观念，这首先体现在他对一些语法现象的正确解释上。

一　关于词类活用

“词类是根据词的语法功能划分出来的词的类别。词的语法功能主要是指词和词的结合能力、词在语法结构中充当结构成分的能力。”① 一般而言，各类实词的语法功能是长期的、固有的，但是在古代汉语中，某些词可以按照一定的语言习惯灵活运用，在句中临时改变它基本的语法功能，这种现象就叫做词类活用。词类活用包含多种类型，朱熹的训诂实践中则主要有以下几种情况：

1．名词用作动词

在古代汉语中，名词用作动词的情况相当普遍，一般指名词用作不及物动词和及物动词。朱熹训诂中对名词用作动词的说明例如：

① 杨剑桥：《古汉语语法讲义》，复旦大学出版社 2010 年版，第 5 页。

《论语·公冶长》："子谓公冶长：'可妻也。虽在缧绁之中，非其罪也。'以其子妻之。"

朱熹集注："妻，为之妻也。"

《论语·述而》："子曰：'饭疏食饮水，曲肱而枕之，乐亦在其中矣。不义而富且贵，于我如浮云。'"

朱熹集注："饭，食之也。"

《孟子·离娄上》："齐景公曰：'既不能令，又不受命，是绝物也。'涕出而女于吴。"

朱熹集注："女，以女与人也。"

2. 普通名词用作状语

普通名词用作状语来修饰动词，一般总有介词来表示修饰关系，但古汉语中有时并不借助介词，而是直接把名词置于动词前作状语，所表达的意义跟用介词表示修饰关系无异。朱熹在训诂过程中已经注意到了这种现象，为了说明这种用在动词前的名词是作状语的，朱熹常常在注解时补出用来表示修饰关系的介词，从而使读者对句意更加明确，例如：

《孟子·公孙丑下》："孟子去齐，充虞路问曰：'夫子若有不豫色然。前日虞闻诸夫子曰："君子不怨天，不尤人。"'"

朱熹集注："路问，于路中问也。"

《孟子·离娄上》："上无道揆也，下无法守也，朝不信道，工不信度，君子犯义，小人犯刑，国之所存者幸也。"

朱熹集注："道揆，谓以义理度量事物而制其宜。法守，谓以法度自守。"

上述第一例中用来作状语的名词表示动作行为发生的处所，朱熹用介词结构"于……"来解释；第二例中名词作状语表示使用的工具和方式，朱熹用介词结构"以……"来解释，都是十分恰当的。

关于"普通名词用作状语"的说法，一般的语法书上称之为"名词作状语"。因为时间名词和方位名词用作状语是它们固有的语法功能，其中有许多用法一直保留到现代汉语中，我们所承认的活用为状语的，主要是普通名词这一个小类，所以我们不采用“名词作状语”的说法。①

3. 动词的使动用法

动词的使动用法是指“动词使宾语产生该动词所表示的动作行为，即宾语不再是动作行为的受事者，而是动作行为的施事者”②。朱熹训诂中对动词的使动用法的说明例如：

《诗经·大雅·皇矣》：“临冲闲闲，崇墉言言，执讯连连，攸馘安安。是类是祃，是致是附，四方以无侮。”

朱熹集传：“附，使之来附也。”

《诗经·大雅·荡》：“文王曰咨，咨女殷商，天不湎尔以酒，不义从式。”

朱熹集传：“湎，饮酒变色也。……言天不使尔沈湎于酒，而惟不义是从是用也。”

《孟子·梁惠王上》：“然则王之所大欲可知已。欲辟土地，朝秦楚，莅中国而抚四夷也。以若所为，求若所欲，犹缘木而求鱼也。”

朱熹集注：“朝，致其来朝也。”

4. 形容词的意动用法

形容词的意动用法，是指“形容词不但活用为动词，而且含有意谓性的意义，也就是说，活用为动词的形容词虽然带有宾语，但是并不支配宾语，而是含有这样的意义，即认为宾语具备该形容词所表示的性质和状态”③。朱熹训诂中对形容词的意动用法的说明例如：

《诗经·魏风·硕鼠》：“硕鼠硕鼠，无食我苗。三岁贯女，莫我肯劳。”

朱熹集传：“劳，勤苦也。谓不以我为勤劳也。”

《孟子·梁惠王下》：“从流下而忘反谓之流，从流上而忘反谓之连，从兽无厌谓之荒，乐酒无厌谓之亡。”

朱熹集注：“乐酒，以饮酒为乐也。”

---

① 参见杨剑桥《古汉语语法讲义》，复旦大学出版社 2010 年版，第 5 页。

② 杨剑桥：《古汉语语法讲义》，复旦大学出版社 2010 年版，第 265 页。

③ 同上书，第 272 页。

《孟子·公孙丑上》："是故诸侯虽有善其辞命而至者，不受也。不受也者，是亦不屑就已。"

朱熹集注："屑，赵氏曰：'洁也。'《说文》曰：'动作切切也。'不屑就，言不以就之为洁，而切切于是也。"

《孟子·告子上》："孟子曰：'何以谓仁内义外也？'曰：'彼长而我长之，非有长于我也。犹彼白而我白之，从其白于外也，故谓之外也。'"

朱熹集注："我长之，我以彼为长也。我白之，我以彼为白也。"

二 关于四声别义

古代汉语中利用改变字词声调的方法来区别不同的词义或词性的现象叫作"破读"，又叫作"四声别义"。陆德明《经典释文·序录》："夫质有精粗，谓之好恶（并如字），心有爱憎，称为好恶（上呼报反，下乌路反）；当体即云名誉（音预），论情则曰毁誉（音馀）；及夫自败（蒲迈反）败他（蒲败反）之殊，自坏（呼怪反）坏撤（音怪）之异，此等或近代始分，或古已为别，相仍积习，有自来矣。余承师说，皆辩析之。"这说明古代学者对四声别义现象已有认识，即通过改变声调不仅可以区分词的兼类现象，如"好"与"恶"，还可以区分同一词类当中不同的小类，如动词"败"与"坏"的及物与不及物用法。朱熹在自己的训诂中，既充分继承了前人的研究成果，同时又根据古书的实际情况，对四声别义的语法功能做了较为全面的阐释。

1. 表现不同词性之间的转变

（1）名词与动词之间的转变

《孟子·梁惠王上》："七十者衣帛食肉，黎民不饥不寒，然而不王者，未之有也。"

朱熹集注："王，去声。凡有天下者，人称之曰王，则平声；据其身临天下而言曰王，则去声。后皆放此。"

按："王"作名词"有天下者"讲时读平声，在《广韵》中的读音为"雨方切"，是云母平声阳韵字。作动词"统治、称王"讲时则读去声，在《广韵》中的读音为“于放切”，是云母去声漾韵字。朱熹在该例句下发凡起例，事实上，在朱熹的训诂中，为“王”标注四声以区别词性的例子还有很多。《礼记·中庸》：“武王末受命，周公成文武之德，追王大王、王季，上祀先公以天子之礼。”朱熹集注：“‘追王’之‘王’，去声。”《礼记·中庸》：“王天下有三重焉，其寡过矣乎！”朱熹集注：“王，去声。”《孟子·滕文公下》：“陈代曰：‘不见诸侯，宜若小然。今一见之，大则以王，小则以霸。’”朱熹集注：“王，去声。”《孟子·离娄上》：“今之欲王者，犹七年之病求三年之艾也。”朱熹集注：“王，去声。”“王”作名词解是其常用义，故而常用义的读音“平声”通常不标，在训诂时一般只标注“王”的破读音，用以说明此处的“王”为动词。

又如：

《孟子·万章上》：“万章曰：‘舜之不告而娶，则吾既得闻命矣。帝之妻舜而不告，何也？’曰：‘帝亦知告焉则不得妻也。’”

朱熹集注：“妻，去声。以女为人妻曰妻。”

按：“妻”有名词义，《周易·小畜》：“九三，舆说辐，夫妻反目。”《诗经·齐风·南山》：“取妻如之何，必告父母。”作名词“男子的嫡配”讲时读平声，在《广韵》中的读音为“七稽切”，是清母平声齐韵字。“妻”也可作动词，意为“以女嫁人”或“娶女子为配偶”。《史记·赵世家》：“翟伐廧咎如，得二女，翟以其少女妻重耳，长女妻赵衰而生盾。”作动词讲时则读去声，在《广韵》中的读音为“七计切”，是清母去声霁韵字。《广韵·霁韵》：“妻，以女妻人。”《诗经·郑风·有女同车序》：“太子忽尝有功于齐，齐侯请妻之。”陆德明音义：“妻，七计反。以女适人曰妻。”以上是四声别义所表现的名词与动词之间的转变。

（2）动词与形容词之间的转变

《礼记·中庸》：“子曰：‘道之不行也，我知之矣，知者过之，愚者不及也；道之不明也，我知之矣，贤者过之，不肖者不及也。’”

朱熹集注：“‘知者’之‘知’，去声。”

按："知"作动词意为"知道、了解"，《书·皋陶谟》："知人则圣。"《玉篇·矢部》："知，识也。""知"作动词讲时读平声，在《广韵》中的读音为"陟离切"，是知母平声支韵字。"知"也可作名词，意为"聪明、智慧"，后来写作"智"。徐灏《说文解字注笺·矢部》："知，智慧即知识之引申，故古只作知。"《论语·里仁》："里仁为美。择不处仁，焉得知?"陆德明音义："知，音智。""知"作名词讲时读去声，在《集韵》中的读音为"知义切"，是知母去声寘韵字。《集韵·寘韵》："智，或作知。"朱熹在训诂时，通常将"知"的动词义作为常用义，为其标注"如字"，而为作名词解的"知"标注破读音，例如《论语·颜渊》："樊迟问仁。子曰：'爱人。'问知。子曰：'知人。'"朱熹集注："上'知'，去声，下如字。"又如《周易·系辞上传》："与天地相似，故不违；知周乎万物而道济天下，故不过；旁行而不流，乐天知命，故不忧；安土敦乎仁，故能爱。"朱熹本义："知，音智。'知命'之'知'，如字。"

又如：

> 《孟子·离娄上》："孟子曰：'爱人不亲反其仁，治人不治反其智，礼人不答反其敬。'"
>
> 朱熹集注："'治人'之'治'，平声。'不治'之'治'，去声。"

按："治人"之"治"为动词，意为"治理、统治"。"不治"之"治"为形容词，意为"有秩序、严整"，与"乱"相对。王先谦《释名疏证补》："凡事治则条理秩然，物皆得所矣。"《庄子·人间世》："以礼饮酒者，始乎治，常卒乎乱。"《孙子·军争》："以治待乱，以静待哗。""治"的治理义读平声，在《广韵》中的读音为"直之切"，是澄母平声之韵字。《广韵·之韵》："水名，出东莱。亦理也。""治"的形容词义则读去声，在《广韵》中的读音为"直利切"，是澄母去声至韵字。朱熹在训诂过程中对此已有明确的认识，《孟子·梁惠王上》："此惟救死而恐不赡，奚暇治礼义哉?"朱熹集注："治，平声。凡治字，为理物之义者，平声；为己理之义者，去声。后皆放此。"以上是四声别义所表现的动词与形容词之间的转变。

2. 在词性相同的情况下区别不同的词义

《论语·雍也》："子曰：'中人以上，可以语上也；中人以下，不可以语上也。'"

朱熹集注："语，去声。语，告也。"

按："语"作动词，有"谈论、辩论"义。《说文·言部》："语，论也。"《诗经·大雅·公刘》："于时言言，于时语语。"毛传："直言曰言，论难曰语。"《论语·乡党》："食不语，寝不言。"朱熹集注："答述曰语，自言曰言。""语"的谈论义读上声，在《广韵》中的读音为"鱼巨切"，是疑母上声语韵字。"语"作动词还有"告诉"义，在《广韵》中的读音为"牛倨切"，是疑母去声御韵字。《左传·隐公元年》："公语之故，且告之悔。"陆德明音义："语，鱼据反。"反切下字"据"亦为去声字，在《广韵》中的读音为"居御切"，是去声御韵字。这里朱熹为"语"标注"去声"的目的不是为了区别词性，而是为了区别词义，读作去声的"语"意为"告诉"，与读作上声训为"论也"的"语"意义不同。

又如：

《周易·说卦传》第十一章："巽为木，为风，为长女，为绳直，为工，为白，为长，为高，为进退，为不果，为臭。"

朱熹本义："下'为长'之'长'，如字。"

按："长"作形容词，有"久远"义。《说文·长部》："长，久远也。"《书·盘庚中》："汝不谋长。"孔传："汝不谋长久之计。"《广雅·释诂三》："长，久也。""长"的这个义项读平声，在《广韵》中的读音为"直良切"，是澄母平声阳韵字。"长"作形容词还有"年长"义，例句中"长女"之"长"即作此解。"长"的年长义读上声，在《广韵》中的读音为"知丈切"，是知母上声养韵字。《论语·先进》："以吾一日长乎尔，毋吾以也。"朱熹集注："长，上声。言我虽年少长于女，然女勿以我长而难言。"朱熹是将"长"的久远义释为常用义的，故在"为长"之"长"下标注"如字"，为年长义的"长"标注"上声"，是为了说明二者虽然词性都是形容词，但词义是不同的。

此外，四声别义还可以用来说明及物动词的使动用法，朱熹对这种现象也有注释，例如：

> 《孟子·滕文公下》："有人于此，毁瓦画墁，其志将以求食也，则子食之乎？"
>
> 朱熹集注："'子食'之'食'，亦音嗣。"

按：古汉语中"食"的意义主要有：吃；使动用法，使……吃；饭；粮食；用作人名，如郦食其。根据清代段玉裁、当代王力先生"古无去声"的理论，这里的前四个意义最早都读入声，在《广韵》中的读音为"乘力切"，是船母入声职韵字，发展到现代普通话读"shí"。后来"使动用法，使……吃"和"饭"这两个意义改读去声，在《集韵》中的读音为"祥吏切"，是邪母去声志韵字，发展到现代普通话读"sì"。用作人名的"食"也改读为去声，发展到现代普通话读"yì"。例句中前一个"食"义为食物，朱熹不注音，表示此处当读其本音；后一个"食"用作使动，应当读为去声，故而朱熹为其标注了读音。至于作"饭"讲的"食"读"sì"，（例如《孟子·告子上》："一箪食，一豆羹，得之则生，弗得则死。"朱熹注："食，音嗣。"）其实并不始于朱熹，更早一些，唐代陆德明的《经典释文》中就已经如此了。《论语·乡党》："食不厌精，脍不厌细。"陆德明音义："食不，音嗣。饭也。"① 这些都说明了四声别义现象在古籍中普遍存在。

三　关于语法结构

（一）简单型语法结构

古代汉语的语法结构类型可以分为简单型和复杂型两大类，所谓简单型语法结构，是指整体上最多只包含一个主语和一个谓语的结构。朱熹训诂中所分析的简单型语法结构主要有并列结构、偏正结构、动宾结构、动补结构和主谓结构等几种类型。

---

① 参见杨剑桥、杨柳《"箪食壶浆"的"食"为什么读 sì？》，《枫窗语文札记》，复旦大学出版社 2009 年版，第 82—83 页。

1. 并列结构

《诗经·小雅·蓼萧》："蓼彼萧斯，零露泥泥。既见君子，孔燕岂弟。宜兄宜弟，令德寿岂。"

朱熹集传："岂，乐。……寿岂，寿而且乐也。"

《诗经·大雅·既醉》："其告维何，笾豆静嘉。朋友攸摄，摄以威仪。"

朱熹集传："静嘉，清洁而美也。"

《论语·子罕》："子见齐衰者、冕衣裳者与瞽者，见之，虽少必作；过之，必趋。"

朱熹集注："冕，冠也。衣，上服。裳，下服。冕而衣裳，贵者之盛服也。"

2. 偏正结构

（1）定中式

《孟子·梁惠王上》："无恒产而有恒心者，惟士为能。若民则无恒产，因无恒心。苟无恒心，放辟邪侈，无不为已。"

朱熹集注："恒，常也。产，生业也。恒产，可常生之业也。"

《孟子·万章上》："孟子曰：'否。此非君子之言，齐东野人之语也。尧老而舜摄也。'"

朱熹集注："齐东，齐国之东鄙也。"

《楚辞·九章·惜诵》："心郁邑余侘傺兮，又莫察余之中情。固烦言不可结而诒兮，愿陈志而无路。"

朱熹集注："烦言，谓烦乱之言。"

（2）状中式

《诗经·小雅·宾之初筵》："宾之初筵，左右秩秩。笾豆有楚，殽核维旅。"

朱熹集传："初筵，初即席也。"

《论语·公冶长》："宰予昼寝。子曰：'朽木不可雕也，粪土之墙不可杇也，于予与何诛。’”

朱熹集注：“昼寝，谓当昼而寐。”

《孟子·滕文公上》：“当尧之时，天下犹未平，洪水横流，氾滥于天下。草木畅茂，禽兽繁殖，五谷不登，禽兽偪人。兽蹄鸟迹之道，交于中国。”

朱熹集注：“横流，不由其道而散溢妄行也。”

3. 动宾结构

《论语·宪问》：“子曰：‘何必高宗？古之人皆然。君薨，百官总己以听于冢宰三年。’”

朱熹集注：“总己，谓总摄己职。”

《孟子·万章上》：“天下诸侯朝觐者，不之尧之子而之舜；讼狱者，不之尧之子而之舜；讴歌者，不讴歌尧之子而讴歌舜。”

朱熹集注：“讼狱，谓狱不决而讼之也。”

《楚辞·九辩》：“被荷裯之晏晏兮，然潢洋而不可带。既骄美而伐武兮，负左右之耿介。”

朱熹集注：“骄美，自矜其美也。伐武，自夸其武也。”

4. 动补结构

《论语·公冶长》：“子曰：‘臧文仲居蔡，山节藻棁，何如其知也？’”

朱熹集注：“节，柱头斗栱也。……棁，梁上短柱也。盖为藏龟之室，而刻山于节、画藻于棁也。”

按：“山”与“藻”在这里活用为动词，意为“刻山”“画藻”，后面“于节”“于棁”分别为二者的补语。

《孟子·公孙丑下》：“五百年必有王者兴，其间必有名世者。由周而来，七百有余岁矣。以其数则过矣，以其时考之则可矣。”

朱熹集注："名世，谓其人德业闻望，可名于一世者，为之辅佐。"

5．主谓结构

《诗经·郑风·清人》："清人在彭，驷介旁旁。二矛重英，河上乎翱翔。"

朱熹集传："驷介，四马而被甲也。"

《楚辞·九章·惜诵》："欲横奔而失路兮，盖坚志而不忍。背膺牉以交痛兮，心郁结而纡轸。"

朱熹集注："坚志，一作志坚。……言欲妄行违道，则吾志已坚而不忍为。"

（二）复杂型语法结构

所谓复杂型语法结构，是指包含两个或两个以上互不包容的主谓结构的结构。这里有两个限制条件："两个或两个以上"的"主谓结构"，则将简单型语法结构中的并列结构排除在外；"互不包容的主谓结构"，则将单个的兼语结构排除在外。① 复杂型语法结构可以分为联合类和偏正类两大类型，其中每种大类下又可以分成不同的小类。

1．联合类的复杂型结构

联合类的复杂型结构"是由两个或两个以上的主谓结构在语义上平等地连接起来，主谓结构之间的关系是并列的，分不出主次"②。根据朱熹训诂的实际情况，他所分析的联合类的复杂型语法结构主要有以下几种：

（1）并列关系

并列关系须由两个或两个以上的主谓结构组成，这些主谓结构之间的关系是平等的，没有主次之分，朱熹在解释时一般使用"而""且""既……又……"等并列连词，例如：

---

① 参见杨剑桥《古汉语语法讲义》，复旦大学出版社 2010 年版，第 185 页。
② 杨剑桥：《古汉语语法讲义》，复旦大学出版社 2010 年版，第 215 页。

《诗经·邶风·北门》："王事适我，政事一埤益我。"

朱熹集传："王事既适我矣，政事又一切以埤益我。"

《论语·雍也》："子曰：'务民之义，敬鬼神而远之，可谓知矣。'"

朱熹集注："专用力于人道之所宜，而不惑于鬼神之不可知，知者之事也。"

（2）顺承关系

组成顺承关系的各个主谓结构之间是先后承接的，有的属于时间上的先后承接，有的属于事理上的先后承接，它们的位置不能前后互换。朱熹在解释时一般使用"遂""则""乃""而后"等顺承连词，例如：

《诗经·秦风·车邻》："既见君子，并坐鼓瑟。"

朱熹集传："既见君子，则并坐鼓瑟矣。"

《论语·子路》："子曰：'近者说，远者来。'"

朱熹集注："然必近者悦，而后远者来也。"

（3）递进关系

组成递进关系的各个主谓结构在意义和语气上是逐步推进和加重的，它们前后的位置也不能互换。朱熹在解释时一般使用"况""犹""尚且……况……"等递进连词，例如：

《诗经·小雅·杕杜》："匪载匪来，忧心孔疚，期逝不至，而多为恤。"

朱熹集传："言征夫不装载而来归，固已使我念之而甚病矣，况归期已过而犹不至，则使我多为忧恤。"

《诗经·小雅·小弁》："维桑与梓，必恭敬止，靡瞻匪父，靡依匪母。"

朱熹集传："言桑梓父母所植，尚且必加恭敬，况父母至尊至亲，宜莫不瞻依也。"

（4）选择关系

组成选择关系的几个主谓结构，分别说明几种不同的情况，并确认或供人选择其中的一种。朱熹在解释时一般使用“或……或……”“与其……宁……”等选择连词，例如：

《诗经·小雅·四牡》：“翩翩者鵻，载飞载下。”

朱熹集传：“翩翩者鵻，犹或飞或下。”

《诗经·大雅·云汉》：“耗斁下土，宁丁我躬。”

朱熹集传：“斁，败。丁，当也。……与其耗斁下土，宁使灾害当我身也。”

2. 偏正类的复杂型结构

偏正类的复杂型结构“是由两个或两个以上的主谓结构按语义有偏有正的方式连接起来，主谓结构之间的关系不是并列的，而是有主有次的”①。根据朱熹训诂的实际情况，他所分析的偏正类的复杂型语法结构主要有以下几种：

（1）转折关系

组成转折关系的两个主谓结构在意思上是相反相对的，后面的主谓结构不是顺着前面主谓结构的意思说下去，而是转到了相对或相反的意思上，后面的主谓结构也正是该句的主要意思所在。朱熹在解释时一般使用“然”“而”等转折连词，有时也与让步连词“虽”连用，形成“虽……然……”“虽……而……”的结构，例如：

《诗经·小雅·正月》：“潜虽伏矣，亦孔之炤。”

朱熹集传：“其潜虽深，然亦炤然而易见。”

《诗经·大雅·云汉》：“大命近止，无弃尔成。”

朱熹集传：“虽今死亡将近，而不可以弃其前功。”

（2）假设关系

组成假设关系的两个主谓结构，前一个提出假设条件，后一个表明在

① 杨剑桥：《古汉语语法讲义》，复旦大学出版社2010年版，第217页。

这种条件下所产生的结果。朱熹在解释时一般使用“如”“若”“苟”“若……则……”等假设连词，例如：

《论语·述而》：“富而可求也，虽执鞭之士，吾亦为之。”
朱熹集注：“设言富若可求，则虽身为贱役以求之，亦所不辞。”
《孟子·滕文公上》：“巨屦小屦同贾，人岂为之哉？”
朱熹集注：“若大屦小屦同价，则人岂肯为其大者哉？”

（3）因果关系

组成因果关系的两个主谓结构，一个表示原因，一个表示结果，一般的语序是表示原因的在前，表示结果的在后，但也有表示结果在前，表示原因在后的，而意思和语气的重点在表示结果的这一方。朱熹在解释时一般使用“为”“故”“是以”“以……故……”等因果连词，例如：

《诗经·小雅·小明》：“曷云其还，政事愈蹙。”
朱熹集传：“言以政事愈急，是以至此岁莫而犹不得归。”
《孟子·离娄上》：“孟子曰：‘人之易其言也，无责耳矣。’”
朱熹集注：“人之所以轻易其言者，以其未遭失言之责故耳。”

四 关于被动句

所谓被动句与主动句，是针对主语和谓语之间的关系而言的。当主语是谓语动词所表示的动作行为的施事者时，称为主动句；反之，当主语是谓语动词所表示的动作行为的受事者时，称为被动句。朱熹在分析被动句时，常常借助于虚词“见”，其形式为“见”+动词+“于”+施事者，例如：

《孟子·滕文公上》：“故曰：或劳心，或劳力。劳心者治人，劳力者治于人；治于人者食人，治人者食于人：天下之通义也。”

朱熹集注：“治于人者，见治于人也。……食于人者，见食于人也。”

《孟子·滕文公上》：“尧、舜之治天下，岂无所用其心哉？亦不用于耕耳。吾闻用夏变夷者，未闻变于夷者也。”

朱熹集注：“变夷，变化蛮夷之人也。变于夷，反见变化于蛮夷之人也。”

第二节　朱熹对句读的分析

语言具有线条性的特点，这就决定了我们分析语言的一个基本方法——切分。切分的位置如果选择的不对，就会打乱句子的结构层次和语义表达，或者“不辞”，或者因产生歧义而误解原文。“古书是不加标点的，读书时要自己断句。古人读书，一句话完了，常常在字的旁边加一个点或圆圈，叫做‘句’；一句话没完，但读时需要有一个停顿，就在字的下面加一个点，叫做‘读’。两者合称句读。”① 唐代僧人湛然《法华文句记》卷一云：“凡经文语绝处谓之‘句’，语未绝而点之以便诵咏谓之‘读’。”明代袁子让《字学元元》卷五云：“句读，‘读’音豆。语绝曰‘句’，语未绝点字之中曰‘读’。”要之，“句”表示大的停顿，“读”表示小的停顿。

《说文》收有“丶”字，曰：“丶，有所绝止丶而识之也。”《说文》还有个“乚”字，“乚，钩识也。”也是古人句读的标志。分析句读自古以来就受到人们的重视，《礼记·学记》：“一年视离经辨志。”郑玄注：“离经，断句绝也。”孔颖达疏：“‘一年视离经辨志’者，谓学者初入学一年，乡遂大夫于年终之时考视其业。离经，谓离析经理，使章句断绝也。”明确地把标点句读作为研读经文的必要条件。马融《长笛赋》：“观法于节奏，察变于句投。”“句投”即句读。何休《公羊传解诂》序：“援引他经，失其句读。”高诱《淮南子叙》：“自诱之少，从故侍中同县卢君，受其句读。”因此历代读书人都很重视句读，弄错了句读，肯定会影响到对原文的理解，以至南辕北辙，完全误解了古书。

朱熹在自己的训诂中十分重视对句读的分析，例如他对《礼记》中的“离经辨志”是这样理解的：“离经，断绝句也。此且是读得成句。辨

① 郭锡良：《古代汉语》，商务印书馆1999年版，第684页。

志，是知得这个是为己，那个是为人；这个是义，那个是利。……如离经，便是学；辨志，便是所得处。”① 又如朱熹在与友人的书信中说：“当更革去好高之弊，且就平易处深思，反复句读，沉潜训义，久之自然习气消除，意思开阔也。”② 朱熹分析句读的方法有以下几种：

一 征引文献分析句读

《诗经·周颂·天作》：“天作高山，大王荒之。彼作矣，文王康之。彼徂矣岐，有夷之行，子孙保之。”

按：朱熹在“彼徂矣岐”下注云：“沈括曰：‘《后汉书·西南夷传》作“彼岨者岐”，今按彼书，“岨”但作“徂”，而引《韩诗》薛君章句，亦但训为往，独“矣”字正作“者”。’如沈氏说，然其注末复云‘岐虽阻僻’，则似又有岨意，《韩子》亦云‘彼岐有岨’，疑或别有所据。故今从之，而定读‘岐’字绝句。”

又如：

《诗经·商颂·长发》：“浚哲维商，长发其祥。洪水芒芒，禹敷下土方。外大国是疆，幅陨既长。有娀方将，帝立子生商。”

朱熹在“禹敷下土方”下注云：“绝句。《楚辞·天问》‘禹降省下土方’，盖用此语。”

按：《楚辞·天问》：“禹之力献功，降省下土方。焉得彼嵞山女，而通之于台桑？”朱熹在“降省下土方”下注云：“句绝”。可见朱熹此处是根据《楚辞》使用《诗经》语句的情况来为《诗经》断句的。

再如：

《周易·泰》：“初九，拔茅茹，以其彚，征吉。”

朱熹本义：“郭璞《洞林》读至‘彚’字绝句，下卦放此。”

---

① （宋）黎靖德编：《朱子语类》第六册卷八十七，中华书局1986年版，第2250页。

② 朱熹：《答林子玉》，朱杰人、严佐之、刘永翔主编《朱子全书》第二十二册《晦庵先生朱文公文集》卷四十九，上海古籍出版社、安徽教育出版社2002年版，第2285页。

按：《周易·否》："初六，拔茅茹，以其彙，征吉，亨。"朱熹亦根据郭璞的说解，在"彙"字下断句。

二　根据上下文意分析句读

《孟子·公孙丑上》："'敢问何谓浩然之气？'曰：'难言也。其为气也，至大至刚，以直养而无害，则塞于天地之间。'"

朱熹集注："至大，初无限量。至刚，不可屈挠。盖天地之正气，而人得以生者，其体段本如是也。惟其自反而缩，则得其所养，而又无所作为以害之，则其本体不亏而充塞无间矣。程子曰：'天人一也，更不分别。浩然之气，乃吾气也。养而无害，则塞乎天地。一为私意所蔽，则欿然而馁，却甚小也。'"

按：对于"至大至刚以直养而无害"这段文字的句读，赵岐认为"以直"当属上句，与"至大至刚"同为"气"的定语，赵岐注曰："言此至大至刚，正直之气也。然而贯洞纤微，治于神明，故言之难也。养之以义，不以邪事干害之，则可使滋蔓，塞满天地之间，布施德教，无穷极也。"朱熹则不同意赵岐的断句："古注及程氏皆将'至大至刚以直'做一句。据某所见，欲将'至大至刚'为一句，'以直养而无害'为一句。"[①] 朱熹认为"至大至刚"与"以直"当分属两句，并向其门人解释了这样断句的理由："问：'程子以"直"字为句，先生以"以直"字属下句。'曰：'文势当如此说。若以"直"字为句，当言"至大至刚至直"。又此章前后相应，皆是此意。先言"自反而缩"，后言"配义与道"。所谓"以直养而无害"，乃"自反而缩"之意。大抵某之解经，只是顺圣贤语意，看其血脉通贯处为之解释，不敢自以己意说道理也。'"[②] 又云："古注如此，程氏从之。然自上下文推之，故知'以直'字属下句，不是言气体，正是说用工处。若只作'养而无害'，却似秃笔写字，其话没头。观此语脉自前章'缩、不缩'来。下章又云'是集义所生'，义亦是直意。"[③]

---

① （宋）黎靖德编：《朱子语类》第四册卷五十二，中华书局1986年版，第1249页。

② 同上书，第1248—1249页。

③ 同上书，第1249页。

又如：

《周易·旅》："九三，旅焚其次，丧其童仆，贞厉。"

朱熹本义："'丧其童仆'，则不止于失其心矣。故'贞'字连下句为义。"

按：旅卦六二爻的爻辞为："旅即次，怀其资，得童仆贞。"朱熹注云："'即次'则安，怀资则裕，得其'童仆'之贞信，则无欺而有赖，旅之最吉者也。二有柔顺中正之德，故其象占如此。"六二爻是既得中，又得正，故而是"旅之最吉者也"。而九三爻则与六二爻不同，虽以阳爻居阳位，但是"过刚不中，居下之上"，且在《周易》的六爻当中"三多凶"，此处的九三爻就属于"虽正亦危"的情况，《象》曰："'旅焚其次'，亦以伤矣。以旅与下，其义'丧'也。"故而该爻的占卜结果为"厉"，朱熹据此判断"贞"字当连下句为义。

三 根据语法关系分析句读

《礼记·中庸》："君子之道四，丘未能一焉：所求乎子，以事父，未能也；所求乎臣，以事君，未能也；所求乎弟，以事兄，未能也；所求乎朋友，先施之，未能也。"

朱熹集注："子、臣、弟、友，四字绝句。"

按：旧注的句读为："君子之道四，丘未能一焉：所求乎子以事父，未能也；所求乎臣以事君，未能也；所求乎弟以事兄，未能也；所求乎朋友先施之，未能也。"即认为"子以事父""臣以事君""弟以事兄""朋友先施之"是"求"的宾语。"求"意为"责求"，朱熹认为责求的对象应该是人，故在"子""臣""弟""友"四字下断句。

又如：

《论语·公冶长》："子曰：'十室之邑，必有忠信如丘者焉，不如丘之好学也。'"

朱熹集注："焉，如字，属上句。"

按：孔颖达疏："此章夫子言己勤学也。十室之邑，邑之小者也。其邑虽小，亦不诬之，必有忠信如我者焉，但不如我之好学不厌也。卫瓘读'焉，於虔切'，为下句首。焉，犹安也。言十室之邑虽小，必有忠信如我者也，安不如我之好学也？言亦不如我之好学也，义并得通，故具存焉。"朱熹则认为这里的"焉"是句末语气词，而非位于句首的疑问代词："忠信如圣人，生质之美者也。夫子生知而未尝不好学，故言此以勉人。言美质易得，至道难闻，学之至则可以为圣人，不学则不免为乡人而已。"故而判断"焉"字当属上句。

此外，朱熹也分析说明一些两种断句方法均可的现象，例如：

《孟子·公孙丑上》："必有事焉而勿正，心勿忘，勿助长也。无若宋人然。宋人有闵其苗之不长而揠之者，芒芒然归，谓其人曰：'今日病矣，予助苗长矣。'"

朱熹集注："'必有事焉而勿正'，赵氏、程子以七字为句。近世或并下文'心'字读之者，亦通。'必有事焉'，有所事也，如'有事于颛臾'之'有事'。正，预期也。《春秋传》曰'战不正胜'是也。如作'正心'，义亦同。此与《大学》之所谓'正心'者，语意自不同也。此言养气者必以集义为事，而勿预期其效。其或未充，则但当勿忘其所有事，而不可作为以助其长，乃集义养气之节度也。"

按：此处"必有事焉而勿正心勿忘勿助长也"，朱熹从赵岐、程子，在"必有事焉而勿正"下断句，而当时也有将"心"字断入上句的，即以"正心"连文，朱熹认为"亦通"。

又如：

《孟子·滕文公上》："且许子何不为陶冶，舍皆取诸其宫中而用之？何为纷纷然与百工交易？何许子之不惮烦？"

朱熹集注："舍，止也。或读属上句。舍，谓作陶冶之处也。"

按：如果“舍”属下句，则当动词“废止”讲，言许子不为陶冶，皆取诸其宫中而用之。如果“舍”属上句，则当为名词，朱熹根据语境将其释为“作陶冶之处”。

第三节　朱熹对虚词的研究

汉语是缺乏形态变化的语言，因此表达语法的手段主要依靠语序和虚词。在我国传统的文献语言学中，对于汉语的词汇虽然还没有给予真正科学的分类，不能像我们今天所讲的语法那样，把词汇分成名词、动词、形容词等等，但这并不等于说学者们对于汉语的词汇全然没有分析。事实上，我们今天对于汉语词汇所做的虚词和实词的区分，正是从汉语传统的文献语言学那里继承而来的。虚词和实词的区分，就是古代学者在分析汉语词汇时所得出的大类。虚词使用灵活、频繁，功能丰富多样，在汉语遣词造句、表情达意过程中起着十分重要的作用，因此古人对虚词的研究非常重视。

早在春秋战国时期，我国的学者就已经开始注意到了虚词及其用法。例如《榖梁传》曾不止一次地解释了“遂”字：“遂，继事之辞也。”这个“辞”指的就是虚词。所谓“继事之辞”，意思是说“遂”是一个表示承接的虚词，这一解释和今天人们对该词的理解相差无几。东汉的许慎已经有了较为明确的“虚词”的观念，在我国第一部字典《说文解字》中，他用“词”这个术语，体现了他的这种观念。许慎所认为的“词”就是《榖梁传》中的“辞”，都大致相当于我们今天所讲的虚词。例如：

《说文·八部》：“尒，词之必然也。”
《说文·矢部》：“矣，语已词也。”
《说文·白部》：“皆，俱词也。”
《说文·曰部》：“曶，出气词也。”
《说文·白部》：“者，别事词也。”
《说文·口部》：“各，异词也。”

这说明我国学者早在一千七百多年前，就已经有效地把实词和虚词分别开来了。只是他们在概念的表述上使用了不同的术语，比较常见的有

“词”“辞”“语助”“语词”“助语辞”“发声”“发语词”“发语声”“发语之音”等，例如：

《诗经·大雅·文王》：“世之不显，厥犹翼翼。思皇多士，生此王国。”

毛传：“思，辞也。”

《诗经·邶风·泉水》：“毖彼泉水，亦流于淇。有怀于卫，靡日不思。娈彼诸姬，聊与之谋。”

郑笺：“聊，且略之辞。”

《国语·周语》：“此一壬四伯，岂緊多宠？皆亡王之后也。”

韦昭注：“岂，辞也。”

《礼记·檀弓》：“檀弓曰：‘何居？’”

郑玄注：“居，读为‘姬姓’之‘姬’，齐鲁之间语助也。”

《左传·隐公元年》：“尔有母遗，緊我独无！”

杜预注：“緊，语助。”

《汉书·礼乐志》：“神夕奄虞盖孔享。”

颜师古注：“盖，语辞也。”

《汉书·高帝纪》：“陶唐氏既衰。”

荀悦注：“陶，发声也。”

《汉书·礼乐志》：“爰五止，显黄德。”

颜师古注：“爰，曰也，发语词也。”

《左传·昭公七年》：“均将皆死，慭使吾君闻胜与臧之死也以为快。”

杜预注：“慭，发语之音。”

唐代孔颖达等撰《五经正义》时，对虚词的解释往往称“不以为义”或“于义无取”等，意谓这类词是没有实在的词汇意义的。例如《诗经·周南·关雎》篇的正义云：“然字之所用，或全取以制义，‘关关雎鸠’之类也；或假辞以为助，‘者’‘乎’‘而’‘只’‘且’之类也。”又云：“‘之’‘兮’‘矣’‘也’之类，本取以为辞，虽在句中，不以为义，故处末者，皆字上为韵。”

所谓“假辞以为助”，就是借用某字作虚词，并不表示实际的词汇意义，故谓“虽在句中，不以为义”。又如《诗经·小雅·白驹》：“皎皎白驹，贲然来思。尔公尔侯，逸豫无期。慎尔优游，勉尔遁思。”孔颖达正义：“此‘来思’‘遁思’，二‘思’皆语助，不为义也。”孔颖达指出这里的两个“思”都是虚词，不表示词汇意义。

随着时代的发展，人们对虚词的特点已经有了新的认识。一些学者在解释虚词时，不再仅仅采用训诂学家常用的逐字为训的方法，而是开始把那些用法大体相同的虚词总括成类，一类一类地加以解说，这说明他们对虚词的分类特点已经有所察觉。例如：

张揖《广雅·释诂》：“……也、乎、些、只，词也。”

周兴嗣《千字文》：“谓语助者，焉哉乎也。”

刘熙《释名·释言语》：“啜，惙也，心有所念，惙然发此声也；嗟，佐也，言之不足以尽意，故发此声以自佐也；噫，忆也，忆念之，故发此声噫之也。呜，舒也，气愤懑，故发此声以舒写之也。”

刘勰《文心雕龙·章句》：“至于夫、惟、盖、故者，发端之首唱；之、而、于、以者，乃劄句之旧体；乎、哉、矣、也者，亦送末之常科。据事似闲，在用实切；巧者回运，弥缝文体。将令数句之外，得一字之助矣。”

柳宗元《复杜温夫书》：“立言状物，未尝求过人，亦不能明辨生之才致。但见生用助字，不当律令，唯以此奉答：所谓乎、欤、耶、哉、夫者，疑辞也；矣、耳、焉、也者，决词也。今生则一之。”

洪迈《容斋随笔·卷七》：“予读《孟子》……味其所用助字，开阖变化，使人之意飞动，此难以为温夫辈言也。”

最早开始把虚词和实词作为一对相关概念提出的是宋朝人，宋代周辉《清波杂志·卷七》：

东坡教诸子作文，或辞多而义寡，或虚字多，实字少，皆批谕之。

表明当时的学者已将语言中的词汇明确地区分为“实字”与“虚字”

两类。再如宋代张炎《词源》：

词之句语有二字、三字、四字至六字、七八字者，若堆叠实字，读且不通，况付之雪儿乎？合用虚字呼唤，单字如“正”“但”“甚”“任”之类，两字如“莫是”“还又”“那堪”之类，……此等虚字却要用之得其所，若能尽用虚字，句语自活，必不质实，观者无掩卷之诮。

在朱熹生活的时代，前辈学者们对于虚词已经有了较为先进的认识，因此，朱熹在他的训诂过程中，很好地继承了前人的研究成果，既能够择善而从，又融入了自己对虚词的认识，对不同虚词的用法作了分类说明，对同一虚词可以用在句中不同位置的现象也有所认识。同时，朱熹还对前人误释为实词的虚词予以了纠正，对这些虚词作出了正确的解释。

一　对前人研究成果的继承

《诗经·周南·汉广》：“南有乔木，不可休息。汉有游女，不可求思。”

毛传：“思，辞也。”

孔颖达疏：“以泳思、方思之等皆不取思为义，故为辞也。”

朱熹集传：“思，语辞也。”

《论语·公冶长》：“宰予昼寝。子曰：‘朽木不可雕也，粪土之墙不可杇也，于予与何诛。’”

孔颖达疏：“与，语辞。”

朱熹集注：“与，语辞。”

《孟子·梁惠王上》：“抑王兴甲兵，危士臣，构怨于诸侯，然后快于心与？”

赵岐注：“抑，发语辞。”

朱熹集注：“抑，发语辞。”

这里朱熹完全继承了前人对“思”“与”“抑”的解释。“思”在例句中为句末语气词，王引之《经传释词》卷八：“思，语已词也。”“与”

在例句中用于句中表停顿，《国语·周语上》："若壅其口，其与能几何？"韦昭注："与，辞也。""抑"在例句中用于句首，为"发语辞"，无义。刘淇《助字辨略》："愚案：抑者，案之使下也。凡语辞用抑，或是发声，或是转语，其音多下而不扬，故云抑也。"

有时，朱熹也会根据所释虚词的实际情况，对前人的观点有所取舍与改造，这种取舍与改造在我们今天看来似乎更为合理，例如：

《诗经·邶风·式微》："式微式微，胡不归？"
毛传："式，用也。"
郑笺："式，发声也。"
孔颖达疏："不取'式'为义，故云'发声也'"。
朱熹集传："式，发语辞。"

这里朱熹没有采用毛传的注释，而是根据郑玄与孔颖达的观点将"式"释为虚词，这种解释得到了后人的继承。杨树达《词诠》："式，语首助词。《诗·式微》笺云：式，发声也。"

又如：

《孟子·公孙丑上》："恶，是何言也！"
赵岐注："恶者，不安事之叹辞也。"
朱熹集注："恶，惊叹辞也。"

这里朱熹用"惊叹"来替换赵岐注释中的"不安事"，更为明了。《荀子·法行》："孔子曰：恶！赐！是何言也！夫君子岂多而贱之少而贵之哉！"此"恶"与例句中的"恶"用法相同。

二 对虚词的分类训释

（一）对单音节虚词的训释

"辞（词）"或"语辞（词）"这些术语可以指在当时所有被认为是虚词的词，既可以指表示某些语法意义的虚词，也可以指不表示任何语法意义，甚至也不表示语气的虚词，其作用只是凑足音节，后人或称之为"音节助词"，这在《诗经》《楚辞》中较为常见。朱熹在训诂中对这些术语的使用情况如下：

《楚辞·九歌·云中君》："謇将憺兮寿宫，与日月兮齐光。龙驾兮帝服，聊翱游兮周章。"

朱熹集注："謇，词也。"

《楚辞·远游》："雌蜺便娟以增挠兮，鸾鸟轩翥而翔飞。音乐博衍无终极兮，焉乃逝以徘徊。"

朱熹集注："焉，语词也。"

以上是朱熹对位于句首的一些虚词的解释。对位于句中的虚词的解释例如：

《诗经·小雅·桑扈》："兕觥其觩，旨酒思柔。彼交匪敖，万福来求。"

朱熹集传："思，语词也。"

《诗经·大雅·文王》："亹亹文王，令闻不已。陈锡哉周，侯文王孙子。文王孙子，本支百世。凡周之士，不显亦世。"

朱熹集传："哉，语辞。"

此外还有对位于句末的虚词的解释，例如：

《诗经·召南·草虫》："喓喓草虫，趯趯阜螽。未见君子。忧心忡忡。亦既见止，亦既觏止，我心则降。"

朱熹集传："止，语辞。"

《诗经·小雅·桑扈》："交交桑扈，有莺其羽。君子乐胥，受天之祜。"

朱熹集传："胥，语词。"

《楚辞·卜居》："宁超然高举，以保真乎？将呢訾粟斯，喔咿儒儿，以事妇人乎？"

朱熹集注："斯，辞也。"

有些虚词既可以用于句首，也可以用于句中、句末，朱熹对这种现象也做了训释，例如：

《诗经·大雅·文王》："世之不显，厥犹翼翼。思皇多士，生此王国。王国克生，维周之桢。济济多士，文王以宁。"

朱熹集传："思，语辞。"

《诗经·周颂·丝衣》："丝衣其紑，载弁俅俅。自堂徂基，自羊徂牛，鼐鼎及鼒，兕觥其觩。旨酒思柔，不吴不敖，胡考之休。"

朱熹集传："思，语辞。"

《诗经·小雅·白驹》："皎皎白驹，贲然来思。尔公尔侯，逸豫无期。慎尔优游，勉尔遁思。"

朱熹集传："思，语词也。"

按：王引之《经传释词》卷八将以上三个位置的"思"分别解释为："发语词""句中语助"和"语已词"；杨伯峻的《词诠》则分别解释为："句首助词，无义""句中助词，无义"和"句末助词，无义"。

需要指出的是，以上位于句首、句中、句末的虚词，在没有说明它们具体作用的前提下，如果只有凑足音节的作用，我们就将其视为音节助词；如果它们能够表示一定的语法意义，我们就将其视为相应的虚词，例如如果它们能在句子中帮助表达陈述、疑问、祈使、感叹等语气，我们就将其视为句首语气词、句中语气词和句末语气词。当然，朱熹有时也会直接说明某个虚词的具体用法，例如《楚辞·大招》："青春受谢，白日昭只。春气奋发，万物遽只。冥凌浃行，魂无逃只。魂魄归徕！无远遥只。"朱熹将"只"注为"语已词"，而没有笼统地将其释为"语词"。下面就是朱熹根据自己对虚词的认识，同时也借鉴了前人的成果而对不同语法作用的虚词所做的训释。

1. 语助辞（助语辞）

《诗经·鄘风·君子偕老》："玉之瑱也，象之揥也，扬且之皙也。胡然而天也，胡然而帝也。"

朱熹集传："且，助语辞。"

《论语·微子》："楚狂接舆歌而过孔子曰：'凤兮！凤兮！何德之衰？往者不可谏，来者犹可追。已而，已而！今之从政者殆而！'"

朱熹集注："而，语助辞。"

《孟子·梁惠王上》："曰：'否。吾不为是也。'曰：'然则王之所大欲可知已。欲辟土地，朝秦楚，莅中国而抚四夷也。'"

朱熹集注："已，语助辞。"

2. 发语辞（词）

《诗经·豳风·东山》："蜎蜎者蠋，烝在桑野。敦彼独宿，亦在车下。"

朱熹集传："烝，发语辞。"

《诗经·小雅·常棣》："脊令在原，兄弟急难。每有良朋，况也永叹。"

朱熹集传："况，发语词。"

《孟子·梁惠王上》："王曰：'若是其甚与?'曰：'殆有甚焉。缘木求鱼，虽不得鱼，无后灾。以若所为，求若所欲，尽心力而为之，后必有灾。'……曰：'然则小固不可以敌大，寡固不可以敌众，弱固不可以敌强。海内之地方千里者九，齐集有其一。以一服八，何以异于邹敌楚哉？盖亦反其本矣。'"

朱熹集注："殆、盖，皆发语辞。"

3. 叹辞（词）

《诗经·卫风·淇奥》："宽兮绰兮，猗重较兮。善戏谑兮，不为虐兮。"

朱熹集传："猗，叹辞也。"

《诗经·唐风·椒聊》："椒聊之实，蕃衍盈升。彼其之子，硕大无朋。椒聊且！远条且！"

朱熹集传："且，叹词。"

《孟子·公孙丑下》："曰：'恶！是何言也！齐人无以仁义与王言者，岂以仁义为不美也？其心曰"是何足与言仁义也"云尔，则不敬莫大乎是。'"

朱熹集注："恶，叹辞也。"

4．反语辞

《论语·学而》："子禽问于子贡曰：'夫子至于是邦也，必闻其政，求之与？抑与之与？'"

朱熹集注："抑，反语辞。"

《论语·宪问》："子曰：'不逆诈，不亿不信。抑亦先觉者，是贤乎！'"

朱熹集注："抑，反语辞。"

按：朱熹这里认为的"反语辞"包括两种情况："抑与之与"的"抑"相当于表示选择的连词，可译为"还是"。王引之《经传释词》卷三："抑，词之转也。字或作'意'。……字又作'噫'，又作'億'，又作'懿'，声义并同也。"柳宗元《命官》："官之命，宜以材耶？抑以姓乎？"而"抑亦先觉者"的"抑"则为表示转折的连词，相当于"但是""然而"。针对例句朱熹注云："言虽不逆不亿，而于人之情伪，自然先觉，乃为贤也。"《左传·襄公二十三年》："多则多矣，抑君似鼠。"用法正与例句中的"抑"相同。

5．禁止辞（戒止之词）

《诗经·大雅·行苇》："敦彼行苇，牛羊勿践履。方苞方体，维叶泥泥。"

朱熹集传："勿，戒止之词也。"

《礼记·大学》："所谓诚其意者，毋自欺也。如恶恶臭，如好好色，此之谓自谦，故君子必慎其独也。"

朱熹集注："毋者，禁止之辞。"

《论语·学而》："子曰：'君子不重则不威，学则不固。主忠信。无友不如己者。过则勿惮改。'"

朱熹集注："无、毋通，禁止辞也。"

《论语·颜渊》："子曰：'非礼勿视，非礼勿听，非礼勿言，非礼勿动。'"

朱熹集注："勿者，禁止之辞。"

以上几种术语在朱熹的训诂著作中出现的频率较高，集中体现了朱熹对虚词分类的认识。还有一些术语则出现较少，有的甚至只出现过一次，而且我们今天已经不再使用了，例如：

《诗经·鲁颂·閟宫》：“及彼南夷，莫不率从，莫敢不诺，鲁侯是若。”

朱熹集传：“诺，应辞。”

《论语·泰伯》：“曾子曰：‘可以托六尺之孤，可以寄百里之命，临大节而不可夺也。君子人与？君子人也。’”

朱熹集注：“与，疑辞。也，决辞。”

《楚辞·离骚》：“长太息以掩涕兮，哀民生之多艰。余虽好修姱以鞿羁兮，謇朝谇而夕替。”

朱熹集注：“謇，难词也。”

《楚辞·九章·惜诵》：“惜诵以致愍兮，发愤以抒情。所非忠而言之兮，指苍天以为正。”

朱熹集注：“所者，誓词，犹所谓‘所不与舅氏同心’‘所不与崔庆者’之类也。”

按：用我们现在的语法观点来看，朱熹释为“应辞”的“诺”，此处应为动词，意为“答应、应允”。《老子》第六十三章：“夫轻诺必寡信，多易必多难。”《荀子·王霸》：“刑赏已诺，信乎天下矣。”杨倞注：“诺，许也。”朱熹释为“疑辞”的“与”，此处应为用于句末表示疑问的语气词。《史记·刺客列传》：“此人暴虐吾国相，王县购其名姓千金，夫人不闻与?”《集韵·鱼韵》：“与，语辞。通作欤。”朱熹释为“决辞”的“也”，此处应为用于句末表示判断的语气词。《玉篇·乁部》：“也，所以穷上成文也。”《颜氏家训·书证》：“也，是语已及助句之辞，文籍备有之矣。”《庄子·逍遥游》：“南冥者，天池也。”《史记·廉颇蔺相如列传》：“和氏璧，天也所共传宝也。”朱熹释为“难词”的“謇”，此处应为句首语气词，无义。《楚辞·九章·惜诵》：“纷逢尤以离谤兮，謇不可释也。”王逸注：“謇，辞也。”只因“謇”的本义为“口吃”，即“难于言”，后引申有艰难、艰涩之义，故言“难词”。关于朱熹释为“誓词”的“所”，现在语法学界有不同的看法，例如王力先生就认为“所”的这种用法具有指代作用，但是又不能独立运用，故而将其视为“特别的指示代词”。[①] 我们认为，“所”既不能独立运用，也不能独立充当结构成分，把它归入助词似乎更合适一些。[②] 例句“所非忠而言之”相当于“所言而非忠”，“所”置于动词之前，指称动作行为的对象，“所言”意为“所说的话”。

此外，朱熹对有些虚词的解释还带有明显的叙述性质，并未将被释虚词归为某一类，例如：

《诗经·卫风·伯兮》：“其雨其雨，杲杲出日。愿言思伯，甘心首疾。”

朱熹集传：“其者，冀其将然之辞。”

《论语·学而》：“子贡曰：‘贫而无谄，富而无骄，何如?’子曰：‘可也。未若贫而乐，富而好礼者也。’”

朱熹集注：“凡曰‘可’者，仅可而有所未尽之辞也。”

《论语·雍也》：“子贡曰：‘如有博施于民而能济众，何如？可谓仁乎?’子曰：‘何事于仁，必也圣乎！尧舜其犹病诸！’”

朱熹集注：“乎者，疑而未定之辞。”

《论语·阳货》：“‘日月逝矣，岁不我与。’孔子曰：‘诺。吾将仕矣。’”

朱熹集注：“将者，且然而未必之辞。”

《周易·益·六二》：“《象》曰：‘或益之’，自外来也。”

朱熹本义：“或者，众无定主之辞。”

（二）对双音节虚词的训释

1. 语辞

《论语·学而》：“子贡曰：‘夫子温、良、恭、俭、让以得之。夫子之求之也，其诸异乎人之求之与?’”

朱熹集注：“其诸，语辞也。”

---

① 王力：《古代汉语》第一册，中华书局1999年版，第365页。

② 参见杨剑桥《古汉语语法讲义》，复旦大学出版社2010年版，第131—134页。

2. 语助辞

《诗经·邶风·北风》："北风其凉，雨雪其雱。惠而好我，携手同行。其虚其邪，既亟只且。"

朱熹集传："只且，语助辞。"

《诗经·王风·君子阳阳》："君子阳阳，左执簧，右招我由房。其乐只且。"

朱熹集传："只且，语助辞。"

3. 发语辞

《孟子·告子上》："孟子曰：'乃若其情，则可以为善矣，乃所谓善也。'"

朱熹集注："乃若，发语辞。"

4. 叹辞

《诗经·周南·麟之趾》："麟之趾，振振公子。于嗟麟兮。"

朱熹集传："于嗟，叹辞。"

《诗经·齐风·猗嗟》："猗嗟昌兮，颀而长兮，抑若扬兮，美目扬兮。巧趋跄兮，射则臧兮。"

朱熹集传："猗嗟，叹辞。"

《诗经·周颂·噫嘻》："噫嘻成王，既昭假尔。率时农夫，播厥百谷。骏发尔私，终三十里，亦服尔耕，十千维耦。"

朱熹集传："噫嘻，亦叹辞也。"

《诗经·周颂·潜》："猗与漆沮，潜有多鱼，有鳣有鲔，鲦鲿鰋鲤。以享以祀，以介景福。"

朱熹集传："猗与，叹辞。"

《礼记·大学》："诗云：'於戏前王不忘！'君子贤其贤而亲其亲，小人乐其乐而利其利，此以没世不忘也。"

朱熹集注："於戏，叹辞。"

《论语·八佾》："季氏旅于泰山。子谓冉有曰：'女弗能救与？'

对曰：‘不能。’子曰：‘呜呼！曾谓泰山不如林放乎？’”

朱熹集注：“呜呼，叹辞。”

5. 叹美之辞

《诗经·周颂·臣工》：“嗟嗟保介，维莫之春，亦又何求，如何新畬。於皇来牟，将受厥明。明昭上帝，迄用康年。”

朱熹集传：“於皇，叹美之辞。”

6. 疑辞

《论语·宪问》：“子贡方人。子曰：‘赐也贤乎哉？夫我则不暇。’”

朱熹集注：“乎哉，疑辞。”

《孟子·公孙丑下》：“明日，出吊于东郭氏。公孙丑曰：‘昔者辞以病，今日吊，或者不可乎？’曰：‘昔者疾，今日愈，如之何不吊？’”

朱熹集注：“或者，疑辞。”

7. 近辞

《孟子·梁惠王下》：“庄暴见孟子，曰：‘暴见于王，王语暴以好乐，暴未有以对也。’曰：‘好乐何如？’孟子曰：‘王之好乐甚，则齐国其庶几乎！’”

朱熹集注：“庶几，近辞也。”

三 对前人误释为实词的虚词的纠正

《诗经·周南·葛覃》：“言告师氏，言告言归。薄污我私，薄浣我衣。”

毛传：“言，我也。”

郑笺："我告师氏者，我见教告于女师也，教告我以适人之道。"

孔颖达疏："'言，我'，《释诂》文。"

朱熹集传："言，辞也。"

按：对于"言"的解释，郑笺、孔疏申毛说，亦释为代词，朱熹则认为此处的"言"应为虚词。马瑞辰《毛诗传笺通释》卷二："《尔雅》：'孔、魄、哉、延、虚、无、之、言，间也。'间谓间厕言词之中，犹今人云语助也。尔雅此节皆语助。凡词之在句中者为间，词之在句首、在句末者亦为间。言有在句首者，'言告师氏''言刈其楚'之类是也。"刘淇《助字辨略》："《诗·国风》：'言告师氏，言告言归'。《朱传》云：'言，辞也。'愚案：言，犹云也。《毛传》训为我，盖引《尔雅》之文，恐非。如《诗》'焉得萱草，言树之背。''言念君子，温其如玉。''驾言出游，以写我忧。'诸言字，并是语助，不为义也。"杨树达《词诠》卷七："言，语首助词，无义。"

又如：

《诗经·周南·樛木》："南有樛木，葛藟累之。乐只君子，福履绥之。"

郑笺："妃妾以礼义相与和，又能以礼乐乐其君子，使为福禄所安。"

陆德明音义："只，之氏反，犹是也。"

孔颖达疏："《南山有台》笺云'只之言是'，则此'只'亦为'是'。此笺云'乐其君子'，犹言'乐是君子'矣。"

朱熹集传："只，语助词。"

按：郑玄、陆德明、孔颖达等人都将这里的"只"释为指示代词"是"，朱熹则将其释为"语助词"。马瑞辰《毛诗传笺通释》卷二："《说文》：'只，语已辞也。从口，象气下引之形。'经传中通用为语助辞，如'仲氏任只''母也天只'及凡言'乐只君子'皆是也。"王引之《经传释词》卷九："只，亦句中语助也。《诗·樛木》及《南山有台》《采菽》并曰：'乐只君子。'《北风》曰：'既亟只且。'《君子阳阳》曰：'其乐只且。'字亦作'旨'。《左传》襄十一年、二十四年，及昭十三年，引《诗》并作'乐旨君子'。"可见，朱熹将"只"释为虚词得到了后代学者的认同。

再如：

《诗经·唐风·有杕之杜》："有杕之杜，生于道左。彼君子兮，噬肯适我。"

毛传："噬，逮也。"

陆德明音义："噬，市世反，《韩诗》作'逝'。逝，及也。"

朱熹集传："噬，发语辞。"

按："噬"和"逝"上古都为禅母月部字，据《韩诗》提供的异文材料，二者的语义及句法功能应当相同。毛传将"噬"释为"逮"，亦有将"逝"释为"逮"的例子。《诗经·邶风·日月》："日居月诸，照临下土。乃如之人兮，逝不古处。胡能有定，宁不我顾?"毛传："逝，逮。"朱熹仍旧释为虚词："逝，发语辞。"毛传认为"噬"和"逝"的意思均为"逮"，朱熹则认为二者均为发语辞，这种观点为后人所认同。马瑞辰《毛诗传笺通释》在卷四《日月》篇下注："逝当从朱子《集传》训为发语词。《尔雅》、毛传训逮者，逮与肆通。（肆古从隶作肆，与逮形声相近。）《广雅·释言》：'肆，遻也。'即《尔雅》遻逮之义也。肆亦语辞。《绵》诗'肆不殄厥愠'，《抑》诗'肆皇天弗尚'，《昊天有成命》诗'肆其靖之'，皆语词也。二章'逝不相好'，《硕鼠》诗'逝将去女'，《桑柔》诗'逝不以濯'，逝皆语词。毛、郑或训为及，或训为往，失之。"刘淇《助字辨略》："《诗·国风》：'彼君子兮，噬肯适我。'朱传云：'噬，发语辞。'愚案：逝，噬，音皆近是，故得通为发语之声，不为义也。"

四 对某些虚词的考证

《诗经·陈风·墓门》："墓门有棘，斧以斯之。夫也不良，国人知之。知而不已，谁昔然矣。"

朱熹集传："谁昔，昔也，犹言畴昔也。"

按：毛传："昔，久也。"郑笺："谁昔，昔也。"朱熹首先继承了郑玄的训释，认为"谁昔"即为"昔也"，"谁"不取义，为发语词，这种观点是有根据的，《尔雅·释训》："谁昔，昔也。"郭璞注："谁，发语辞。”接着朱熹指出“谁昔”犹言“畴昔”，也就是说“谁”可训为“畴”。《尔雅·释诂下》：“畴，谁也。”《书·尧典》：“畴咨若时登庸。”孔传：“畴，谁。”《文选·司马相如〈封禅文〉》：“罔若淑而不昌，畴逆失而能存？”李善注引应劭曰：“畴，谁也。”清人马瑞辰为朱熹的解释做了很好的疏证，《毛诗传笺通释》卷十三：“传、笺义本相承。朱子《集传》云：‘谁昔，犹言畴昔。’其说是也。畴、谁一声之转。《尔雅》：‘畴，谁也。’畴字本作𠷎，又作𠷎。《说文》：‘𠷎，谁也。’又曰：‘𠷎，词也。’引《虞书》‘帝曰𠷎咨’。今经典通作畴。《礼记·檀弓》曰‘予畴昔之夜’，郑注：‘畴，发声也。’畴转为谁，皆语词，故笺以谁昔即为昔也。畴昔或作畴曩。（《文选》卢谌诗：‘借曰如昨，忽为畴曩。’）昔为久，曩亦久也。（《尔雅》：‘曩，久也。’）昔对今言，故训为久。”

又如：

《诗经·大雅·文王有声》：“文王有声，遹骏有声。遹求厥宁，遹观厥成。文王烝哉。”

朱熹集传：“遹，义未详，疑与‘聿’同，发语辞。”

按：《礼记·礼器》：“《诗》云：‘匪革其犹，聿追来孝。’”孔颖达疏：“聿、遹，字异义同。”“遹”和“聿”上古同为喻母质部字，故而“遹”可假借为“聿”。《后汉书·文苑传上·傅毅》：“二志靡成，聿劳我心。”李贤注：“聿，辞也。”《玉篇·聿部》：“聿，辞也。”朱熹将“遹”释为发语辞的观点为后人所继承，张自烈《正字通·辵部》：“遹，发语辞。”刘淇《助字辨略》：“聿，语辞，不为义者也。与曰、欥、遹并通。”近人杨树达《词诠》：“遹，句首助词，无义。”

再如：

《诗经·周颂·有客》：“有客有客，亦白其马。有萋有且，敦琢其旅。”

朱熹集传：“亦，语辞也。”

按：毛传：“亦，亦周也。”郑笺：“亦，亦武庚也。”二者都没有对“亦”作出明确的训释，朱熹将“亦”释为“语辞”。马瑞辰《毛诗传笺通释》卷二十九："亦字当从朱子《集传》训为语词。王尚书《释词》曰：'亦，有不承上文而但为语词者，若《易·井》彖辞"亦未繘井"，《书》"亦行有九德"，《诗·草虫》"亦既见止"是也。'今按此诗'亦白其马'及《丰年》诗'亦有高廪'，亦皆为语助，为上无所承之词。传谓亦周，笺谓亦武庚，并失之。"刘淇《助字辨略》："愚案，亦，辞也，不为义者也。如'亦将有以利吾国乎'之亦，义近于抑，发语辞也。……大凡书传亦字，多是语辞。如《诗·国风》：'亦孔之嘉。'《周颂》：'维莫之春，亦又何求。'"朱熹将"亦"释为虚词的例子又如《诗经·周颂·丰年》："丰年多黍多稌，亦有高廪，万亿及秭。"毛传于"亦"下无注，郑笺："亦，大也。"朱熹集传："亦，助语辞。"

以上我们分析了朱熹对一些语法现象的解释以及由此体现出的朱熹的语法观念。虽然这些语法观念都散见于逐字为训的注释中，还未形成完整的体系，但这也是朱熹训诂思想当中的闪光点，值得后人继承并在此基础上不断发展、完善。

第五章　朱熹对古籍修辞的研究

第一节　朱熹对修辞表达方式的说明

我国古代虽然没有修辞学的专著，但是却有着丰富的修辞学资料，事实上，我国古代的修辞学是包含在训诂学之中的。从训诂学的角度讲，不懂得古代汉语的修辞，不了解古书中经常使用的修辞表达方式的功用和特点，就不会真正地读懂古书。所以，古人非常注意研究修辞。《周易·乾·文言》："修辞立其诚。"《论语·卫灵公》："辞达而已矣。"《礼记·表记》："情欲信，辞欲巧。"这些都是有关修辞的一般理论的论述。古代汉语修辞表达的手法是多种多样的，现代汉语的绝大多数辞格都是从古代汉语中继承而来的。

为了能够使人正确理解文章中的修辞手法，训诂注释中对此也多有说明。在朱熹之前，汉唐的训诂学家诸如马融、许慎、郑玄、郑众、孔颖达、贾公彦等对于文言修辞方面已经有不少探索和阐述，朱熹在自己的训诂中充分继承了前人的研究成果，同时根据所注古籍的实际情况，对其中使用的修辞表达方式予以了较为详细的说明。

一　互文

唐·贾公彦《仪礼·既夕礼》义疏："凡言互文者，是二物各举一边而省文，故云互文。"这是前人对互文所下的定义。互文又称互言，是指两种事物在上下文中相互体现、相互补充、相互说明词义的一种修辞方式，在古书中十分常见。朱熹也注意到了这种修辞表达方式，在训诂时对此做了分析说明，例如：

《诗经·小雅·采芑》："方叔率止，钲人伐鼓，陈师鞠旅。显允方叔，伐鼓渊渊，振旅阗阗。”

朱熹集传：“钲以静之，鼓以动之，钲鼓各有人，而言钲人伐鼓，互文也。鞠，告也。二千五百人为师，五百人为旅。此言将战，陈其师旅，而誓告之也。陈师鞠旅，亦互文耳。”

《诗经·大雅·生民》：“诞降嘉种，维秬维秠，维穈维芑。恒之秬秠，是获是亩，恒之穈芑，是任是负，以归肇祀。”

朱熹集传：“既成则获而栖之于亩，任负而归，以供祭祀也。秬秠言获亩，穈芑言任负，互文耳。”

《礼记·中庸》：“郊社之礼，所以事上帝也。宗庙之礼，所以祀乎其先也。明乎郊社之礼、禘尝之义，治国其如示诸掌乎!”

朱熹集注：“尝，秋祭也。四时皆祭，举其一耳。礼必有义，对举之，互文也。”

《诗经·卫风·硕人》：“硕人其颀，衣锦褧衣。齐侯之子，卫侯之妻，东宫之妹，邢侯之姨，谭公维私。”

朱熹集传：“女子后生曰妹，妻之姊妹曰姨，姊妹之夫曰私。邢侯、谭公，皆庄姜姊妹之夫，互言之也。”

《论语·为政》：“子曰：‘君子周而不比，小人比而不周。’”

朱熹集注：“君子、小人所为不同，如阴阳昼夜，每每相反。然究其所以分，则在公私之际，毫厘之差耳。故圣人于周比、和同、骄泰之属，常对举而互言之，欲学者察乎两间，而审其取舍之几也。”

二　省文

省略也是古人常用的一种修辞方式，其目的是为了使行文简洁。杨树达先生在《中国修辞学》一书中将省略分为省字、省词和省句三种情况。省略在古汉语里常称为“省文”，朱熹在训诂中对这种修辞表达方式的解释例如：

《礼记·中庸》：“郊社之礼，所以事上帝也。宗庙之礼，所以祀乎其先也。明乎郊社之礼、禘尝之义，治国其如示诸掌乎!”

朱熹集注：“郊，祀天。社，祭地。不言后土者，省文也。”

按：朱熹此处关于“省文”的注释来源于郑玄。郑玄注：“社，祭地神，不言后土者，省文。”社礼为祭奠地神之礼，后土为地神，若不省文，应为：“郊社之礼，所以事上帝、后土也。”

《孟子·滕文公上》：“方里而井，井九百亩，其中为公田。八家皆私百亩，同养公田。公事毕，然后敢治私事，所以别野人也。”

朱熹集注：“此详言井田形体之制，乃周之助法也。公田以为君子之禄，而私田野人之所受。先公后私，所以别君子野人之分也。不言君子，据野人而言，省文耳。”

按：根据井田制，公田为君子之禄，私田为野人之所受，“先公后私，所以别君子野人之分也”。但原文只写“所以别野人也”，是省略了“君子”，补足后应为：“公事毕，然后敢治私事，所以别君子野人也。”

三　重言

重言或称再言，是指词语连续反复使用或者间隔反复使用的一种修辞方式。古人在写诗作文时，或者为了表达某种情感，或者为了达到某种效果，常常会反复使用一些词语或句子。朱熹在训诂中对古籍里使用重言的情况做了分析说明，经过总结，朱熹的分析说明可以分为以下几种类型：

1. 直接说明属于词语或句子的重复使用

《诗经·邶风·燕燕》：“燕燕于飞，差池其羽。之子于归，远送于野。瞻望弗及，泣涕如雨。”

朱熹集传：“燕，鳦也。谓之燕燕者，重言之也。”

《诗经·小雅·南有嘉鱼》：“南有嘉鱼，烝然罩罩。君子有酒，嘉宾式燕以乐。”

朱熹集传：“罩，篧也，编细竹以罩鱼者也。重言罩罩，非一之词也。”

《孟子·尽心下》：“‘何以谓之狂也?’曰：‘其志嘐嘐然，曰：“古之人，古之人。”夷考其行，而不掩焉者也。’”

朱熹集注：“重言‘古之人’，见其动辄称之，不一称而已也。”

2. 通过重言来表达程度的加深

《诗经·邶风·式微》："式微式微，胡不归？微君之故，胡为乎中露？"

朱熹集传："微，犹衰也。再言之者，言衰之甚也。"

《论语·阳货》："子曰：'食夫稻，衣夫锦，于女安乎？'曰：'安。''女安则为之！夫君子之居丧，食旨不甘，闻乐不乐，居处不安，故不为也。今女安，则为之！'"

朱熹集注："初言'女安则为之'，绝之之辞，又发其不忍之端，以警其不察，而再言'女安则为之'以深责之。"

《孟子·公孙丑上》："曰：'恶！是何言也！昔者子贡问于孔子曰："夫子圣矣乎？"孔子曰："圣则吾不能，我学不厌而教不倦也。"子贡曰："学不厌，智也；教不倦，仁也。仁且智，夫子既圣矣。"夫圣，孔子不居，是何言也！'"

朱熹集注："再言'是何言也'，以深拒之。"

3. 通过重言来表达情感的加深

（1）表达赞美之情的加深

《论语·雍也》："子曰：'贤哉，回也！一箪食，一瓢饮，在陋巷，人不堪其忧，回也不改其乐。贤哉，回也！'"

朱熹集注："颜子之贫如此，而处之泰然，不以害其乐，故夫子再言'贤哉回也'，以深叹美之。"

《论语·泰伯》："子曰：'禹，吾无间然矣。菲饮食而致孝乎鬼神，恶衣服而致美乎黻冕，卑宫室而尽力乎沟洫。禹，吾无间然矣。'"

朱熹集注："间，罅隙也，谓指其罅隙而非议之也。……或丰或俭，各适其宜，所以无罅隙之可议也，故再言以深美之。"

《论语·宪问》："蘧伯玉使人于孔子。孔子与之坐而问焉，曰：'夫子何为？'对曰：'夫子欲寡其过而未能也。'使者出。子曰：'使乎！使乎！'"

朱熹集注："使者之言愈自卑约，而其主之贤益彰，亦可谓深知君子之心而善于辞令者矣，故夫子再言‘使乎’以重美之。”

(2) 表达憎恶之情的加深

《诗经·小雅·巷伯》第二章：“哆兮侈兮，成是南箕。彼谮人者，谁适与谋。”

《诗经·小雅·巷伯》第六章：“彼谮人者，谁适与谋。取彼谮人，投畀豺虎。豺虎不食，投畀有北。有北不受，投畀有昊。”

朱熹集传：“再言‘彼谮人者，谁适与谋’者，甚嫉之，故重言之也。”

(3) 表达其他情感的加深

《诗经·豳风·东山》：“我徂东山，慆慆不归。我来自东，零雨其濛。果赢之实，亦施于宇。伊威在室，蟏蛸在户。町畽鹿场，熠耀宵行。不可畏也，伊可怀也。”

朱熹集传：“章首四句，言其往来之劳，在外之久，故每章重言，见其感念之深。”

《孟子·滕文公下》：“公都子曰：‘外人皆称夫子好辩，敢问何也？’孟子曰：‘予岂好辩哉？予不得已也。……我亦欲正人心，息邪说，距诐行，放淫辞，以承三圣者。岂好辩哉？予不得已也。’”

朱熹集注：“盖邪说横流，坏人心术，甚于洪水猛兽之灾，惨于夷狄篡弑之祸，故孟子深惧而力救之。再言‘岂好辩哉，予不得已也’，所以深致意焉。”

4. 通过重言来表示强调

《诗经·豳风·七月》首章：“七月流火，九月授衣。一之日觱发，二之日栗烈。无衣无褐，何以卒岁？三之日于耜，四之日举趾。同我妇子，馌彼南亩，田畯至喜。”

《诗经·豳风·七月》第二章：“七月流火，九月授衣。春日载阳，有鸣仓庚。女执懿筐，遵彼微行，爰求柔桑。春日迟迟，采蘩祁祁。女心伤悲，殆及公子同归。”

朱熹集传：“再言‘流火授衣’者，将言女功之始，故又本于此。”

《楚辞·离骚》：“时暧暧其将罢兮，结幽兰而延伫。世溷浊而不分兮，好蔽美而嫉妒。……欲远集而无所止兮，聊浮游以逍遥。及少康之未家兮，留有虞之二姚。理弱而媒拙兮，恐导言之不固。世溷浊而嫉贤兮，好蔽美而称恶。”

朱熹集注：“恐道理弱于少康，而媒又无巧辞也，盖不待其不合，而已自知其必无所成矣，故再言世之溷浊而嫉贤蔽美。”

5. 通过重言来与上文呼应

《孟子·梁惠王上》：“孟子对曰：‘王何必曰利？亦有仁义而已矣。……未有仁而遗其亲者也，未有义而后其君者也。王亦曰仁义而已矣，何必曰利？’”

朱熹集注：“重言之，以结上文两节之意。”

《周易·乾·文言》：“九二曰‘见龙在田，利见大人’，何谓也？子曰：‘龙德而正中者也。庸言之信，庸行之谨。闲邪存其诚，善世而不伐，德博而化。《易》曰：“见龙在田，利见大人。”君德也。’……君子学以聚之，问以辨之，宽以居之，仁以行之。《易》曰‘见龙在田，利见大人’，君德也。”

朱熹本义：“‘闲邪存其诚’，无斁亦保之意，言君德也者，释大人之为九二也。……盖由四者以成大人之德，再言‘君德’，以深明九二之为大人也。”

《周易·乾·文言》：“其唯圣人乎？知进退存亡，而不失其正者，其唯圣人乎？”

朱熹本义：“再言‘其唯圣人乎’，始若设问，而卒自应之也。”

四　谦辞

朱熹在《论语·为政》篇的“子曰：‘吾十有五而志于学，三十而立，四十而不惑，五十而知天命，六十而耳顺，七十而从心所欲，不踰矩'"句下注云："愚谓圣人生知安行，固无积累之渐，然其心未尝自谓已至此也。是其日用之间，必有独觉其进而人不及知者。故因其近似以自名，欲学者以是为则而自勉，非心实自圣而姑为是退托也。后凡言谦辞之属，意皆放此。"

这是朱熹对古籍中所使用的"谦辞"的认识。朱熹在训诂中对谦辞这种修辞表达方式的分析与说明例如：

《论语·述而》："子曰：'若圣与仁，则吾岂敢？抑为之不厌，诲人不倦，则可谓云尔已矣。'公西华曰：'正唯弟子不能学也。'"

朱熹集注："此亦夫子之谦辞也。"

《论语·子罕》："子畏于匡，曰：'文王既没，文不在兹乎？天之将丧斯文也，后死者不得与于斯文也；天之未丧斯文也，匡人其如予何？'"

朱熹集注："道之显者谓之文，盖礼乐制度之谓。不曰道而曰文，亦谦辞也。"

《论语·先进》："'赤！尔何如？'对曰：'非曰能之，愿学焉。宗庙之事，如会同，端章甫，愿为小相焉。'"

朱熹集注："相，赞君之礼者。言小，亦谦辞。"

《孟子·梁惠王上》："《诗》云：'刑于寡妻，至于兄弟，以御于家邦。'言举斯心加诸彼而已。故推恩足以保四海，不推恩无以保妻子。"

朱熹集注："寡妻，寡德之妻，谦辞也。"

《孟子·离娄下》："其事则齐桓、晋文，其文则史。孔子曰：'其义则丘窃取之矣。'"

朱熹集注："窃取者，谦辞也。"

五　关于协韵

古人在作诗时，为了使韵脚字押韵和谐，常常针对韵脚字采用多种修辞手法。关于协韵，朱熹在训诂中予以说明的有以下几种方式：

1. 变文以协韵

所谓变文，是指作品为了避免重复，有意使用不同的词语来表达相同或相近的意义，使文辞错落多变，从而达到某种效果的一种修辞手法。变文以协韵是指在避免重复的前提下，为了使诗歌押韵和谐，常常改换韵脚用字的一种修辞方式。例如《诗经·陈风·泽陂》首章："彼泽之陂，有蒲与荷。有美一人，伤如之何？"三章："彼泽之陂，有蒲菡萏。有美一人，硕大且俨。"孔颖达正义："首章言荷，指芙蕖之茎。卒章言菡萏，指芙蕖之华。二者皆取华之美以喻女色，但变文以取韵耳。"朱熹训诂中对这种修辞表达方式的分析例如：

> 《诗经·小雅·皇皇者华》第三章："我马维骐，六辔如丝。载驰载驱，周爰咨谋。"
>
> 朱熹集传："如丝，调忍也。谋，犹诹也。变文以协韵耳。下章放此。"

按：该诗第二章为："我马维驹，六辔如濡。载驰载驱，周爰咨诹。""诹"与"驹""濡""驱"四字在上古同押侯部韵。为了避免重复，下面几章诗句中的相应位置上都使用了一些意义相同或相近的词语，例如第四章为："我马维骆，六辔沃若。载驰载驱，周爰咨度。"朱熹集传："沃若，犹如濡也。度，犹谋也。"第五章为："我马维骃，六辔既均。载驰载驱，周爰咨询。"朱熹集传："阴白杂毛曰骃。均，调也。询，犹度也。"这些变换了的韵脚字，同样应该符合押韵的原则。经过验证，在上述的第三、第四、第五章里，除了"驱"字都不入韵外，第三章的"骐""丝""谋"在上古同押之部韵，第四章的"骆""若""度"在上古同押铎部韵，第五章的"骃""均""询"在上古同押真部韵，都属于变文以协韵。

2. 互文以协韵

互文以协韵是指为了使诗歌押韵和谐，常常使用一些在上下文可以相互体现，相互补充，相互说明词义的词语来变换韵脚字的一种修辞方式。朱熹训诂中对这种修辞表达方式的分析例如：

> 《诗经·鄘风·定之方中》："定之方中，作于楚宫。揆之以日，作于楚室。树之榛栗，椅桐梓漆，爰伐琴瑟。"
>
> 朱熹集传："楚室，犹楚宫。互文以协韵耳。"

按："作于楚宫"的"宫"与"定之方中"的"中"押韵，上古同为冬部字，"作于楚室"的"室"则与"揆之以日"的"日"以及下文的"栗""漆""瑟"押韵，上古同为质部字。"宫"与"室"可以互文见义，《说文·宫部》："宫，室也。"段玉裁注："宫，言其外之围绕，室言其内。析言则殊，统言不别也。"《尔雅·释宫》："宫谓之室，室谓之宫。"《史记·五帝本纪》："象乃止舜宫居，鼓其琴。"张守节正义："宫即室也。"故而"楚宫"与"楚室"属于互文以协韵。

3. 便文以协韵

通过对《四库全书》中"变文"与"便文"的用法进行判断，我们认为二者当为不同的概念。"变文"是有意使用不同的词语来表达相同或相近的意义，旨在避免重复；"便文"则侧重于语序的变换。《诗经·小雅·巧言》："奕奕寝庙，君子作之。秩秩大猷，圣人莫之。"孔颖达疏："连言寝庙者，《周礼》注云'前曰庙，后曰寝'，则庙寝一物。先寝后庙，便文耳。"便文以协韵是指为了使诗歌押韵和谐，常常将韵脚字与非韵脚字的位置予以颠倒的一种修辞方式。例如《诗经·小雅·楚茨》："济济跄跄，絜尔牛羊，以往烝尝。"孔颖达正义："据四时则尝先于烝，经先烝后尝，便文耳。""烝尝"与"尝烝"的意义无别，这样更换语序的原因当是为了押韵，"尝"与"跄""羊"上古同为阳部字。朱熹训诂中对这种修辞表达方式的分析例如：

> 《诗经·小雅·甫田》："以我齐明，与我牺羊，以社以方。我田既臧，农夫之庆。"
>
> 朱熹集传："齐，与粢同。《曲礼》曰：'稷曰明粢。'此言齐明，便文以协韵耳。"

按："齐"读与"粢"同。《淮南子·精神训》："珍怪奇味，人之所美也，而尧粝粢之饭，藜藿之羹。"高诱注："粢，稷也。读齐衰之齐。"《集韵·脂韵》："粢，亦作齐。"根据《礼记·曲礼》，此处正常的语序应为"明粢"，即"明齐"，为了韵脚字的押韵和谐，才将"齐明"变为"明齐"，从而使"明"与"羊""方""臧""庆"押韵（此五字上古均为阳部字）。

第二节 朱熹对《诗经》赋、比、兴的研究

一 朱熹对赋、比、兴的定义

赋、比、兴是《诗经》最重要的修辞手法。关于“风、雅、颂、赋、比、兴”，一直以来有“六诗”和“六义”两种说法：

《周礼·春官·大师》：“教六诗：曰风，曰赋，曰比，曰兴，曰雅，曰颂。”

郑玄注：“风，言贤圣治道之遗化也。赋之言铺，直铺陈今之政教善恶。比，见今之失，不敢斥言，取比类以言之。兴，见今之美，嫌于媚谀，取善事以喻劝之。雅，正也，言今之正者，以为后世法。颂之言诵也，容也，诵今之德，广以美之。郑司农云：‘古而自有风雅颂之名，故延陵季子观乐于鲁时，孔子尚幼，未定《诗》《书》，而因为之歌《邶》《鄘》《卫》，曰“是其《卫风》乎?”又为之歌《小雅》《大雅》，又为之歌《颂》。《论语》曰：“吾自卫反鲁，然后乐正，《雅》《颂》各得其所。”时礼乐自诸侯出，颇有谬乱不正，孔子正之，曰比曰兴。比者，比方于物也。兴者，托事于物。’”

《诗经·大序》：“故诗有六义焉：一曰风，二曰赋，三曰比，四曰兴，五曰雅，六曰颂。”

孔颖达疏：“《大师》上文未有‘诗’字，不得径云‘六义’，故言‘六诗’。各自为文，其实一也。彼注云：‘风，言贤圣治道之遗化。赋之言铺，直铺陈今之政教善恶。比，见今之失，不敢斥言，取比类以言之。兴，见今之美，嫌于媚谀，取善事以喻劝之。雅，正也，言今之正者，以为后世法。颂之言诵也，容也，诵今之德，广以美之。’是解六义之名也。彼虽各解其名，以诗有正、变，故互见其意。‘风’云贤圣之遗化，谓变风也。‘雅’云‘言今之正，以为后世法’，谓正雅也。其实正风亦言当时之风化，变雅亦是贤圣之遗法也。‘颂’训为‘容’，止云‘诵今之德，广以美之’，不解容之义，谓天子美有形容，下云‘美盛德之形容’，是其事也。‘赋’云‘铺陈今之政教善恶’，其言通正、变，兼美、刺也。‘比’云‘见今之

失，取比类以言之'，谓刺诗之比也。'兴'云'见今之美，取善事以劝之'，谓美诗之兴也。其实美、刺俱有比、兴者也。……'赋'者，直陈其事，无所避讳，故得失俱言。'比'者，比托于物，不敢正言，似有所畏惧，故云'见今之失，取比类以言之'。'兴'者，兴起志意赞扬之辞，故云'见今之美以喻劝之'。"

事实上，"六诗"与"六义"的名目和排序完全相同，是名异实同的两个概念，但是，"风、雅、颂"三者和"赋、比、兴"三者的性质显然是不一样的，不应该在一个分类平面上。孔颖达在《毛诗正义》中指出：

然则风、雅、颂者，诗篇之异体；赋、比、兴者，诗文之异辞耳，大小不同，而得并为六义者，赋、比、兴是诗之所用，风、雅、颂是诗之成形，用彼三事，成此三事，是故同称为义，非别有篇卷也。

对此，朱熹也有相似的认识：

或问《诗》六义，注"三经、三纬"之说。曰："'三经'是赋、比、兴，是做诗底骨子，无诗不有，才无，则不成诗。盖不是赋，便是比；不是比，便是兴。如风雅颂却是里面横弗底，都有赋、比、兴，故谓之'三纬'。"①

《诗经·大序》虽然提出了"六义"之说，但毛传却仅对"兴"体进行了标识，而对"赋"体和"比"体未予以说明。刘勰在《文心雕龙·比兴》中指出："毛公述传，独标兴体。"对此，孔颖达在《毛诗正义》中这样解释其原因："赋、比、兴如此次者，言事之道，直陈为正，故《诗经》多赋在比、兴之先。比之与兴，虽同是附托外物，比显而兴隐。当先显后隐，故比居兴先也。毛传特言兴也，为其理隐故也。"

朱熹在注释《诗经》的过程中，一改毛传仅标"兴"体的做法，不仅在《诗集传》中阐述了自己对于赋、比、兴的认识，而且还发凡起例，

① （宋）黎靖德编：《朱子语类》第六册卷八十，中华书局1986年版，第2070页。

据此对《诗经》三百零五篇的每一章都进行了标注。

朱熹给赋、比、兴所下的定义分别为："赋者，敷陈其事而直言之者也"；"比者，以彼物比此物也"；"兴者，先言他物以引起所咏之词也"。[①] 除此之外，朱熹还对赋、比、兴有着更为直接的解释："直指其名，直叙其事者，赋也；本要言其事，而虚用两句钓起，因而接续去者，兴也；引物为况者，比也。"[②]

由于毛传、郑笺所认为的"兴"体带有"譬喻"的意思，较容易与"比"体相混，故而朱熹特意强调了"比"与"兴"之间的区别："比是以一物比一物，而所指之事常在言外。兴是借彼一物以引起此事，而其事常在下句。但比意虽切而却浅，兴意虽阔而味长。"[③] 并且具体举例进行了说明："说出那物事来是兴，不说出那物事是比。如'南有乔木'，只是说个'汉有游女'；'奕奕寝庙，君子作之'，只说个'他人有心，予忖度之'；《关雎》亦然，皆是兴体。比底只是从头比下来，不说破。兴、比相近，却不同。"[④]

二 《诗集传》标注赋、比、兴的具体情况

朱熹对赋、比、兴三体的标注，为《诗经》的研究作出了巨大的学术贡献，这是因为，毛传在标注"兴"体之时本身存在着许多混乱之处，集中体现在以下两点[⑤]：

1. 标注"兴"体的位置混乱

毛传标注"兴"体，一般是在诗的首章之下注明，例如：

> 《诗经·小雅·南山有台》首章："南山有台，北山有莱。乐只君子，邦家之基。乐只君子，万寿无期。"

《南山有台》共有五章，因为这五章的字句基本相同，属于重章叠句，所用的修辞手法也应该是一样的，故毛传仅在首章"南山有台，北

① 以上定义分别见朱熹《诗集传》对《诗经·周南·葛覃》篇、《诗经·周南·螽斯》篇和《诗经·周南·关雎》篇的注释。

② （宋）黎靖德编：《朱子语类》第六册卷八十，中华书局1986年版，第2067页。

③ 同上书，第2069—2070页。

④ 同上书，第2069页。

⑤ 参见莫砺锋《朱熹文学研究》，南京大学出版社2000年版，第241页。

山有莱”下标明“兴也”，而在其他四章“南山有桑，北山有杨”“南山有杞，北山有李”“南山有栲，北山有杻”“南山有枸，北山有楰”下并未标明，这也是毛传标注“兴”体的一般格式。

但是也有例外，比如《诗经·小雅·南有嘉鱼》篇，毛传就在第三章“南有樛木，甘瓠累之”下标明“兴也”。孔颖达在首章“南有嘉鱼，烝然罩罩”下疏云：“此实兴，不云兴也，传文略。三章一云‘兴也’，举中明此上下，足知鱼、骓皆兴也。”

2. 毛传、郑笺、孔疏三者对“兴”体的认定不同

(1) 毛传未标“兴”体，郑笺认为是“兴”体

> 《诗经·邶风·燕燕》首章：“燕燕于飞，差池其羽。之子于归，远送于野。瞻望弗及，泣涕如雨。”

毛传在“燕燕于飞，差池其羽”下并未标明“兴也”，而郑笺却云：“差池其羽，谓张舒其尾翼，兴戴妫将归，顾视其衣服。”孔颖达申郑说：“燕燕往飞之时，必舒张其尾翼，以兴戴妫将归之时，亦顾视其衣服。”

又如：

> 《诗经·小雅·四月》首章：“四月维夏，六月徂暑。先祖匪人，胡宁忍予？”
>
> 《诗经·小雅·四月》第二章：“秋日凄凄，百卉具腓。乱离瘼矣，爰其适归？”

毛传在前两章的“四月维夏，六月徂暑”和“秋日凄凄，百卉具腓”下并未标注“兴也”，而郑笺却分别指出其为“兴”体：“四月立夏矣。至六月乃始盛暑，兴人为恶，亦有渐，非一朝一夕。”“凉风用事，而众草皆病。兴贪残之政行，而万民困病。”

(2) 毛传、郑笺未标“兴”体，孔疏认为是“兴”体

> 《诗经·周南·螽斯》首章：“螽斯羽，诜诜兮。宜尔子孙，振振兮。”

在“螽斯羽，诜诜兮”下，毛传、郑笺都未注明“兴”体，而孔疏却云：“螽斯之虫不妒忌，故诸蚣蝑皆共交接，各各受气而生子。故螽斯之羽诜诜然众多，以兴后妃之身不妒忌，故令众妾皆共进御，各得受气而生子，故后妃子孙亦众多也。”孔颖达还进一步解释说：“此实兴也。传不言兴者，《郑志》答张逸云：‘若此无人事，实兴也，文义自解，故不言之。’凡说不解者耳，众篇皆然，是由其可解，故传不言兴也。”

（3）毛传标注“兴”体，孔疏不认为是“兴”体

《诗经·小雅·頍弁》首章：“有頍者弁，实维伊何？尔酒既旨，尔殽既嘉。岂伊异人？兄弟匪他。茑与女萝，施于松柏。未见君子，忧心弈弈。既见君子，庶几说怿。”

毛传在“有頍者弁，实维伊何”下注“兴也”，郑笺未作解释，孔疏云：“毛以为，有頍然者之皮弁，实维伊何乎？宜在于首，以为表饰也。以兴有尊贵者之天王，维如何乎？宜君于上，以正纲纪也。”但孔颖达接着又说：“传兴理不明。王肃云：‘言无常也。兴有德者则戴頍然之弁矣。’下章肃又云：‘言冕，其在人之无期也。’其意以伤王无德，将不戴弁。孙毓以皮弁非唯王者所服，虽陪臣卿大夫皆得服之，不足以为王者废兴之喻。以王说为非。”

此外，孔颖达还在《毛诗正义》对《周南·螽斯》篇的解释中具体指出了毛传和郑笺在说明“兴”体时的不一致之处：“传言兴也，笺言兴者喻，言传所兴者欲以喻此事也，兴、喻名异而实同。或与传兴同而义异，亦云兴者喻，《摽有梅》之类也。亦有兴也，不言兴者，或郑不为兴，若‘厌浥行露’之类。或便文径喻，若‘褖衣’之类。或同兴，笺略不言喻者，若《邶风》‘习习谷风’之类也。或叠传之文，若《葛覃》笺云‘兴焉’之类是也。然有兴也，不必要有兴者，而有兴者，必有兴也。亦有毛不言兴，自言兴者，若《四月》笺云‘兴人为恶有渐’是也。或兴喻并不言，直云犹亦若者。虽大局有准，而应机无定。郑云喻者，喻犹晓也，取事比方以晓人，故谓之为喻也。”

鉴于以上问题，《诗集传》在《诗经》的每章之下标注赋、比、兴三体就具有十分重要的意义了。但在具体的标注过程中，朱熹的观点与毛传的看法亦时有不一致之处，对于同一首诗而言，主要存在以

下几种情况：

1. 毛传认为是“兴”体，朱熹认为是“赋”体

例如《诗经·卫风·竹竿》四章，毛传在首章“籊籊竹竿，以钓于淇”下注明“兴也”，而朱熹则认为四章均是“直指其名，直叙其事”的“赋”体：

> 《诗经·卫风·竹竿》首章：“籊籊竹竿，以钓于淇。岂不尔思？远莫致之。”
>
> 朱熹集传：“赋也。……言思以竹竿钓于淇水，而远不可至也。”
>
> 《诗经·卫风·竹竿》第二章：“泉源在左，淇水在右。女子有行，远兄弟父母。”
>
> 朱熹集传：“赋也。……思二水之在卫，而自叹其不如也。”
>
> 《诗经·卫风·竹竿》第三章：“淇水在右，泉源在左。巧笑之瑳，佩玉之傩。”
>
> 朱熹集传：“赋也。……承上章言二水在卫，而自恨其不得笑语游戏于其间也。”
>
> 《诗经·卫风·竹竿》第四章：“淇水滺滺，桧楫松舟。驾言出游，以写我忧。”
>
> 朱熹集传：“赋也。……与《泉水》之卒章同意。”（按：《邶风·泉水》篇卒章朱熹集传：“既不敢归，然其思卫地不能忘也，安得出游于彼而写其忧哉？”）

又如《诗经·郑风·风雨》三章，毛传在首章“风雨凄凄，鸡鸣喈喈”下注明“兴也”，郑笺云：“兴者，喻君子虽居乱世，不变改其节度。”与《小序》对诗旨的解释一致，有些牵强附会。朱熹则直接指出这是一首描写爱情的诗，在首章“风雨凄凄，鸡鸣喈喈。既见君子，云胡不夷”下注云：“淫奔之女言当此之时，见其所期之人而心悦也。”认为该诗三章都是“赋”体，与诗旨相合。再如他对该诗第二章“风雨潇潇，鸡鸣胶胶。既见君子，云胡不瘳”修辞手法的解释：“赋也。……言积思之病，至此而愈也。”

2. 毛传认为是“兴”体，朱熹认为是“比”体

例如《诗经·曹风·蜉蝣》三章，毛传在首章“蜉蝣之羽，衣裳楚

楚”下注明“兴也”，郑玄进一步解释说：“兴者，喻昭公之朝，其群臣皆小人也。徒整饰其衣裳，不知国之将迫胁，君臣死亡无日，如渠略然。”而朱熹则认为三章均为“比”体：“此诗盖以时人有玩细娱而忘远虑者，故以蜉蝣为比而刺之。言蜉蝣之羽翼，犹衣裳之楚楚可爱也。然其朝生暮死，不能久存，故我心忧之，而欲其于我归处耳。序以为刺其君，或然而未有考也。”对于传笺与朱熹的分歧，马瑞辰赞同朱熹的看法，《毛诗传笺通释》卷十五：“窃谓此诗当从朱子《集传》以为比。盖诗人不忍言人之似浮游，故转言浮游之羽翼有似于人之衣裳，此正诗人立言之妙。然观浮游之不能久存，将于我乎归处，归处谓死也。则人之徒致饰于衣裳者，亦可为鉴矣。”

又如《诗经·豳风·鸱鸮》四章，毛传在首章“鸱鸮鸱鸮！既取我子，无毁我室”下注明“兴也”，郑玄进一步解释说：“兴者，喻此诸臣乃世臣之子孙，其父祖以勤劳有此官位土地，今若诛杀之，无绝其位，夺其土地。王意欲诮公，此之由然。”朱熹则认为四章均为“比”体：“为鸟言以自比也。”在首章“鸱鸮鸱鸮，既取我子，无毁我室。恩斯勤斯，鬻子之闵斯”下朱熹注云：“托为鸟之爱巢者，呼鸱鸮而谓之曰：鸱鸮鸱鸮，尔既取我之子矣，无更毁我之室也。以我情爱之心，笃厚之意，鬻养此子，诚可怜悯。今既取之，其毒甚矣，况又毁我室乎？以比武庚既败管、蔡，不可更毁我王室也。”在第三章“予手拮据，予所捋荼，予所蓄租，予口卒瘏，曰予未有室家”下朱熹注云：“亦为鸟言：作巢之始，所以拮据以捋荼蓄租，劳苦而至于尽病者，以巢之未成也。以比己之前日所以勤劳如此者，以王室之新造而未集故也。”

3. 毛传认为是“兴”体，朱熹亦认为是“兴”体，但具体理解不同

例如《诗经·召南·江有汜》三章，毛传在首章“江有汜”下标注“兴也”，朱熹在三章下都标注“兴也”。对于毛传的“兴也”，郑玄笺云：“兴者，喻江水大，汜水小，然而并流，似嫡媵宜俱行。”孔颖达疏：“江水大，似嫡；汜水小，似媵。言江之有汜，得并流，以兴嫡之有媵，宜俱行。言是子嫡妻往归之时，不共我以俱行，由不以我俱去，故其后也悔。……此毛解汜之状，其兴与郑同，知毛不以兴夫人初过而后悔者，以后悔之文下章自见，故不解。”毛传、郑笺所认为的“兴”，带有“譬喻”的意思，朱熹则按照自己对“兴”的定义“先言他物以引起所咏之词也”，作了如下的解释：“是时汜水之旁，媵有待年于国，而嫡不与之偕

行者，其后嫡被后妃夫人之化，乃能自悔而迎之。故媵见江水之有汜而因以起兴，言江犹有汜，而之子之归，乃不我以，虽不我以，然其后也亦悔矣。”

又如《诗经·陈风·东门之池》三章，毛传在首章“东门之池，可以沤麻”下标注“兴也”，朱熹在三章下都标注“兴也”。郑玄对毛传“兴也”的解释为：“兴者，喻贤女能柔顺君子，成其德教。”孔颖达进一步疏曰：“东门之外有池水，此水可以沤柔麻草，使可缉绩以作衣服，以兴贞贤之善女，此女可以柔顺君子，使可修政以成德教。”郑笺、孔疏都从美刺的角度来解释毛传所标注的“兴”体，朱熹立足于诗意本身认为：“此亦男女会遇之词。盖因其会遇之地，所见之物，以起兴也。”类似的例子如《陈风·东门之杨》二章，毛传在首章“东门之杨，其叶牂牂”下标注“兴也”，郑玄笺云：“兴者，喻时晚也，失仲春之月。”朱熹在两章下都标注“兴也”，却认为“此亦男女期会而有负约不至者，故因其所见，以起兴也。”

4. 毛传认为是“兴”体，朱熹认为各章使用的修辞手法不同

毛传标注“兴”体的一般格式是仅在诗的首章标注，这样就让人理解为毛传对全诗各章的认定都是“兴”体。而朱熹则认为一首诗的各个章节可以使用不同的修辞手法，具体又分为以下几种情况：

(1) 毛传认为是“兴”体，朱熹认为是“赋”和“比”兼而有之

例如《诗经·邶风·匏有苦叶》四章，毛传在首章“匏有苦叶，济有深涉”下标注“兴也”，认为该诗四章都是“兴”体，而朱熹则在第一、二、四章下标注“比也”，在第三章下标注“赋也”。对于第三章“雝雝鸣雁，旭日始旦。士如归妻，迨冰未泮”所标注的“赋”体，朱熹注云：“亲迎以昏，而纳采请期以旦。归妻以冰泮，而纳采请期，迨冰未泮之时。言古人之于婚姻，其求之不暴，而节之以礼如此，以深刺淫乱之人也。”对于所注的“比”体，朱熹分别是这样解释的：首章“匏有苦叶，济有深涉。深则厉，浅则揭”，朱熹注云：“言匏未可用，而渡处方深，行者当量其浅深，而后可渡。以比男女之际，亦当量度礼义而行也。”第二章“有瀰济盈，有鷕雉鸣。济盈不濡轨，雉鸣求其牡”，朱熹注云：“夫济盈必濡其辙，雉鸣当求其雄，此常理也。今济盈而曰不濡轨，雉鸣而反求其牡，以比淫乱之人不度礼义，非其配耦，而犯礼以相求也。”第四章“招招舟子，人涉卬否。人涉卬否，卬须我友”，朱熹注云：

“舟人招人以渡，人皆从之。而我独否者，待我友之招而后从之也。以比男女必待其配耦而相从，而刺此人之不然也。”

又如《诗经·小雅·苕之华》三章，毛传在首章“苕之华，芸其黄矣”下标注“兴也”，认为该诗三章都是“兴”体，而朱熹则在第一、二章下标注“比也”，在第三章下标注“赋也”。例如在首章“苕之华，芸其黄矣。心之忧矣，维其伤矣”下朱熹注云：“比也。……诗人自以身逢周室之衰，如苕附物而生，虽荣不久，故以为比，而自言其心之忧伤也。”在第三章“牂羊坟首，三星在罶。人可以食，鲜可以饱”下朱熹注云：“赋也。……言饿馑之余，百物彫耗如此，苟且得食足矣，岂可望其饱哉?”

（2）毛传认为是“兴”体，朱熹认为是“赋”和“兴”兼而有之

例如《诗经·小雅·车舝》五章，毛传在首章“间关车之舝兮，思娈季女逝兮”下标注“兴也”，认为该诗五章都是“兴”体，而朱熹则在首章和第三章下标注“赋也”，在第二、四、五章下标注“兴也”，并按照自己对“赋”和“兴”的定义分别作了如下解释：

《诗经·小雅·车舝》首章：“间关车之舝兮，思娈季女逝兮。匪饥匪渴，德音来括。虽无好友，式燕且喜。”

朱熹集传：“赋也。……此燕乐其新昏之诗。故言间关然设此车舝者，盖思彼娈然之季女，故乘此车往而迎之也。匪饥也，匪渴也，望其德音来括，而心如饥渴耳。虽无他人，亦当燕饮以相喜乐也。”

《诗经·小雅·车舝》第二章：“依彼平林，有集维鷮。辰彼硕女，令德来教。式燕且誉，好尔无射。”

朱熹集传：“兴也。……依彼平林，则有集维鷮。辰彼硕女，则以令德来配己而教诲之。是以式燕且誉，而悦慕之无厌也。”

《诗经·小雅·车舝》第三章：“虽无旨酒，式饮庶几。虽无嘉殽，式食庶几。虽无德与女，式歌且舞。”

朱熹集传：“赋也。……言我虽无旨酒嘉殽美德以与女，女亦当饮食歌舞以相乐也。”

《诗经·小雅·车舝》第四章：“陟彼高冈，析其柞薪。析其柞薪，其叶湑兮。鲜我觏尔，我心写兮。”

朱熹集传：“兴也。……陟冈而析薪，则其叶湑兮矣；我得见

尔，则我心写兮矣。"

《诗经·小雅·车舝》第五章："高山仰止，景行行止。四牡骈骈，六辔如琴。觏尔新昏，以慰我心。"

朱熹集传："兴也。……高山则可仰，景行则可行，马服御良，则可以迎季女而慰我心也。此又举其始终而言也。"

又如《诗经·小雅·采菽》五章，毛传在首章"采菽采菽，筐之筥之"下标注"兴也"，认为该诗五章都是"兴"体，朱熹则认为第一、二、四、五章为"兴"体，第三章为"赋"体，他对首章和第三章的解释分别如下：

《诗经·小雅·采菽》首章："采菽采菽，筐之筥之。君子来朝，何锡予之？虽无予之，路车乘马。又何予之？玄衮及黼。"

朱熹集传："兴也。……采菽采菽，则必以筐筥盛之；君子来朝，则必有以锡予之。又言，今虽无以予之，然已有路车乘马，玄衮及黼之赐矣。其言如此者，好之无已，意犹以为薄也。"

《诗经·小雅·采菽》第三章："赤芾在股，邪幅在下。彼交匪纾，天子所予。乐只君子，天子命之。乐只君子，福禄申之。"

朱熹集传："赋也。……言诸侯服此芾偪，见于天子，恭敬齐遬，不敢纾缓，则为天子所与，而申之以福禄也。"

(3) 毛传认为是"兴"体，朱熹认为是"比"和"兴"兼而有之

例如《诗经·小雅·青青者莪》四章，毛传在首章"菁菁者莪，在彼中阿"下标注"兴也"，认为该诗四章都是"兴"体，朱熹则认为第一、二、三章为"兴"体，第四章为"比"体，他对首章和第四章的解释分别如下：

《诗经·小雅·青青者莪》首章："菁菁者莪，在彼中阿。既见君子，乐且有仪。"

朱熹集传："兴也。……此亦燕饮宾客之诗。言菁菁者莪，则在彼中阿矣；既见君子，则我心喜乐而有礼仪矣。或曰：以菁菁者莪，比君子容貌威仪之盛也。下章放此。"

《诗经·小雅·青青者莪》第四章："泛泛杨舟，载沈载浮。既见君子，我心则休。"

朱熹集传："比也。……载沈载浮，犹言'载清载浊，载驰载驱'之类，以比未见君子而心不定也。"

又如《诗经·小雅·青蝇》三章，毛传在首章"营营青蝇，止于樊"下标注了"兴也"，朱熹则在首章之下注明"比也"，而在其余两章下注明"兴也"。

按：对于毛传标注的"兴也"，郑玄作了这样的解释："兴者，蝇之为虫，汙白使黑，汙黑使白，喻佞人变乱善恶也。言止于藩，欲外之，令远物也。"朱熹则在首章之下注明"比也"，同样对自己的观点作了解释："诗人以王好听谗言，故以青蝇飞声比之，而戒王以勿听也。"事实上，郑玄对"兴"的解释虽然是"兴，见今之美，嫌于媚谀，取善事以喻劝之"，对此诗毛传"兴也"的解释却与朱熹"比者，以彼物比此物也"及"引物为况者，比也"的说法类似，且郑玄对毛传的"兴也"多以"喻……"为释，与郑玄自己对"比"的理解"比，见今之失，不敢斥言，取比类以言之"亦相似。而朱熹按照自己对"兴"的解释"兴者，先言他物以引起所咏之词也"来标注该诗的第二章"营营青蝇，止于棘。谗人罔极，交乱四国"和第三章"营营青蝇，止于榛。谗人罔极，构我二人"，是非常合适的。由此可见，朱熹对《诗经》各章修辞手法的标注比毛传更为准确。

（4）毛传认为是"兴"体，朱熹认为是"赋""比""兴"三者兼而有之

例如《诗经·小雅·巷伯》七章，毛传在首章"萋兮斐兮，成是贝锦"下标注"兴也"，认为该诗七章都是"兴"体，郑玄笺云："兴者，喻谗人集作己过，以成于罪，犹女工之集采色，以成锦文。"朱熹则认为第一、二章为"比"体，第三、四、五、六章为"赋"体，第七章为"兴"体，并按照自己的定义分别对其作了解释，兹各举一例：

《诗经·小雅·巷伯》首章："萋兮斐兮，成是贝锦。彼谮人者，亦已大甚。"

朱熹集传："比也。……言因萋斐之形，而文致之以成贝锦，以比谗人者因人之小过，而饰成大罪也。彼为是者，亦已大甚矣。"

《诗经·小雅·巷伯》第三章："缉缉翩翩，谋欲谮人。慎尔言也，谓尔不信。"

朱熹集传："赋也。……谮人者自以为得意矣，然不慎尔言，听者有时而悟，且将以尔为不信矣。"

《诗经·小雅·巷伯》第七章："杨园之道，猗于亩丘。寺人孟子，作为此诗。凡百君子，敬而听之。"

朱熹集传："兴也。……杨园之道，而猗于亩丘，以兴贱者之言，或有补于君子也。盖谮始于微者，而其渐将及于大臣，故作诗使听而谨之也。"

又如《诗经·小雅·角弓》八章，毛传在首章"骍骍角弓，翩其反矣"下标注"兴也"，认为该诗八章都是"兴"体，郑玄笺云："兴者，喻王与九族，不以恩礼御待之，则使之多怨也。"朱熹则认为只有首章是"兴"体，第二、三、四章为"赋"体，第五、六、七、八章为"比"体，举例如下：

《诗经·小雅·角弓》首章："骍骍角弓，翩其反矣。兄弟昏姻，无胥远矣。"

朱熹集传："兴也。……言骍骍角弓，既翩然而反矣，兄弟昏姻，则岂可以相远哉？"

《诗经·小雅·角弓》第三章："此令兄弟，绰绰有裕。不令兄弟，交相为瘉。"

朱熹集传："赋也。……言虽王化之不善，然此善兄弟，则绰绰有裕而不变。彼不善之兄弟，则由此而交相病矣。盖指谗已之人而言也。"

《诗经·小雅·角弓》第五章："老马反为驹，不顾其后。如食宜饇，如酌孔取。"

朱熹集传："比也。……言其但知谗害人以取爵位，而不知其不胜任。如老马惫矣，而反自以为驹，不顾其后，将有不胜任之患也。又如食之已多而宜饱矣，酌之所取亦已甚矣。"

5. 毛传未标注“兴”体，朱熹分别对各章的修辞手法进行了标注

(1) 毛传未标注“兴”体，朱熹认为是“赋”体

例如《诗经·豳风·破斧》三章，毛传未作“兴”体的标注，郑玄在“既破我斧，又缺我斨”下注：“四国流言，既破毁我周公，又损伤我成王，以此二者为大罪。”孔颖达认为郑玄将其视为“兴”体：“郑以为，有人既破我之斧，又缺我之斨，此二者是为大罪。以兴四国流言，既破毁我周公之道，又损伤我成王，此二者亦是为大罪，故周公东征之。”而朱熹认为这三章都为“直指其名，直叙其事”的“赋”体，如他对首章作了这样的解释：

《诗经·豳风·破斧》首章：“既破我斧，又缺我斨。周公东征，四国是皇。哀我人斯，亦孔之将。”

朱熹集传：“赋也。……从军之士以前篇周公劳已之勤，故言此以答其意。曰：东征之役，既破我斧而缺我斨，其劳甚矣。然周公之为此举，盖将使四方莫敢不一于正而后已。其哀我人也，岂不大哉！然则虽有破斧缺斨之劳，而义有所不得辞矣。夫管、蔡流言以谤周公，而公以六军众往而征之，使其心一有出于自私，而不在于天下，则抚之虽勤，劳之虽至，而从役之士岂能不怨也哉？今观此诗，固足以见周公之心大公至正，天下信其无有一毫自爱之私。抑又以见当是之时，虽被坚执锐之人，亦皆能以周公之心为心，而不自为一身一家之计，盖亦莫非圣人之徒也。学者于此熟玩而有得焉，则其心正大，而天地之情真可见矣。”

又如《诗经·小雅·楚茨》六章，毛传未标注“兴”体，朱熹认为六章均为“赋”体，如他对首章的解释：

《诗经·小雅·楚茨》首章：“楚楚者茨，言抽其棘。自昔何为？我蓺黍稷。我黍与与，我稷翼翼。我仓既盈，我庾维亿。以为酒食，以飨以祀。以妥以侑，以介景福。”

朱熹集传：“赋也。……此诗述公卿有田禄者，力于农事，以奉其宗庙之祭。故言蒺藜之地，有抽除其棘者，古人何乃为此事乎？盖将使我于此蓺黍稷也。故我之黍稷既盛，仓庾既实，则为酒食以飨祀

妥侑，而介大福也。”

(2) 毛传未标注“兴”体，朱熹认为是“比”体

例如《诗经·魏风·硕鼠》三章，毛传未标注“兴”体，《诗经·小序》认为该诗：“刺重敛也。国人刺其君重敛，蚕食于民，不修其政，贪而畏人，若大鼠也。”朱熹则直接将三章都标为“比”体，在首章“硕鼠硕鼠，无食我黍。三岁贯女，莫我肯顾。逝将去女，适彼乐土。乐土乐土，爰得我所”下注：“比也。……民困于贪残之政，故托言大鼠害己而去之也。”

又如《诗经·豳风·伐柯》二章，毛传未标注“兴”体，郑玄在首句“伐柯如何？匪斧不克”下笺云：“伐柯之道，唯斧乃能之。此以类求其类也。以喻成王欲迎周公，当使贤者先往。”郑玄用“喻……”的格式来解释，意为“兴”体。朱熹则认为该诗二章都是“比”体，解释如下：

《诗经·豳风·伐柯》首章：“伐柯如何？匪斧不克。取妻如何？匪媒不得。”

朱熹集传：“比也。……周公居东之时，东人言此，以比平日欲见周公之难。”

《诗经·豳风·伐柯》第二章：“伐柯伐柯，其则不远。我觏之子，笾豆有践。”

朱熹集传：“比也。……言伐柯而有斧，则不过即此旧斧之柯，而得其新柯之法。娶妻而有媒，则亦不过即此见之，而成其同牢之礼矣。东人言此，以比今日得见周公之易，深喜之之词也。”

(3) 毛传未标注“兴”体，朱熹认为是“兴”体

例如《诗经·召南·殷其靁》三章，毛传未标注“兴”体，郑玄在首章“殷其靁，在南山之阳。何斯违斯，莫敢或遑。振振君子，归哉归哉”下注曰：“靁以喻号令于南山之阳，又喻其在外也。召南大夫以王命施号令于四方，犹靁殷殷然发声于山之阳。”按照郑玄注释的体例，“喻”当指“兴”体而言。朱熹则在三章下都标注“兴也”，并在首章下作了这样的解释：“言殷殷然靁声，则在南山之阳矣，何此君子独去此而不敢少暇乎？于是又美其德，且冀其早毕事而还归也。”

又如《诗经·鄘风·相鼠》三章，毛传未标注“兴”体，只在首章“相鼠有皮，人而无仪”下注：“无礼仪者，虽居尊位，犹为暗昧之行。”朱熹认为三章都是“兴”体，在首章“相鼠有皮。人而无仪。人而无仪，不死何为”下注曰：“言视彼鼠而犹必有皮，可以人而无仪乎？人而无仪，则其不死亦何为哉。”

（4）毛传未标注“兴”体，朱熹认为是“赋”和“比”兼而有之

例如《诗经·卫风·伯兮》四章，毛传未标注“兴”体，朱熹认为第一、二、四章为“赋”体，第三章为“比”体，并作了如下的解释：

> 《诗经·卫风·伯兮》首章：“伯兮朅兮，邦之桀兮。伯也执殳，为王前驱。”
>
> 朱熹集传：“赋也。……言其君子之才之美如是，今方执殳而为王前驱也。”
>
> 《诗经·卫风·伯兮》第二章：“自伯之东，首如飞蓬。岂无膏沐？谁适为容。”
>
> 朱熹集传：“赋也。……言我发乱如此，非无膏沐可以为容，所以不为者，君子行役，无所主而为之故也。”
>
> 《诗经·卫风·伯兮》第三章：“其雨其雨，杲杲出日。愿言思伯，甘心首疾。”
>
> 朱熹集传：“比也。……冀其将雨，而杲然日出，以比望其君子之归而不归也。是以不堪忧思之苦，而宁甘心于首疾也。”
>
> 《诗经·卫风·伯兮》第四章：“焉得谖草，言树之背。愿言思伯，使我心痗。”
>
> 朱熹集传：“赋也。……言焉得忘忧之草，树之北堂以忘吾忧乎？然终不忍忘也。是以宁不求此草，而但愿言思伯，虽至于心痗而不辞尔。心痗则其病益深，非特首疾而已也。”

又如《诗经·齐风·东方未明》三章，毛传未标注“兴”体，朱熹认为首章和第二章为“赋”体，第三章为“比”体，他对首章和第三章的解释分别如下：

> 《诗经·齐风·东方未明》首章：“东方未明，颠倒衣裳。颠之

倒之，自公召之。”

朱熹集传：“赋也。……言东方未明而颠倒其衣裳，则既早矣，而又已有从君所而来召之者焉，盖犹以为晚也。或曰：所以然者，以有自公所而召之者故也。”

《诗经·齐风·东方未明》第三章：“折柳樊圃，狂夫瞿瞿。不能晨夜，不夙则莫。”

朱熹集传：“比也。……折柳樊圃，虽不足恃，然狂夫见之，犹惊顾而不敢越。以比晨夜之限甚明，人所易知。今乃不能知，而不失之早，则失之莫也。”

(5) 毛传未标注“兴”体，朱熹认为是“赋”和“兴”兼而有之

例如《诗经·唐风·葛生》五章，毛传未标注“兴”体，朱熹认为首章和第二章为“兴”体，第三、四、五章为“赋”体，他对首章和第四章的解释如下：

《诗经·唐风·葛生》首章：“葛生蒙楚，蔹蔓于野。予美亡此，谁与独处?”

朱熹集传：“兴也。……妇人以其夫久从征役而不归，故言葛生而蒙于楚，蔹生而蔓于野，各有所依托。而予之所美者，独不在是，则谁与而独处于此乎?”

《诗经·唐风·葛生》第四章：“夏之日，冬之夜，百岁之后，归于其居。”

朱熹集传：“赋也。……夏日冬夜，独居忧思，于是为切。然君子之归无期，不可得而见矣，要死而相从耳。”

又如《诗经·秦风·车邻》三章，毛传未标注“兴”体，朱熹认为首章为“赋”体，第二章和第三章为“兴”体，他对前两章的解释如下：

《诗经·秦风·车邻》首章：“有车邻邻，有马白颠。未见君子，寺人之令。”

朱熹集传：“赋也。……是时秦君始有车马，及此寺人之官，将见者必先使寺人通之。国人创见而夸美之也。”

《诗经·秦风·车邻》第二章："阪有漆，隰有栗。既见君子，并坐鼓瑟。今者不乐，逝者其耋。"

朱熹集传："兴也。……阪则有漆矣，隰则有栗矣；既见君子，则并坐鼓瑟矣；失今不乐，则逝者其耋矣。"

（6）毛传未标注"兴"体，朱熹认为是"比"和"兴"兼而有之

例如《诗经·曹风·候人》四章，毛传未标注"兴"体，朱熹则认为第一、二、三章为"兴"体，第四章为"比"体。例如在首章"彼候人兮，何戈与祋。彼其之子，三百赤芾"下朱熹注云："兴也。……言彼候人而何戈与祋者，宜也。彼其之子，而三百赤芾，何哉？晋文公入曹，数其不用僖负羁，而乘轩者三百人，其谓是欤？"在第四章"荟兮蔚兮，南山朝隮。婉兮娈兮，季女斯饥"下朱熹注云："比也。……荟蔚朝隮，言小人众多而气焰盛也。季女婉娈自保，不妄从人，而反饥困，言贤者守道而反贫贱也。"

（7）毛传未标注"兴"体，朱熹认为是"赋""比""兴"三者兼而有之

例如《诗经·小雅·正月》十三章，毛传未标注"兴"体，朱熹则根据各章的实际情况分别进行了标注：第一、二、三、五、六、八、十二、十三章为"赋"体，第九、十、十一章为"比"体，第四、七章为"兴"体，并按照定义分别对其作了解释，兹各举一例：

《诗经·小雅·正月》首章："正月繁霜，我心忧伤。民之讹言，亦孔之将。念我独兮，忧心京京。哀我小心，癙忧以痒。"

朱熹集传："赋也。……言霜降失节，不以其时，既使我心忧伤矣，而造为奸伪之言，以惑群听者，又方甚大。然众人莫以为忧。故我独忧之，以至于病也。"

《诗经·小雅·正月》第十一章："鱼在于沼，亦匪克乐。潜虽伏矣，亦孔之炤。忧心惨惨，念国之为虐。"

朱熹集传："比也。……鱼在于沼，其为生已蹙矣。其潜虽深，然亦炤然而易见。言祸乱之及，无所逃也。"

《诗经·小雅·正月》第四章："瞻彼中林，侯薪侯蒸。民今方殆，视天梦梦。既克有定，靡人弗胜。有皇上帝，伊谁云憎。"

朱熹集传："兴也。……言瞻彼中林，则维薪维蒸，分明可见也。民今方危殆疾痛，号诉于天，而视天反梦梦然，若无意于分别善恶者。然此特值其未定之时尔，及其既定，则未有不为天所胜者也。夫天岂有所憎而祸之乎？福善祸淫，亦自然之理而已。"

三　对《诗经》赋、比、兴兼用现象的分析

除了认为同一首诗的各章之间可以使用不同的修辞手法之外，朱熹还认为在一章之内可以兼用几种不同的修辞手法，这也体现了《诗经》使用修辞的复杂性。据统计，朱熹认为《诗经》中的修辞兼用现象包括兴而比、赋而比、比而兴、赋而兴（包括"赋其事以起兴"的说法）、赋而兴又比等五类。

1. 兴而比。《诗集传》中共6见：

《诗经·周南·汉广》："南有乔木，不可休息。汉有游女，不可求思。汉之广矣，不可泳思。江之永矣，不可方思。"

朱熹集传："兴而比也。"

《诗经·周南·汉广》："翘翘错薪，言刈其楚。之子于归，言秣其马。汉之广矣，不可泳思。江之永矣，不可方思。"

朱熹集传："兴而比也。"

《诗经·周南·汉广》："翘翘错薪，言刈其蒌。之子于归，言秣其驹。汉之广矣，不可泳思。江之永矣，不可方思。"

朱熹集传："兴而比也。"

《诗经·唐风·椒聊》："椒聊之实，蕃衍盈升。彼其之子，硕大无朋。椒聊且！远条且！"

朱熹集传："兴而比也。"

《诗经·唐风·椒聊》："椒聊之实，蕃衍盈匊。彼其之子，硕大且笃。椒聊且！远条且！"

朱熹集传："兴而比也。"

《诗经·小雅·巧言》："奕奕寝庙，君子作之，秩秩大猷，圣人莫之。他人有心，予忖度之，跃跃毚兔，遇犬获之。"

朱熹集传："兴而比也。"

2. 赋而比。《诗集传》中共2见：

《诗经·邶风·谷风》："行道迟迟，中心有违。不远伊迩，薄送我畿。谁谓荼苦，其甘如荠。宴尔新昏，如兄如弟。"

朱熹集传："赋而比也。"

《诗经·小雅·小弁》："莫高匪山，莫浚匪泉。君子无易由言，耳属于垣。无逝我梁，无发我笱。我躬不阅，遑恤我后。"

朱熹集传："赋而比也。"

3. 比而兴。《诗集传》中共5见：

《诗经·卫风·氓》："桑之未落，其叶沃若。于嗟鸠兮，无食桑葚。于嗟女兮，无与士耽。士之耽兮，犹可说也。女之耽兮，不可说也。"

朱熹集传："比而兴也。"

《诗经·曹风·下泉》："洌彼下泉，浸彼苞稂。忾我寤叹，念彼周京。"

朱熹集传："比而兴也。"

《诗经·曹风·下泉》："洌彼下泉，浸彼苞萧。忾我寤叹，念彼京周。"

朱熹集传："比而兴也。"

《诗经·曹风·下泉》："洌彼下泉，浸彼苞蓍。忾我寤叹，念彼京师。"

朱熹集传："比而兴也。"

《诗经·曹风·下泉》："芃芃黍苗，阴雨膏之。四国有王，郇伯劳之。"

朱熹集传："比而兴也。"

4. 赋而兴（包括"赋其事以起兴"的说法）。《诗集传》中共13见：

《诗经·卫风·氓》："及尔偕老，老使我怨。淇则有岸，隰则有泮。总角之宴，言笑晏晏。信誓旦旦，不思其反。反是不思，亦已焉哉！"

朱熹集传："赋而兴也。"

《诗经·王风·黍离》："彼黍离离，彼稷之苗。行迈靡靡，中心摇摇。知我者，谓我心忧。不知我者，谓我何求。悠悠苍天，此何人哉？"

朱熹集传："赋而兴也。"

《诗经·王风·黍离》："彼黍离离，彼稷之穗。行迈靡靡，中心如醉。知我者，谓我心忧。不知我者，谓我何求。悠悠苍天，此何人哉？"

朱熹集传："赋而兴也。"

《诗经·王风·黍离》："彼黍离离，彼稷之实。行迈靡靡，中心如噎。知我者，谓我心忧。不知我者，谓我何求。悠悠苍天，此何人哉？"

朱熹集传："赋而兴也。"

《诗经·郑风·野有蔓草》："野有蔓草，零露漙兮。有美一人，清扬婉兮。邂逅相遇，适我愿兮。"

朱熹集传："赋而兴也。"

《诗经·郑风·野有蔓草》："野有蔓草，零露瀼瀼。有美一人，婉如清扬。邂逅相遇，与子偕臧。"

朱熹集传："赋而兴也。"

《诗经·郑风·溱洧》："溱与洧，方涣涣兮。士与女，方秉蕑兮。女曰观乎？士曰既且。且往观乎？洧之外，洵訏且乐。维士与女，伊其相谑，赠之以勺药。"

朱熹集传："赋而兴也。"

《诗经·郑风·溱洧》："溱与洧，浏其清矣。士与女，殷其盈矣。女曰观乎？士曰既且。且往观乎？洧之外，洵訏且乐。维士与女，伊其将谑，赠之以勺药。"

朱熹集传："赋而兴也。"

《诗经·豳风·东山》："我徂东山，慆慆不归。我来自东，零雨其濛。仓庚于飞，熠燿其羽。之子于归，皇驳其马。亲结其缡，九十其仪。其新孔嘉，其旧如之何？”

朱熹集传：“赋而兴也。”

《诗经·小雅·小弁》：“君子信谗，如或酬之。君子不惠，不舒究之。伐木掎矣，析薪杝矣。舍彼有罪，予之佗矣。”

朱熹集传：“赋而兴也。”

《诗经·鲁颂·泮水》：“思乐泮水，薄采其芹。鲁侯戾止，言观其旂。其旂茷茷，鸾声哕哕。无小无大，从公于迈。”

朱熹集传：“赋其事以起兴也。”

《诗经·鲁颂·泮水》：“思乐泮水，薄采其藻。鲁侯戾止，其马蹻蹻。其马蹻蹻，其音昭昭。载色载笑，匪怒伊教。”

朱熹集传：“赋其事以起兴也。”

《诗经·鲁颂·泮水》：“思乐泮水，薄采其茆。鲁侯戾止，在泮饮酒。既饮旨酒，永锡难老。顺彼长道，屈此群丑。”

朱熹集传：“赋其事以起兴也。”

5. 赋而兴又比。《诗集传》中共3见：

《诗经·小雅·頍弁》：“有頍者弁，实维伊何？尔酒既旨，尔殽既嘉。岂伊异人，兄弟匪他。茑与女萝，施于松柏。未见君子，忧心弈弈。既见君子，庶几说怿。”

朱熹集传：“赋而兴又比也。”

《诗经·小雅·頍弁》：“有頍者弁，实维何期？尔酒既旨，尔殽既时。岂伊异人？兄弟具来。茑与女萝，施于松上。未见君子，忧心怲怲。既见君子，庶几有臧。”

朱熹集传：“赋而兴又比也。”

《诗经·小雅·頍弁》：“有頍者弁，实维在首。尔酒既旨，尔殽既阜。岂伊异人？兄弟甥舅。如彼雨雪，先集维霰。死丧无日，无几相见。乐酒今夕，君子维宴。”

朱熹集传：“赋而兴又比也。”

朱熹对修辞兼用现象的分析也是与他对赋、比、兴的认识紧密相关的，例如朱熹对《诗经·周南·汉广》篇首章修辞手法的分析：“兴而比也。……文王之化，自近而远，先及于江汉之间，而有以变其淫乱之俗。故其出游之女，人望见之，而知其端庄静一，非复前日之可求矣。因以乔木起兴，江汉为比，而反复咏叹之也。”又如朱熹对《诗经·小雅·巧言》篇第四章所用修辞手法的分析：“兴而比也。……奕奕寝庙，则君子作之；秩秩大猷，则圣人莫之。以兴他人有心，则予得而忖度之。而又以跃跃毚兔，遇犬获之比焉。反复兴比，以见谗人之心，我皆得之，不能隐其情也。”这是朱熹对他认为是先“兴”后“比”的修辞手法的分析。

朱熹对先“比”后“兴”的修辞手法的分析例如《诗经·卫风·氓》第三章：“桑之未落，其叶沃若。于嗟鸠兮，无食桑葚。于嗟女兮，无与士耽。士之耽兮，犹可说也。女之耽兮，不可说也。”朱熹注云：“比而兴也。……言桑之润泽，以比己之容色光丽。然又念其不可恃此而从欲忘反，故遂戒鸠无食桑葚，以兴下句戒女无与士耽也。”又如《诗经·曹风·下泉》首章：“洌彼下泉，浸彼苞稂。忾我寤叹，念彼周京。”朱熹注云：“比而兴也。……王室陵夷，而小国困弊，故以寒泉下流而苞稂见伤为比，遂兴其忾然以念周京也。”朱熹对“比”和“兴”这两种修辞手法兼用的分析与他为“比”“兴”所下的定义是一致的。

“赋”体是《诗经》中使用最多的修辞手法，“由于对赋、比、兴涵义理解有出入，归类略有差别，如据朱熹《诗集传》的标注统计，《诗经》1141 章，其中赋 727，比 111，兴 274，兼类（兴而比、赋而兴之类）29。”[①] 毛传未标“赋”体，概因其平淡直白，无须解说，故而“赋”体也较易与其他两种修辞手法结合，形成修辞兼用现象。

朱熹对“赋”体与“比”体相结合现象的分析例如《诗经·邶风·谷风》第二章：“行道迟迟，中心有违。不远伊迩，薄送我畿。谁谓荼苦，其甘如荠。宴尔新昏，如兄如弟。”朱熹注云：“赋而比也。……言我之被弃，行于道路，迟迟不进。盖其足欲前，而心有所不忍，如相背然。而故夫之送我，乃不远而甚迩，亦至其门内而止耳。又言荼虽甚苦，反甘如荠，以比己之见弃，其苦有甚于荼，而其夫方且宴乐其新昏，如兄如弟而不见恤。”朱熹对“赋”体与“兴”体相结合现象的分析例如《诗经·小雅·小弁》第七章：“君子信谗，如或酬之。君子不惠，不舒究之。伐木掎矣，析薪杝矣。舍彼有罪，予之佗矣。”朱熹注云：“赋而

① 夏传才：《诗经语言艺术新编》，语文出版社 1998 年版，第 110 页。

兴也。……言王惟谗是听，如受酬爵，得即饮之，曾不加惠爱，舒缓而究察之。夫苟舒缓而究察之，则谗者之情得矣。伐木者尚倚其巅，析薪者尚随其理，皆不妄挫折之。今乃舍彼有罪之谮人，而加我以非其罪，曾伐木析薪之不若也。此则兴也。”朱熹对赋、比、兴三种修辞手法相结合现象的分析例如《诗经·小雅·頍弁》首章：“有頍者弁，实维伊何？尔酒既旨，尔殽既嘉。岂伊异人？兄弟匪他。茑与女萝，施于松柏。未见君子，忧心弈弈。既见君子，庶几说怿。”朱熹注云：“赋而兴又比也。……此亦燕兄弟亲戚之诗。故言有頍者弁，实维伊何乎？尔酒既旨，尔殽既嘉，则岂伊异人乎？乃兄弟而匪他也。又言茑萝施于木上，以比兄弟亲戚缠绵依附之意。是以未见而忧，既见而喜也。”

第三节 朱熹对《楚辞》赋、比、兴的研究

一 对《楚辞》赋、比、兴独用现象的分析

《楚辞集注》作于《诗集传》之后，此时朱熹已经对《诗经》中的赋、比、兴有了深入的研究。朱熹按照《诗集传》的体例，一改旧注逐句作注的方法，而改以“章”为单位来进行分析。朱熹认为，虽然《诗经》和《楚辞》都使用了赋、比、兴的修辞手法，但二者的具体情况是有区别的：

《楚辞集注》卷一：“淮南王安曰：‘《国风》好色而不淫，《小雅》怨诽而不乱，若《离骚》者，可谓兼之矣。’又曰：‘蝉蜕于浊秽之中，以浮游尘埃之外，不获世之滋垢，皭然泥而不滓。推此志也，虽与日月争光可也。’宋景文公曰：‘《离骚》为词赋之祖，后人为之，如至方不能加矩，至圆不能过规矣。’”

朱熹注：“按《周礼》：太师掌六诗以教国子，曰风、曰赋、曰比、曰兴、曰雅、曰颂，而《毛诗·大序》谓之六义，盖古今声诗条理，无出此者。《风》则闾巷风土男女情思之词，《雅》则朝会燕享公卿大人之作，《颂》则鬼神宗庙祭祀歌舞之乐，其所以分者，皆以其篇章节奏之异而别之也。赋则直陈其事，比则取物为比，兴则托物兴词，其所以分者，又以其属辞命意之不同而别之也。诵《诗》

者先辨乎此，则三百篇者，若网在纲，有条而不紊矣。不特《诗》也，楚人之词，亦以是而求之，则其寓情草木，托意男女，以极游观之适者，变《风》之流也；其叙事陈情，感今怀古，以不忘乎君臣之义者，变《雅》之类也。至于语冥婚而越礼，摅怨愤而失中，则又《风》《雅》之再变矣。其语祀神歌舞之盛，则几乎《颂》，而其变也，又有甚焉。其为赋，则如《骚经》首章之云也；比，则香草恶物之类也；兴，则托物兴词，初不取义，如《九歌》'沅芷澧兰'以兴'思公子而未敢言'之属也。然《诗》之兴多而比、赋少，《骚》则兴少而比、赋多。要必辨此，而后词义可寻，读者不可以不察也。"

朱熹在这里重申了他对赋、比、兴的定义："赋则直陈其事，比则取物为比，兴则托物兴词"，接着指出《楚辞》也是运用了赋、比、兴的修辞手法的："楚人之词，亦以是而求之"，只是二者有所不同："然《诗》之兴多而比、赋少，《骚》则兴少而比、赋多。"遗憾的是，朱熹没有对出现这种情况的原因做进一步的探讨。事实上，根据《诗集传》对赋、比、兴的标注，《诗经》中的"赋"体还是占大多数的，而且朱熹也没有对《楚辞》中的所有篇目都标注赋、比、兴，只是对《离骚》的所有章节进行了赋、比、兴的标注，所以我们也无法从朱熹的标注中来判断《诗经》与《楚辞》中赋、比、兴的数量孰多孰少。但是，我们还是可以从《楚辞集注》里已有的标注中来分析朱熹对《楚辞》的赋、比、兴的认识的。

《楚辞集注》中单独标注"赋"体的地方共有13处，经过我们分析，都与朱熹"赋则直陈其事"的定义相符。这13处分别为：

《楚辞·离骚》："帝高阳之苗裔兮，朕皇考曰伯庸。摄提贞于孟陬兮，惟庚寅吾以降。"

朱熹集注："此章，赋也。……屈原自道：本与君共祖，世有令名，以至于己，是恩深而义厚也。……原又自言：此月庚寅之日，己始下母体而生也。"

《楚辞·离骚》："皇览揆余于初度兮，肇锡余以嘉名：名余曰正则兮，字余曰灵均。"

朱熹集注："赋也。"

《楚辞·离骚》："众皆竞进以贪婪兮，凭不厌乎求索。羌内恕己以量人兮，各兴心而嫉妒。"

朱熹集注："赋也。……言在位之臣，心皆贪婪，内以其志量度他人，谓与己同，则各生嫉妒之心也。"

《楚辞·离骚》："忽驰骛以追逐兮，非余心之所急。老冉冉其将至兮，恐修名之不立。"

朱熹集注："赋也。"

《楚辞·离骚》："謇吾法夫前修兮，非世俗之所服。虽不周于今之人兮，愿依彭咸之遗则。"

朱熹集注："赋也。"

《楚辞·离骚》："长太息以掩涕兮，哀民生之多艰。余虽好修姱以鞿羁兮，謇朝谇而夕替。"

朱熹集注："赋也。"

《楚辞·离骚》："忳郁邑余侘傺兮，吾独穷困乎此时也。宁溘死以流亡兮，余不忍为此态也。"

朱熹集注："赋也。……言我宁奄然而死，不忍为此邪淫之态也。"

《楚辞·离骚》："屈心而抑志兮，忍尤而攘诟。伏清白以死直兮，固前圣之所厚。"

朱熹集注："赋也。……言与世已不同矣，则但可屈心而抑志，虽或见尤于人，亦当一切隐忍而不与之校，虽所遭者或有耻辱，亦当以理解遣，若攘却之而不受于怀。盖宁伏清白而死于直道，尚足为前圣之所厚，如比干谏死，而武王封其墓，孔子称其仁也。"

《楚辞·离骚》："高余冠之岌岌兮，长余佩之陆离。芳与泽其杂糅兮，唯昭质其犹未亏。"

朱熹集注："赋也。……言独此光明之质，有退藏而无亏缺。"

《楚辞·离骚》："民生各有所乐兮，余独好修以为常。虽体解吾犹未变兮，岂余心之可惩。"

朱熹集注："赋也。……言人生各随气习，有所好乐，或邪或正，或清或浊，种种不同。而我独好修洁以为常，虽以此获罪于世，至于屠戮支解，终不惩创而悔改也。"

《楚辞·离骚》："女嬃之婵媛兮，申申其詈予，曰：鲧婞直以亡身兮，终然殀乎羽之野。"

朱熹集注："赋也。……言尧使鲧治洪水，婞很自用，不顺尧命，乃殛之羽山，死于中野。女嬃以屈原刚直太过，恐亦将如鲧之遇祸也。"

《楚辞·离骚》："众不可户说兮，孰云察余之中情？世并举而好朋兮，夫何茕独而不予听？"

朱熹集注："赋也。……屈原外困群佞，内被姊詈，故言众人不可户户而说，必不能察己之中情，况世人又方并为朋党，何能哀我茕独而见听乎！"

《楚辞·离骚》："已矣哉！国无人兮莫我知兮，又何怀乎故都！既莫足与为美政兮，吾将从彭咸之所居！"

朱熹集注："赋也。……言时君不足与共行美政，故我将自沈，以从彭咸之所居也。"

《楚辞集注》中单独标注"比"体的地方共有15处，经过我们分析，亦与朱熹"比则取物为比"的定义相符。这15处分别为：

《楚辞·离骚》："曰黄昏以为期兮，羌中道而改路。"

朱熹集注："比也。……中道而改路，则女将行而见弃，正君臣之契已合而复离之比也。"

《楚辞·离骚》："初既与余成言兮，后悔遁而有他。余既不难夫离别兮，伤灵修之数化。"

朱熹集注："比也。"

《楚辞·离骚》："余既滋兰之九畹兮，又树蕙之百晦。畦留夷与揭车兮，杂杜衡与芳芷。"

朱熹集注："比也。……言已种莳众香，修行仁义，以自洁饰，朝夕不倦也。"

《楚辞·离骚》："冀枝叶之峻茂兮，愿竢时乎吾将刈。虽萎绝其亦何伤兮，哀众芳之芜秽。"

朱熹集注："比也。……言此众芳虽病而落，何能伤于我乎？但伤善道不行，如香草之芜秽耳。"

《楚辞·离骚》："朝饮木兰之坠露兮，夕餐秋菊之落英。苟余情其信姱以练要兮，长顑颔亦何伤。"

朱熹集注："比也。……饮露、餐华，言动以香洁自润泽也。"

《楚辞·离骚》："掔木根以结茝兮，贯薜荔之落蕊。矫菌桂以纫蕙兮，索胡绳之纚纚。"

朱熹集注："比也。"

《楚辞·离骚》："怨灵修之浩荡兮，终不察夫民心。众女嫉余之蛾眉兮，谣诼谓余以善淫。"

朱熹集注："比也。"

《楚辞·离骚》："固时俗之工巧兮，偭规矩而改错。背绳墨以追曲兮，竞周容以为度。"

朱熹集注："比也。……言舍直而随曲也。"

《楚辞·离骚》："鸷鸟之不群兮，自前世而固然。何方圜之能周兮，夫孰异道而相安？"

朱熹集注："比也。……圆凿方枘，不能相合，以其异道，故不能相安，贤者之居乱世，亦犹是也。"

《楚辞·离骚》："悔相道之不察兮，延伫乎吾将反。回朕车以复路兮，及行迷之未远。"

朱熹集注："比也。……言既至于此矣，乃始追恨前日，相视道路未能明审，而轻犯世患，遂引颈跂立，而将旋转吾车，以复于昔来之路，庶几犹得及此惑误未远之时，觉悟而还归也。"

《楚辞·离骚》："步余马于兰皋兮，驰椒丘且焉止息。进不入以离尤兮，退将复修吾初服。"

朱熹集注："比也。"

《楚辞·离骚》："制芰荷以为衣兮，集芙蓉以为裳。不吾知其亦已兮，苟余情其信芳。"

朱熹集注："比也。……言被服益洁，修善益明也。"

《楚辞·离骚》："忽反顾以游目兮，将往观乎四荒。佩缤纷其繁饰兮，芳菲菲其弥章。"

朱熹集注："比也。……言虽已回车反服，而犹未能顿忘此世，故复反顾而将往观乎四方绝远之国，庶几一遇贤君，以行其道。佩服愈盛而明，志意愈修而洁也。"

《楚辞·九章·涉江》："鸾鸟凤皇，日以远兮。燕雀乌鹊，巢堂坛兮。"

朱熹集注："比也。言仁贤远去，而谗佞见亲也。"

《楚辞·九章·涉江》："露申辛夷，死林薄兮。腥臊并御，芳不得薄兮。"

朱熹集注："比也。……言污贱并进，而芳洁不容也。"

此外，朱熹还对《楚辞》中的某一篇作品整体使用"比"体的修辞手法进行了说明。例如《楚辞·九歌·东皇太一》篇首朱熹注云："此篇言其竭诚尽礼以事神，而愿神之欣悦安宁，以寄人臣尽忠竭力、爱君无已之意，所谓全篇之比也。"

《楚辞集注》中单独标注"兴"体的地方只有1处，朱熹还在此处就具体的例子对"兴则托物兴词"的定义做了详细阐发：

《楚辞·九歌·湘夫人》："沅有芷兮澧有兰，思公子兮未敢言。荒忽兮远望，观流水兮潺湲。"

朱熹集注："此章兴也。……所谓兴者，盖曰沅则有芷矣，澧则有兰矣，何我之思公子，而独未敢言耶？思之之切，至于荒忽而起望，则又但见流水之潺湲而已。其起兴之例，正犹越人之歌，所谓'山有木兮木有枝，心悦君兮君不知'。"

虽然《楚辞集注》中单独标注"兴"体的地方并不多，但是朱熹也用其他的方式来说明"兴"体，例如：

《楚辞·九歌·少司命》："秋兰兮麋芜，罗生兮堂下。绿叶兮素枝，芳菲菲兮袭予。夫人兮自有美子，荪何以兮愁苦？"

朱熹集注："上四句兴下二句也。……言彼神之心自有所美而好之者矣，汝何为愁苦而必求其合也？"

《楚辞·九歌·少司命》："秋兰兮青青，绿叶兮紫茎。满堂兮美人，忽独与余兮目成。"

朱熹集注："言美人并会，盈满于堂，而司命独与我睨而相视，以成亲好，此亦上二句兴下二句也。"

这都是符合朱熹“兴者，先言他物以引起所咏之词也”，“本要言其事，而虚用两句钓起，因而接续去者，兴也”以及“兴则托物兴词，初不取义”的定义的。

关于《楚辞》的比兴手法，王逸在《楚辞章句》中有过一些论述，例如他在《离骚经·序》中说：“《离骚》之文，依《诗》取兴，引类譬谕。故善鸟香草，以配忠贞；恶禽臭物，以比谗佞；灵修美人，以媲于君；宓妃佚女，以譬贤臣；虬龙鸾凤，以托君子；飘风云霓，以为小人。其词温而雅，其义皎而朗。凡百君子，莫不慕其清高，嘉其文采，哀其不遇，而愍其志焉。”对此，朱熹在《楚辞辩证·上》中指出：“今按逸此言，有得有失。其言配忠贞、比谗佞，灵修美人者，得之，盖即《诗》所谓比也。若虙妃佚女，则便是美人，虬龙鸾凤，则亦善鸟之类耳，不当别出一条，更立他义也。飘风云霓，亦非小人之比，逸说皆误，其辩当详说于后云。”朱熹这是批评王逸将《离骚》中的比兴手法理解成单纯的比喻，凡是其中提到的事物，他都要一一找出喻体来。这与朱熹对“比”“兴”的认识不同，朱熹的所谓“比”与“兴”，都是仿《诗集传》的体例，通指一章而言，而不是像王逸那样单独以某一名词来构成比喻，例如：

> 《楚辞·离骚》：“前望舒使先驱兮，后飞廉使奔属。鸾皇为余先戒兮，雷师告余以未具。吾令凤鸟飞腾兮，继之以日夜。飘风屯其相离兮，帅云霓而来御。”
>
> 王逸注：“望舒，月御也。月体光明，以喻臣清白也。飞廉，风伯也。风为号令，以喻君命。……鸾，俊鸟也。皇，雌凤也。以喻仁智之士也。雷为诸侯，以兴于君。……回风为飘。飘风，无常之风，以兴邪恶之众也。……云霓，恶气也，以喻佞人。”

朱熹则不这样认为，他在《楚辞辩证·上》中批评王注说：“望舒、飞廉、鸾凤、雷师、飘风、云霓，但言神灵为之拥护服役，以见其仗卫威仪之盛耳，初无善恶之分也。旧注曲为之说，以月为清白之臣，风为号令之象，鸾凤为明智之士，而雷师独以震惊百里之故使为诸侯，皆无义理。至以飘风、云霓为小人，则夫《卷阿》之言‘飘风自南’，《孟子》之言‘民望汤、武如云霓’者，皆为小人之象也耶?”这些都反映了朱熹对比兴手法的理解胜于前人。

二　对《楚辞》赋、比、兴兼用现象的分析

据统计，朱熹认为《楚辞》中的赋、比、兴兼用现象包括赋而比、比而赋、兴而比、比而又比等四类。

1. 赋而比

这种修辞兼用方式较为集中地体现在朱熹对《离骚》的注释中，《楚辞集注》中共12见：

《楚辞·离骚》："纷吾既有此内美兮，又重之以修能。扈江离与辟芷兮，纫秋兰以为佩。"

朱熹集注："赋而比也。"

《楚辞·离骚》："汩余若将不及兮，恐年岁之不吾与。朝搴阰之木兰兮，夕揽洲之宿莽。"

朱熹集注："赋而比也。"

《楚辞·离骚》："日月忽其不淹兮，春与秋其代序。惟草木之零落兮，恐美人之迟暮。"

朱熹集注："赋而比也。"

《楚辞·离骚》："不抚壮而弃秽兮，何不改乎此度？乘骐骥以驰骋兮，来吾道夫先路！"

朱熹集注："赋而比也。"

《楚辞·离骚》："昔三后之纯粹兮，固众芳之所在。杂申椒与菌桂兮，岂维纫夫蕙茝！"

朱熹集注："赋而比也。"

《楚辞·离骚》："彼尧、舜之耿介兮，既遵道而得路。何桀、纣之昌被兮，夫唯捷径以窘步。"

朱熹集注："赋而比也。"

《楚辞·离骚》："惟党人之偷乐兮，路幽昧以险隘。岂余身之惮殃兮，恐皇舆之败绩！"

朱熹集注："赋而比也。"

《楚辞·离骚》："余固知謇謇之为患兮，忍而不能舍也。指九天以为正兮，夫唯灵修之故也。"

朱熹集注："赋而比也。"

《楚辞·离骚》："既替余以蕙纕兮，又申之以揽茝。亦余心之所善兮，虽九死其犹未悔。"

朱熹集注："赋而比也。"

《楚辞·离骚》："汝何博謇而好修兮，纷独有此姱节？薋菉葹以盈室兮，判独离而不服。"

朱熹集注："赋而比也。"

《楚辞·离骚》："依前圣以节中兮，喟凭心而历兹。济沅、湘以南征兮，就重华而陈词。"

朱熹集注："赋而比也。"

《楚辞·九歌·湘夫人》："登白薠兮骋望，与佳期兮夕张。鸟何萃兮蘋中？罾何为兮木上？"

朱熹集注："赋而比也。"

朱熹对"赋而比"这种兼用的修辞方式的解释，是按照顺序先解释"直陈其事"的"赋"体，然后解释"取物为比"的"比"体的。例如《楚辞·离骚》："汩余若将不及兮，恐年岁之不吾与。朝搴阰之木兰兮，夕揽洲之宿莽。"朱熹集注："赋而比也。……言所采取皆芳香久固之物，以比所行者皆忠善长久之道也。"又如《楚辞·离骚》："日月忽其不淹兮，春与秋其代序。惟草木之零落兮，恐美人之迟暮。"朱熹集注："赋而比也。……言己但知朝夕修洁，而不知岁月之不留，至此乃念草木之零落，而恐美人之迟暮，将不得及其盛年而偶之，以比臣子之心，唯恐其君之迟暮，将不得及其盛时而事之也。"再如《楚辞·九歌·湘夫人》："登白薠兮骋望，与佳期兮夕张。鸟何萃兮蘋中？罾何为兮木上？"朱熹集注："赋而比也。……言向夕洒扫，而张施帷幄也。……蘋，水草。罾，鱼网。二物所施不得其所，以比夕张之地，非神所处，而必不来也。"

2. 比而赋

朱熹对这种修辞现象的注释比较特殊，在《楚辞集注》虽然只出现了四处，但有一处是总括下面数章而言的。《楚辞·离骚》："启《九辩》与《九歌》兮，夏康娱以自纵。不顾难以图后兮，五子用失乎家衖。"朱熹集注："自此以下，皆比而赋也。"其余的几处则都是就单章而言的，例如：

《楚辞·离骚》："忽奔走以先后兮，及前王之踵武。荃不揆余之中情兮，反信谗而齌怒。"

朱熹集注："比而赋也。"

《楚辞·九歌·湘夫人》："麋何为兮庭中？蛟何为兮水裔？朝驰余马兮江皋，夕济兮西澨。"

朱熹集注："比而赋也。"

《楚辞·九章·涉江》："阴阳易位，时不当兮。怀信侘傺，忽乎吾将行兮。"

朱熹集注："比而赋也。"

事实上，朱熹对屈赋当中修辞手法的错综复杂性已有认识，且注意到这一点在《九歌》中尤为突出。朱熹在《楚辞辩证·上》中这样评论《九歌》整体及其篇内所用的修辞手法："盖以君臣之义而言，则其全篇皆以事神为比，不杂他意。以事神之意而言，则其篇内又或自为赋、为比、为兴，而各有当也。然后之读者，昧于全体之为比，故其疏者以他求而不似，其密者又直致而太迫，又其甚则并其篇中文义之曲折而失之，皆无复当日吟咏情性之本旨。盖诸篇之失，此为尤甚，今不得而不正也。"下面朱熹对"比而又比"和"兴而比"这两种修辞兼用方式的分析，就突出地体现了《九歌》的上述特点。

3. 比而又比

这种修辞兼用方式在《楚辞集注》中仅 1 见：

《楚辞·九歌·湘君》："桂棹兮兰枻，斲冰兮积雪。采薜荔兮水中，搴芙蓉兮木末。心不同兮媒劳，恩不甚兮轻绝。"

朱熹集注："此章比而又比也。"

朱熹对这种在整体性的"比"中又包含局部性的"比"的修辞手法分析如下："盖此篇本以求神而不答，比事君之不偶，而此章又别以事比求神而不答也。……言乘舟而遭盛寒，斲斫冰冻，纷如积雪，则舟虽芳洁，事虽辛苦，而不得前也。薜荔缘木，而今采之水中；芙蓉在水，而今求之木末；既非其处，则用力虽勤，而不可得。至于合昏而情异，则媒虽劳而昏不成；结友而交疏，则今虽成而终易绝；则又心志睽乖，不容强合之验也。求神不答，岂不亦犹是乎！”这样的分析对于我们正确理解《九歌》修辞手法的多层次性是非常必要的。

4. 兴而比

这种修辞兼用方式在《楚辞集注》中也仅1见：

> 《楚辞·九歌·湘君》：“石濑兮浅浅，飞龙兮翩翩。交不忠兮怨长，期不信兮告余以不间。”
>
> 朱熹集注：“此章兴而比也。”

朱熹对这种“比中有兴”的修辞手法的分析如下：“盖以上二句引起下句，以比求神不答之意也。……所谓兴者，盖曰石濑则浅浅矣，飞龙则翩翩矣，凡交不以忠，则其怨必长矣；期不以信，则必将告我以不暇而负其约矣。所谓比者，则求神而不答之意，亦在其中也。”这又一次说明了《楚辞》使用修辞的复杂性。

以上我们分析了朱熹在训诂中对古籍所使用的修辞手法的一些认识，特别是他对《诗经》和《楚辞》赋、比、兴的见解，对后世产生了深远影响，在文学史上也占有重要的地位。因为我国古代的修辞学包含在训诂学之中，所以对朱熹的训诂著作中关于修辞的论述进行研究，对于丰富我国古代的修辞学理论具有重要意义。

第六章　朱熹对古籍的校勘

第一节　朱熹校勘古籍的内容

古籍在漫长的流传过程当中，由于各个时代的不同文化层次的人进行了多次传抄、翻刻、排印，大都产生了各种形式的错误。造成错误的原因是多方面的，例如有传本的不同：早在西汉时代，《诗经》就有《齐》《鲁》《韩》《毛》四种传本，《春秋》有《春秋左氏传》《春秋公羊传》《春秋穀梁传》三种传本，《论语》有《鲁论》《齐论》《古论》三种传本。不同传本的篇、章、句数及次序均有所不同，同时还有脱、衍、倒、讹以及文字的差异等情况的存在，这些都对阅读古书造成了障碍。误本书如果不经过整理，是无法使用的。轻则影响一字一句的理解；重则通篇为之梗塞。因此，纠正古书的错误，恢复其本来面目，就成为训诂学的重要内容之一，并由此产生了一门专门的学问——校勘学。

校勘古代叫做“校雠”。《太平御览》卷六百一十八引刘向《别录》说：“校雠，一人读书，校其上下，得其谬误为校；一人持本，一人读书，若怨家相对，故曰雠也。”校勘之学在我国由来已久，《公羊传·昭公十二年》：“春，齐高偃帅师纳北燕伯于阳。伯于阳者何？公子阳生也。子曰：‘我乃知之也。’”何休解诂：“子谓孔子。乃，乃是岁也。时孔子年二十三，具知其事，后作《春秋》。案《史记》知‘公’误为‘伯’，‘子’误为‘于’，‘阳’在，‘生’刊灭，阙。”这说明早在孔子时期，古书就已经产生了错误，并且人们已经开始了整理古籍的工作。《吕氏春秋·慎行论·察传篇》：“子夏之晋，过卫，有读《史记》者曰：‘晋师三豕涉河。’子夏曰：‘非也，是己亥也。夫“己”与“三”相近，“豕”与“亥”相似。’至于晋而问之，则曰：‘晋师己亥涉河’也。”卫人读书不加校勘，竟至闹出笑话，子夏的校勘是非常可取的。因此，历代学者都十分重视校勘工作，他们的校勘理论和校勘成果，为恢复古籍的本来面目，从而使后人能够更好地利用古书，继承古代优秀的文化遗产作出了巨大贡献。

朱熹对于古籍校勘亦十分重视，他说："旧传、图、说，皆有谬误，幸其失于此者犹或有存于彼，是以向来得以参考互证，改而正之。凡所更改，皆有据依，非出于己意之私也。"① "读书玩理外，考证又是一种功夫，所得无几而费力不少，向来偶自好之，固是一病，然亦不可谓无助也。"② 校勘是训诂的基本环节，朱熹在他的训诂著作中对古籍的错误多所更定，校勘的内容主要包括校脱文、校衍文、校倒文、校讹文、校异文等五种情况，以下分别进行论述。

一　校脱文

脱文，简称"脱"或者"夺"，也叫"阙文"，是指古籍在传抄、刻印过程中脱落、少写了某些文字。朱熹在训诂中校勘的脱文包括以下几种情况：

1．校字词

《论语·季氏》："齐景公有马千驷，死之日，民无德而称焉。伯夷、叔齐饿于首阳之下，民到于今称之。其斯之谓与？"

朱熹集注："章首当有'孔子曰'字，盖阙文耳。"

《孟子·滕文公上》："然友反命。世子曰：'然。是诚在我。'五月居庐，未有命戒。百官族人，可谓曰知。及至葬，四方来观之，颜色之戚，哭泣之哀，吊者大悦。"

朱熹集注："'可谓曰知'，疑有阙误。"

《孟子·离娄下》："齐人有一妻一妾而处室者，其良人出，则必餍酒肉而后反。其妻问所与饮食者，则尽富贵也。……"

朱熹集注："章首当有'孟子曰'字，阙文也。"

《周易·既济·彖》："'既济，亨'，小者亨也。"

---

① 朱熹：《答胡广仲》，朱杰人、严佐之、刘永翔主编《朱子全书》第二十二册《晦庵先生朱文公文集》卷四十二，上海古籍出版社、安徽教育出版社2002年版，第1901页。

② 朱熹：《答孙季和》，朱杰人、严佐之、刘永翔主编《朱子全书》第二十三册《晦庵先生朱文公文集》卷五十四，上海古籍出版社、安徽教育出版社2002年版，第2538页。

朱熹本义："'济'下疑脱'小'字。"

2．校语句

《诗经·小雅·沔水》篇末云："《沔水》三章，二章章八句，一章六句。"

朱熹集传："疑当作三章，章八句。卒章脱前两句耳。"

《诗经·鲁颂·闷宫》："秋而载尝，夏而楅衡。白牡骍刚，牺尊将将。毛炰胾羹，笾豆大房。"

朱熹集传："此下当脱一句，如'钟鼓喤喤'之类。"

朱熹还在《闷宫》篇末注云："内第四章脱一句。……旧说八章，二章章十七句，一章十二句，一章三十八句，二章章八句，二章章十句。多寡不均，杂乱无次，盖不知第四章有脱句而然，今正其误。"

3．校篇章

《诗经·周颂·维清》："维清缉熙，文王之典，肇禋迄用有成，维周之祯。"

朱熹集传："此亦祭文王之诗。言所当清明而缉熙者，文王之典也。故自始祀至今有成，实维周之祯祥也。然此诗疑有阙文焉。"

《周易·系辞下传》第六章："子曰：'乾坤其易之门邪？乾，阳物也，坤，阴物也。阴阳合德而刚柔有体，以体天地之撰，以通神明之德。其称名也，杂而不越，于稽其类，其衰世之意邪？夫《易》，彰往而察来，而微显阐幽。开而当名辨物，正言断辞则备矣。其称名也小，其取类也大。其旨远，其辞文，其言曲而中，其事肆而隐。因贰以济民行，以明失得之报。'"

朱熹本义："此章多阙文疑字，不可尽通，后皆放此。"

二　校衍文

衍文，简称"衍"，也叫"羡文"，和脱文相对，是指古籍在传抄、刻印过程中因误加而多出来的文字。朱熹在训诂中校勘的衍文包括以下几种情况：

1. 校字词

《论语·述而》："子曰：'善人，吾不得而见之矣；得见有恒者，斯可矣。'"

朱熹集注："'子曰'字，疑衍文。"

《楚辞·离骚》："世并举而好朋兮，夫何茕独而不予听？"

朱熹集注："'不'字疑衍。"

《周易·比·彖》："比，吉也。"

朱熹本义："此三字疑衍文。"

《周易·渐·彖》："渐之进也，女归吉也。"

朱熹本义："'之'字疑衍，或是'渐'字。"

《周易·系辞下传》第十二章："能说诸心，能研诸侯之虑，定天下之吉凶，成天下之亹亹者。"

朱熹本义："'侯之'二字衍。"

2. 校语句

《周易·系辞下传》第二章："刳木为舟，剡木为楫，舟楫之利，以济不通，致远以利天下，盖取诸《涣》。"

朱熹本义："'致远以利天下'，疑衍。"

三　校倒文

倒文指古籍在传抄、刻印过程中相互颠倒的文字。朱熹在训诂中校勘的倒文包括以下几种情况：

1. 校字词

《周易·系辞下传》第六章："夫《易》，彰往而察来，而微显阐幽。开而当名辨物，正言断辞则备矣。"

朱熹本义："'而微显'，恐当作'微显而'。"

2．校语句

《楚辞·九章·怀沙》：“曾伤爰哀，永叹喟兮。世溷浊莫吾知，人心不可谓兮。”

朱熹集注：“按此四句，若依《史记》移著上文‘怀质抱情’之上，而以下章‘死不可让，愿勿爱兮’承‘余何畏惧’之下，文意尤通贯。”

按：朱熹认为《史记》对该段文字的记载更为合理，调整后的语序当为：“曾伤爰哀，永叹喟兮。世溷浊莫吾知，人心不可谓兮。怀质抱情，独无匹兮。伯乐既没，骥焉程兮。民生禀命，各有所错兮。定心广志，余何畏惧兮！知死不可让，愿勿爱兮。明告君子，吾将以为类兮。”

又如：

《周易·系辞上传》第九章：“天数五，地数五，五位相得而各有合。天数二十有五，地数三十，凡天地之数五十有五。此所以成变化而行鬼神也。”

朱熹本义：“此简本在‘大衍’之后，今按宜在此。”

按：下文曰：“大衍之数五十，其用四十有九。分而为二以象两，挂一以象三，揲之以四以象四时，归奇于扐以象闰，五岁再闰，故再扐而后挂。”简本该句在“大衍之数五十”一句后，朱熹则根据上文的“天一，地二；天三，地四；天五，地六；天七，地八；天九，地十”，认为该句中的“天数五，地数五”当承上文而言，故宜在此。

3．校篇章

《礼记·大学》：“《康诰》曰：‘克明德。’《大甲》曰：‘顾諟天之明命。’《帝典》曰：‘克明峻德。’皆自明也。”

朱熹集注：“右传之首章。释‘明明德’。此通下三章至‘止于信’，旧本误在‘没世不忘’之下。”

《礼记·大学》：“《诗》云：‘邦畿千里，惟民所止。’《诗》云：‘缗蛮黄鸟，止于丘隅。’……《诗》云：‘於戏，前王不忘！’君子贤其贤而亲其亲，小人乐其乐而利其利，此以没世不忘也。”

朱熹集注：“右传之三章。释‘止于至善’。此章内自引《淇澳》诗以下，旧本误在‘诚意’章下。”

《礼记·大学》：“子曰：‘听讼，吾犹人也，必也使无讼乎？’无情者不得尽其辞，大畏民志，此谓知本。”

朱熹集注：“右传之四章。释‘本末’。此章旧本误在‘止于信’下。”

四　校讹文

讹文指古籍在传抄、刻印过程中出现错误的文字。朱熹在训诂中校勘的讹文包括以下几种情况：

1. 校字词

《楚辞·九章·橘颂》：“闭心自慎，终不过失兮。秉德无私，参天地兮。”

朱熹集注：“闭，俗作闲，非是。”

《周易·系辞下传》第六章：“夫《易》，彰往而察来，而微显阐幽。开而当名辨物，正言断辞则备矣。”

朱熹本义：“‘开而’之‘而’，亦疑有误。”

2. 校错简

《周易·系辞上传》第十二章：“《易》曰：‘自天祐之，吉，无不利。’子曰：‘祐者，助也。天之所助者，顺也；人之所助者，信也。履信思乎顺，又以尚贤也，是以“自天祐之，吉，无不利”也。’”

朱熹本义：“释《大有》上九爻义。然在此无所属，或恐是错简，宜在第八章之末。”

《周易·杂卦传》：“《需》，不进也；《讼》，不亲也。《大过》，颠也；《姤》，遇也，柔遇刚也。《渐》，女归待男行也。《颐》，养正也。《既济》，定也。《归妹》，女之终也。《未济》，男之穷也。

《夬》，决也，刚决柔也；君子道长，小人道忧也。"

朱熹本义："自《大过》以下，卦不反对，或疑其错简。"

3．校语句

《礼记·大学》："长国家而务财用者，必自小人矣。彼为善之，小人之使为国家，菑害并至。虽有善者，亦无如之何矣！此谓国不以利为利，以义为利也。"

朱熹集注："'彼为善之'，此句上下，疑有阙文误字。"

4．校篇章

（1）校章数

《诗经·小雅·伐木》篇末："《伐木》三章，章十二句。"

朱熹集传："刘氏曰：'此诗每章首辄云"伐木"，凡三云"伐木"，故知当为三章。旧作六章，误矣。'今从其说正之。"

《诗经·大雅·行苇》篇末："《行苇》四章，章八句。"

朱熹集传："毛七章，二章章六句，五章章四句。郑八章，章四句。毛首章以四句兴二句，不成文理，二章又不协韵。郑首章有起兴而无所兴，皆误。今正之如此。"

（2）校篇章分合

《论语·子罕》："子曰：'可与共学，未可与适道；可与适道，未可与立；可与立，未可与权。'"

朱熹集注："愚按：先儒误以此章连下文'偏其反而'为一章，故有反经合道之说。程子非之，是矣。"

《楚辞·九辩》第一章下朱熹注云："章既无名，旧本连写，或分或合，易致差误，今既厘正，因各标章次以别之。"

《楚辞·九辩》第六章下朱熹注云："旧本此章误分'窃美申包胥'以下为别章，并误以'同'字为'固'字，既断语脉，又不叶韵，又使章数增减不定，今皆正之。"

《楚辞·九辩》第八章下朱熹注云："此章首尾，专言廱蔽之祸，而旧本误分'荷裯'以下为别章，今正之。"

《楚辞·九辩》第九章下朱熹注云："此章首言前圣之可法，次言己志之不伸，次愿乞身以远去，而终不忘于籲天以正其君，文意方足。而旧本误分'愿赐不肖之躯'以下为别章，则前段无尾，后段无首，而不成文矣，今正之。"

（3）校章旨

《楚辞·九歌》："九歌者，屈原之所作也。昔楚南郢之邑，沅、湘之间，其俗信鬼而好祀，其祀必使巫觋作乐，歌舞以娱神。蛮荆陋俗，词既鄙俚，而其阴阳人鬼之间，又或不能无亵慢淫荒之杂。原既放逐，见而感之，故颇为更定其词，去其泰甚，而又因彼事神之心，以寄吾忠君爱国眷恋不忘之意。是以其言虽若不能无嫌于燕昵，而君子反有取焉。"

朱熹注："此卷诸篇，皆以事神不答而不能忘其敬爱，比事君不合而不能忘其忠赤，尤足以见其恳切之意。旧说失之，今悉更定。"

又如《楚辞·九歌·湘君》篇末朱熹注云：

此篇盖为男主事阴神之词，故其情意曲折尤多，皆以阴寓忠爱于君之意。而旧说之失为尤甚，今皆正之。

五　校异文

"异文是古代汉语书面语中的一种用字分歧的现象。它指的是同一文献的不同版本、同一文献在他书中的引文、不同文献记叙相同或相似事情所用的结构和句意相同或大体相同的句子之间的用字差异。异文也包括联绵词、成语、固定结构、固定句式、人名、地名等专有名词中用字的差异。"①

① 章也：《古书异文与辞书编纂》，《辞书研究》1989 年第 2 期。

异文在古籍流传的过程中是普遍存在的，覆盖的范围亦比较广泛。朱熹在校勘异文时，有的只是校而记异，给读者提供了对照理解的线索，不作是非判断，让读者自行斟酌；而有的则是在记异的基础上直接论定是非，但不作具体理由的说明。前者例如：

《诗经·周南·卷耳》："陟彼砠矣，我马瘏矣，我仆痡矣，云何吁矣。"

朱熹集传："吁，忧叹也。《尔雅注》引此作'盱'，张目远望也。"

《孟子·万章下》："曰：'不可。《康诰》曰："杀越人于货，闵不畏死，凡民罔不譈。"是不待教而诛者也。殷受夏，周受殷，所不辞也。于今为烈，如之何其受之。'"

朱熹集注："'譈'，《书》作'憝'。……今《书》'闵'作'愍'，无'凡民'二字。"

《楚辞·渔父》："世人皆浊，何不淈其泥而扬其波？众人皆醉，何不餔其糟而歠其酾？何故深思高举，自令放为？"

朱熹集注："'深思'以下，《史》作'怀瑾握瑜，而自令见放为'。"

后者例如：

《楚辞·九歌·湘君》："驾飞龙兮北征，邅吾道兮洞庭。薜荔柏兮蕙绸，荪桡兮兰旌。望涔阳兮极浦，横大江兮扬灵。"

朱熹集注："此句之上，或有'乘'字，或有'承'字，或有'采'字，旌或作'旗'，皆非是。"

《楚辞·天问》："列击纣躬，叔旦不嘉。何亲揆发，定周之命以咨嗟？授殷天下，其位安施？反成乃亡，其罪伊何？"

朱熹集注："列，一作到，非是。躬，一作射，非是。一无何字。定，一作足，属上句，非是。"

《楚辞·九章·惜诵》："惩热羹而吹齑兮，何不变此志也？欲释阶而登天兮，犹有曩之态也。"

朱熹集注："惩热羹，一本'热'作'于'，而'羹'下有

‘者’字，一本有‘于热者’，皆非是。”

古书异文在古汉语研究中具有重要的、多方面的材料价值，朱熹在他的训诂过程中非常重视异文材料，不仅对古籍异文进行了全面的校勘，而且在解释词义方面还对异文材料有着充分的利用，例如：

《诗经·小雅·小宛》：“交交桑扈，率场啄粟。哀我填寡，宜岸宜狱。握粟出卜，自何能谷？”

朱熹集传：“岸，亦狱也。《韩诗》作犴。乡亭之系曰犴，朝廷曰狱。”

按：“岸”为“犴”的通假字，古指乡亭牢狱。《荀子·宥坐》：“狱犴不治，不可刑也。”杨倞注：“犴，亦狱也。”《资治通鉴·晋惠帝元康九年》：“奸伪者因以售其情，居上者难以检其下。事同议异，狱犴不平。”胡三省注：“野狱曰犴。”《集韵·翰韵》：“犴，狱也。”朱熹利用异文破除了通假字的障碍，释以“岸”的本字本义，为我们正确理解文意提供了方便。

又如：

《诗经·大雅·大明》：“大邦有子，俔天之妹。文定厥祥，亲迎于渭。造舟为梁，不显其光。”

朱熹集传：“俔，磬也。《韩诗》作磬。《说文》云：‘俔，譬也。’孔氏曰：‘如今俗语譬喻物，曰磬作然也。’”

按：《说文·人部》：“俔，譬谕也。……《诗》曰：‘俔天之妹。’”对于上面所引的诗句，毛传曰：“俔，磬也。”孔颖达疏：“笺云‘尊之如天之有女弟’，与譬喻之言合。”陆德明音义：“《韩诗》作磬。磬，譬也。”马瑞辰《毛诗传笺通释》卷二十四：“据《说文》：‘俔，譬谕也’，当以俔为正字。《韩诗》作磬，通借字也。汉世通借作磬已久，人皆知磬之为譬，故毛公以今释古，《韩诗》遂从今字作磬耳。《正义》曰：‘盖如今俗语譬喻物云磬作然也。’是唐时犹通以磬作为譬。”由此可见，“俔”为本字，本义就有如同、好比之义，而“磬”为“譬”的通假字，因

“譬”借作“磬”的时间较久，故而以“磬”来解释“伣”。

再如：

《孟子·尽心下》：“孟子曰：‘舜之饭糗茹草也，若将终身焉。及其为天子也，被袗衣，鼓琴，二女果，若固有之。’”

朱熹集注：“果，《说文》作婐。……果，女侍也。”

按：“果”为“婐”的通假字。《说文·女部》：“婐，妮也。一曰女侍曰婐。读若骗，或若委。从女，果声。孟轲曰：‘舜为天子，二女婐。’”王筠《说文解字句读》：“二女婐，《尽心篇》文，引之以证女侍义。今作‘果’者，省形存声字也。赵注：‘果，侍也。’”朱熹根据《说文》提供的异文材料，找到了“果”的本字“婐”，从而正确地解释了此处“果”为“女侍”的含义。

第二节　朱熹校勘古籍的方法

陈垣《校勘学释例》卷六第四十三条的“校法四例”，讲他在校勘《元典章》时所用的四种校勘方法：对校法，本校法，他校法和理校法。这实际上是对前人长期以来校勘工作的经验和方法所做的全面、系统的总结，已被学界公认为校勘的基本方法，其文云：

一为对校法。即以同书之祖本或别本对读，遇不同之处，则注于其旁。刘向《别录》所谓“一人持本，一人读书，若怨家相对者”，即此法也。此法最简便，最稳当，纯属机械法。其主旨在校异同，不校是非，故其短处在不负责任，虽祖本或别本有讹，亦照式录之；而其长处则在不参己见，得此校本，可知祖本或别本之本来面目。故凡校一书，必须先用对校法，然后再用其他校法。……

二为本校法。本校法者，以本书前后互证，而抉摘其异同，则知其中之缪误。吴缜之《新唐书纠缪》，汪辉祖之《元史本证》，即用此法。此法于未得祖本或别本以前，最宜用之。予于《元典章》曾以纲目校目录，以目录校书，以书校表，以正集校新集，得其节目讹误者若干条。至于字句之间，则循览上下文义，近而数叶，远而数卷，属词比事，牴牾自见，不必尽据异本也。……

三为他校法。他校法者，以他书校本书。凡其书有采自前人者，可以前人之书校之，有为后人所引用者，可以后人之书校之，其史料有为同时之书所并载者，可以同时之书校之。此等校法，范围较广，用力较劳，而有时非此不能证明其讹误。丁国钧之《晋书校文》，岑刻之《旧唐书校勘记》，皆此法也。……

四为理校法。段玉裁曰："校书之难，非照本改字不讹不漏之难，定其是非之难。"所谓理校法也。遇无古本可据，或数本互异，而无所适从之时，则须用此法。此法须通识为之，否则卤莽灭裂，以不误为误，而纠纷愈甚矣。故最高妙者此法，最危险者亦此法。①

以上四种方法也可以对朱熹校勘古籍的方法进行概括。朱熹有时还综合运用了其中两种或两种以上的方法，根据古籍中错误的实际情况，对古籍作出了别具特色的校勘。

一　对校法

（一）校脱文

《楚辞·九歌·少司命》："孔盖兮翠旍，登九天兮抚彗星，竦长剑兮拥幼艾，荪独宜兮为民正。"

朱熹集注："此句上，一有'扬'字。"

（二）校衍文

《礼记·中庸》："子曰：'中庸其至矣乎！民鲜能久矣。'"

朱熹集注："《论语》无'能'字。"

《楚辞·离骚》："曰黄昏以为期兮，羌中道而改路。"

朱熹集注："一无此二句。洪曰：'王逸不注此二句，后章始释

① 陈垣：《校勘学释例》，中华书局1959年版，第144—148页。

“羌”义。疑此后人所增也。’”

《楚辞·九歌·少司命》：“与女游兮九河，冲风至兮水扬波。”

朱熹集注：“古本无此二句，王逸亦无注。《补》曰：‘此《河伯》章中语也。’当删去。”

（三）校倒文

《楚辞·九章·怀沙》：“怀质抱情，独无匹兮。伯乐既没，骥焉程兮。”

朱熹集注：“质，《史》作‘情’，情，《史》作‘质’。”

（四）校讹文

《论语·先进》：“子乐。‘若由也，不得其死然。’”

朱熹集注：“洪氏曰：‘《汉书》引此句，上有“曰”字。’或云：‘上文“乐”字，即“曰”字之误。’”

（五）校异文

《诗经·小雅·菀柳》：“有菀者柳，不尚息焉。上帝甚蹈，无自暱焉。俾予靖之，后予极焉。”

朱熹集传：“上帝甚蹈，《战国策》作‘上天甚神’。”

《楚辞·远游》：“命天阍其开关兮，排阊阖而望予。召丰隆使先导兮，问大微之所居。集重阳入帝宫兮，造旬始而观清都。”

朱熹集注：“其，一作而。阊阖，一作阖闾。予，一作余。……阳下，一有‘以’字。”

《周易·系辞下传》第一章：“天地之大德曰生，圣人之大宝曰位。何以守位？曰仁。何以聚人？曰财。理财正辞，禁民为非曰义。”

朱熹本义：“‘曰人’之人，今本作‘仁’。”

二　本校法

（一）以本书前后文例互证

《诗经·大雅·生民》篇末："《生民》八章，四章章十句，四章章八句。"

朱熹集传："旧说第三章八句，第四章十句。今按第三章当为十句，第四章当为八句，则'去''呱''訏''路'，音韵谐协；呱声载路，文势通贯。而此诗八章，皆以十句八句相间为次。又二章以后，七章以前，每章章之首，皆有'诞'字。"

按：朱熹认为旧说的"第三章八句，第四章十句"的观点是错误的，应当是"第三章当为十句，第四章当为八句"。朱熹这样校勘的理由主要有三点：第一，朱熹认为"此诗八章，皆以十句八句相间为次"，经过朱熹的重新划分，第一、三、五、七章的句数为十句，第二、四、六、八章的句数为八句。第二，朱熹将"鸟乃去矣，后稷呱矣。实覃实訏，厥声载路"划归第三章的原因是"二章以后，七章以前，每章章之首，皆有'诞'字。"若将其划归第四章，则第四章章首就不是以"诞"字开头的句子了。第三，根据文义，第三章前面的语句为："诞置之隘巷，牛羊腓字之。诞置之平林，会伐平林。诞置之寒冰，鸟覆翼之。"将"鸟乃去矣，后稷呱矣。实覃实訏，厥声载路"置于该段文字之下，可谓"呱声载路，文势通贯"。而且"去""呱""訏""路"四字叶韵，"去"的上古音为溪母鱼部，"呱"的上古音为见母鱼部，"訏"的上古音为晓母鱼部，"路"的上古音为来母铎部，鱼铎对转，可以相押韵。上述朱熹所采用的校勘方法，都是根据本书的行文之例进行互证的本校法。

又如：

《楚辞·大招》："东有大海，溺水浟浟只。螭龙并流，上下悠悠只。雾雨淫淫，白皓胶只。魂乎无东，汤谷寂寥只。"

朱熹集注："按下章例，此句上当有'魂乎无东'四字。"

按：该句下文为："魂乎无南！南有炎火千里，蝮蛇蜒只。山林险隘，虎豹蜿只。鰅鳙短狐，王虺骞只。魂乎无南，蜮伤躬只。魂乎无西！西方流沙，漭洋洋只。豕首纵目，被发鬤只。长爪踞牙，诶笑狂只。魂乎无西，多害伤只。魂乎无北！北有寒山，逴龙赩只。代水不可涉，深不可测只。天白颢颢，寒凝凝只。魂乎无往，盈北极只。”因为下文每句前都有“魂乎无南”“魂乎无西”“魂乎无北”的句子，故而朱熹认为：“按下章例，此句上当有‘魂乎无东’四字。”

（二）根据本书上下文的韵例校勘

1. 校衍文

> 《周易·艮·六五》：“《象》曰：‘艮其辅’，以中正也。”
> 朱熹本义：“‘正’字羡文，叶韵可见。”

按：《艮卦·六四》的《象》传云：“‘艮其身’，止诸躬也。”《艮卦·上九》的《象》传云：“‘敦艮’之‘吉’，以厚终也。”“躬”与“终”分别为韵脚，“躬”的上古音为见母冬部，“终”的上古音为章母冬部，“躬”与“终”为冬部叠韵，二者在《广韵》中的读音同为平声东韵。为了与此二爻的《象》传叶韵，六五爻的《象》传亦应以东韵的“中”字为韵脚，故而朱熹判断此处“正”字当为衍文。

2. 校倒文

> 《楚辞·天问》：“应龙何画？河海何历？鲧何所营？禹何所成？”
> 朱熹集注：“一作‘河海应龙？何画何历’，失韵，非是。”
> 《楚辞·天问》：“焉有龙虬，负熊以游？”
> 朱熹集注：“虬，或在龙字上，以韵叶之，非是。”

按：以上两例朱熹都是根据上下文的韵例来进行校勘的。“应龙何画？河海何历”的韵脚字为“画”与“历”，“画”的上古音为匣母锡部，“历”的上古音为来母锡部，二者属于锡部叠韵。若作“河海应龙？何画何历”，“龙”的上古音为来母东部，与另一韵脚字“历”的韵部的关系较远，故而朱熹认为“失韵，非是”。“焉有龙虬，负熊以游”的韵脚字为“虬”与“游”，“虬”的上古音为群母幽部，“游”的上古音为喻母幽部，二者属于幽部叠韵。若将“虬”字置于“龙”字之上，则

“龙”为韵脚字，“龙”的上古音为来母东部，同样与另一韵脚字“游”的韵部的关系较远，故而朱熹亦认为“以韵叶之，非是”。

3. 校讹文

《楚辞·九章·怀沙》：“怀质抱情，独无匹兮。伯乐既没，骥焉程兮。”

朱熹集注：“匹，当作正，字之误也，以韵叶之，及以《哀时命》考之，则可见矣。”

按：《楚辞·哀时命》中有“怀瑶象而佩琼兮，愿陈列而无正”一句，朱熹据此及句中韵脚字的读音进行了校勘。对于“无正”的词义，朱熹注云：“无正，与‘并日夜无正’之‘正’之意同。”“并日夜而无正”为《楚辞·九章·抽思》中语，朱熹在此处为“正”标注了叶音：“正，叶音征”，为平声清韵字。例句中“匹”与“程”为韵脚字，“程”是平声清韵字，故而朱熹据此校定“匹”当为“正”字之误。

4. 校异文

《楚辞·离骚》：“何所独无芳草兮，尔何怀乎故宇？世幽昧以昡曜兮，孰云察余之善恶?”

朱熹集注：“善恶，一作中情，非是。上文别有此句，此章韵不叶也。”

按：该句上文有“众不可户说兮，孰云察余之中情”一句，为了避免重复，此处不应当再次出现“中情”一词，这是朱熹判断“善恶”不作“中情”的理由之一；此外，朱熹还考察了这一章韵脚字的押韵情况，“宇”上古为匣母鱼部字，若以“恶”为韵脚，“恶”上古为影母铎部字，鱼部与铎部主元音相同，可以对转。若作“中情”，“情”上古为从母耕部字，与另一韵脚字“宇”的韵部的关系较远，故朱熹认为此处应作“善恶”，不应作“中情”。

三 他校法

（一）校脱文

《论语·述而》：“子在齐闻《韶》，三月不知肉味，曰：‘不图为乐之至于斯也！'"

朱熹集注："《史记》'三月'上有'学之'二字。"

《楚辞·九章·怀沙》："乱曰：浩浩沅、湘，分流汩兮。修路幽蔽，道远忽兮。"

朱熹集注："此下，《史》有'曾唫恒悲兮，永叹慨兮。世既莫吾知兮，人心不可谓兮'四句。"

《礼记·中庸》："君子之中庸也，君子而时中；小人之中庸也，小人而无忌惮也。"

朱熹集注："王肃本作'小人之反中庸也'，程子亦以为然。今从之。"

按："小人之中庸也"王肃本作"小人之反中庸也"，该句上文亦为"仲尼曰：'君子中庸，小人反中庸。'"程子也认为"小人之"下脱"反"字，朱熹认同了这种观点并进一步阐述了校勘理由："君子之所以为中庸者，以其有君子之德，而又能随时以处中也。小人之所以反中庸者，以其有小人之心，而又无所忌惮也。盖中无定体，随时而在，是乃平常之理也。君子知其在我，故能戒谨不睹、恐惧不闻，而无时不中。小人不知有此，则肆欲妄行，而无所忌惮矣。"

（二）校讹文

《诗经·周颂·维天之命》："假以溢我，我其收之。骏惠我文王，曾孙笃之。"

朱熹集传："'溢'，《春秋传》作'恤'，'恤'之为'溢'，字之讹也。"

《论语·述而》："子曰：'加我数年，五十以学《易》，可以无大过矣。'"

朱熹集注："刘聘君见元城刘忠定公，自言尝读他《论》，'加'作'假'，'五十'作'卒'。盖'加''假'声相近而误读，'卒'与'五十'字相似而误分也。愚按：此章之言，《史记》作'假我数年，若是我于《易》，则彬彬矣'。'加'正作'假'，而无'五十'字。盖是时，孔子年已几七十矣，'五十'字误无疑也。"

《孟子·告子上》："或曰：'有性善，有性不善。是故以尧为君而有象，以瞽瞍为父而有舜，以纣为兄之子且以为君，而有微子启、王子比干。'”

朱熹集注：“按此文，则微子、比干皆纣之叔父，而《书》称微子为商王元子，疑此或有误字。”

《礼记·中庸》：“子曰：‘素隐行怪，后世有述焉，吾弗为之矣。'”

朱熹集注：“素，按《汉书》当作‘索’，盖字之误也。”

按：朱熹根据《汉书》的引文进行校勘，认为此处“素”当为“索”字之讹，盖以其形近而误。《汉书·艺文志》：“孔子曰：‘索隐行怪，后世有述焉，吾不为之矣。'”颜师古注：“《礼记》载孔子之言。索隐，求索隐暗之事，而行怪迂之道。”朱熹对“索隐行怪”的解释为：“言深求隐僻之理，而过为诡异之行也。”“索”确有探求义，《小尔雅·广言二》：“索，求也。”《周易·系辞上传》：“探赜索隐，钩深致远。”孔颖达正义：“索，谓求索。”《法言·问神》：“圣人存，神索至。”李轨注：“探幽索至。”可见，朱熹运用他校法将“素”校勘为“索”的结论应是正确的。

（三）校异文

《诗经·小雅·隰桑》：“心乎爱矣，遐不谓矣。中心藏之，何日忘之？”

朱熹集传：“遐，与何同。《表记》作‘瑕’。”

《论语·子罕》：“‘唐棣之华，偏其反而。岂不尔思？室是远而。'”

朱熹集注：“偏，《晋书》作‘翩’。”

《楚辞·九歌·湘君》：“君不行兮夷犹，蹇谁留兮中洲？美要眇兮宜修，沛吾乘兮桂舟。”

朱熹集注：“要，《汉书》作‘幼’。”

《周易·升·象》：“地中生木，升；君子以顺德，积小以高大。”

朱熹本义：“王肃本‘顺’作‘慎’。今按他书引此，亦多作‘慎’，意尤明白，盖古字通用也。”

四　理校法

朱熹对古籍的理校亦有章法可寻，根据古籍错误的实际情况，朱熹所采用的方法主要有以下几种：

(一) 利用上下文进行校勘

1. 根据上下文的意义

《论语·述而》："子曰：'与其进也，不与其退也，唯何甚。人洁己以进，与其洁也，不保其往也。'"

朱熹集注："疑此章有错简。'人洁'至'往也'十四字，当在'与其进也'之前。……言人洁己而来，但许其能自洁耳，固不能保其前日所为之善恶也；但许其进而来见耳，非许其既退而为不善也。盖不追其既往，不逆其将来，以是心至，斯受之耳。"

《论语·乡党》："色斯举矣，翔而后集。"

朱熹集注："言鸟见人之颜色不善，则飞去，回翔审视而后下止。人之见几而作，审择所处，亦当如此。然此上下，必有阙文矣。"

按：朱熹认为与鸟的"色斯举矣，翔而后集"的行为相对应的应该是人的行为："人之见几而作，审择所处，亦当如此。"但文中没有表达出这样的意思，故朱熹认为此句上下，当有脱文。

《楚辞·天问》："汤谋易旅，何以厚之？覆舟斟寻，何道取之？"

朱熹集注："'汤'与上句过浇、下句斟寻事不相涉，疑本'康'字之误，谓少康也。"

《楚辞·招魂》："巫阳对曰：'掌瘳！上帝其命难从。若必筮予之，恐后之谢，不能复用巫阳焉。"

朱熹集注："此一节巫阳对语不可晓，恐有脱误。然其大意似谓帝命有不可从者，如必筮其所在，而后招以与之，则恐其离散之远，而或后之，以至徂谢，且将不得复用巫阳之技矣。"

2. 根据上下文的行文之例

《礼记·中庸》二十章："或生而知之，或学而知之，或困而知之，及其知之一也；或安而行之，或利而行之，或勉强而行之，及其成功一也。子曰：'好学近乎知，力行近乎仁，知耻近乎勇。'"

朱熹集注："'子曰'二字，衍文。"

并在此章末说明"子曰"为衍文的理由：

此引孔子之言，以继大舜、文、武、周公之绪，明其所传之一致。举而措之，亦犹是耳。盖包费隐、兼小大，以终十二章之意。章内语诚始详，而所谓诚者，实此篇之枢纽也。又按：《孔子家语》亦载此章，而其文尤详。"成功一也"之下，有"公曰：子之言美矣！至矣！寡人实固，不足以成之也"。故其下复以"子曰"起答辞。今无此问辞，而犹有"子曰"二字；盖子思删其繁文以附于篇，而所删有不尽者，今当为衍文也。

又如：

《周易·系辞上传》第十二章："子曰：'书不尽言，言不尽意。'然则圣人之意，其不可见乎！子曰：'圣人立象以尽意，设卦以尽情伪，系辞焉以尽其言，变而通之以尽利，鼓之舞之以尽神。'"

朱熹本义："两'子曰'字，疑衍其一。盖'子曰'字，皆后人所加，故有此误。如近世《通书》，乃周子所自作，亦为后人每章加以'周子曰'字，其设问答处，正如此也。"

（二）利用字词的语音进行校勘

1. 根据语音相近

《楚辞·天问》："稷维元子，帝何竺之？投之于冰上，鸟何燠之？"

朱熹集注："稷事，见《诗·大雅》及《史记》曰：'后稷，名弃。其母有邰氏女，曰姜嫄，为帝喾元妃。出野，见巨人迹，说而践之，遂身动如孕者。居期而生子，姜嫄以无父而生，弃之于冰上。有鸟以翼覆荐温之，以为神，乃取而养之。'《诗》曰："先生如达'，是首生之子也，故曰元子。既是元子，则帝当爱之矣，何为而竺之耶？弃之冰上，则人恶之矣，鸟何为而燠之耶？以此言之，则'竺'字当为'天祝予'之'祝'，或为'天夭是椓'之'椓'，以声近而讹耳。"

按：王逸认为"竺"当通"笃"："竺，厚也。言后稷之母姜嫄，出见大人之迹，怪而履之，遂有娠而生后稷。后稷生而仁贤，天帝独何以厚之乎？竺，一作笃。"洪兴祖补注："《尔雅》云：'竺，厚也。'与笃同。"朱熹亦认为此处"竺"应是假借字，只是根据语义判断，"竺"的本字当为"祝"或"椓"。在为"竺"寻找本字时，朱熹就运用了本字与借字之间语音相同或相近的原理。"竺"的上古音为端母觉部，"祝"的上古音为章母觉部，"椓"的上古音为端母屋部，端母与章母同为舌音，觉部和屋部同属入声韵，且韵尾相同；"竺"在《广韵》中的读音为"张六切"，是知母屋韵字，"祝"在《广韵》中的读音为"之六切"，是章母屋韵字，"椓"在《广韵》中的读音为"竹角切"，是知母觉韵字，三者确属语音相近。朱熹所认为的"天祝予"之"祝"，意为"断、断绝"。《广雅・释诂一》："祝，断也。"《正字通・示部》："祝，断绝。"《公羊传・哀公十四年》："子路死，子曰：'噫，天祝予！'"何休注："祝，断也。"《列子・汤问》："南国之人，祝发而裸。"张湛注引孔安国《尚书》传云："祝者，断截其发也。""天夭是椓"为《诗经・小雅・正月》中语，朱熹注云："椓，害。"《说文・木部》："椓，击也。"朱熹在为《诗经・大雅・生民》篇作注时认为后稷被弃的原因是："无人道而生子，或者以为不祥，故弃之。"所以才将此"竺"字校勘为"祝"或"椓"，盖以其"声近而讹耳"。

又如：

《楚辞・远游》："历玄冥以邪径兮，乘间维以反顾。召黔羸而见之兮，为余先乎平路。"

朱熹集注："羸，从羊，伦为反，一从女，余轻反，未知孰是。

然二字《史记》作‘含靁’，《汉书》作‘黔靁’，则当为从羊之羸矣。”

按：朱熹先说明句中“黔羸”之“羸”有写作“嬴”的，不知二者孰是孰非。但朱熹接下来利用版本异文，指出二字在《史记》中作“含靁”，在《汉书》中作“黔靁”，根据“靁”的读音（《广韵》中为来母平声灰韵一等字，鲁回切），从而判断此处应为从羊之“羸”，因为“羸”的读音（《广韵》中为来母平声支韵三等字，力为切）与“靁”相近，而与从女之“嬴”的读音（《广韵》中为以母平声清韵字，以成切）不相类。

2. 根据叶韵

《楚辞·九辩》：“愿自直而径往兮，路壅绝而不通。欲循道而平驱兮，又未知其所从。然中路而迷惑兮，自厌按而学诵。性愚陋以褊浅兮，信未达乎从容。窃美申包胥之气晟兮，恐时世之不固。”

朱熹集注：“此上四句，一作‘然中路而迷惑兮，悲蹭蹬而无归。性愚陋以褊浅兮，自压按而学诗。兰荪杂于萧艾兮，信未达其从容。’今按：‘归’‘诗’与‘容’不韵，俗本误也。……固，当作同，叶‘通’‘从’‘诵’‘容’韵。”

按：例句的韵脚字分别为“通”“从”“诵”“容”。“通”的上古音为透母东部，“从”的上古音为从母东部，“诵”的上古音为邪母东部，“容”的上古音为喻母东部，四者同押东部韵。若作“然中路而迷惑兮，悲蹭蹬而无归。性愚陋以褊浅兮，自压按而学诗。兰荪杂于萧艾兮，信未达其从容”，则韵脚字当为“归”“诗”“容”。“归”的上古音为见母微部，“诗”的上古音为书母之部，微部与之部的主元音虽然相同，但二者与另一韵脚字“容”的韵部不协，朱熹据此断言“俗本误也”。又“窃美申包胥之气晟兮，恐时世之不固”之“固”，朱熹根据韵脚字的押韵情况，认为当作“同”。“固”的上古音为见母鱼部，与上文的韵脚字“通”“从”“诵”“容”的韵部不协，“同”的上古音为定母东部，故而朱熹认为“固”当作“同”。

又如：

《周易·渐》："上九，鸿渐于陆，其羽可用为仪，吉。"

朱熹本义："胡氏、程氏皆云：'陆当作逵，谓云路也。'今以韵读之，良是。"

按：《渐卦》前五爻的爻辞分别为："初六，鸿渐于干，小子厉，有言，无咎。""六二，鸿渐于磐，饮食衎衎，吉。""九三，鸿渐于陆，夫征不复，妇孕不育，凶，利御寇。""六四，鸿渐于木，或得其桷，无咎。""九五，鸿渐于陵，妇三岁不孕，终莫之胜，吉。"可以看出，韵脚字"干"与"言"（同押元部韵），"磐"与"衎"（同押元部韵），"陆""复"与"育"（同押觉部韵），"木"与"桷"（同押屋部韵），"陵""孕"与"胜"（同押蒸部韵）的上古音分别都是押韵的。对于上九爻的爻辞而言，"陆"亦应与"仪"押韵，但"陆"的上古音为来母觉部，"仪"的上古音为疑母歌部，二者的韵部不通，不能相押韵。因为九三爻的爻辞中已有"鸿渐于陆"，故而此处"陆"当为讹文。若依照胡氏、程氏的观点将"陆"改作"逵"，"逵"的上古音为群母幽部，亦不能与"仪"的韵部相通，则胡氏、程氏的"'陆'当作'逵'"以及朱熹"今以韵读之，良是"的观点，应是以当时的实际语音来进行判断的。"逵"在《广韵》中的读音为"渠追切"，是群母脂韵字，"仪"在《广韵》中的读音为"鱼羁切"，是疑母支韵字，脂韵与支韵的读音还是相近的，二者同属止摄，可以相押韵。这里朱熹根据前人的观点进行校勘，结论正确与否虽然还值得商榷，但他所采用的校勘方法是应该予以肯定的。

（三）利用卦象进行校勘

《周易·乾·文言》："九四，重刚而不中，上不在天，下不在田，中不在人，故或之。或之者，疑之也。故无咎。"

朱熹本义："九四非重刚，'重'字疑衍。"

《周易·鼎》："鼎：元吉，亨。"

朱熹本义："鼎，烹饪之器。为卦下阴为足，二三四阳为腹，五阴为耳，上阳为铉，有鼎之象。又以巽木入离火而致烹饪，鼎之用也，故其卦为鼎。下巽，巽也。上离为目，而五为耳，有内巽顺而外聪明之象。卦自《巽》来，阴进居五，而下应九二之阳，故其占曰

‘元亨’。吉，衍文也。”

（四）利用章旨进行校勘

1. 根据章旨校篇名之误

《诗经·小雅·雨无正》篇末朱熹注云：

欧阳公曰：“古之人于诗多不命题，而篇名往往无义例。其或有命名者，则必述诗之意，如《巷伯》《常武》之类是也。今《雨无正》之名，据序所言，与诗绝异，当阙其所疑。”元城刘氏曰：“尝读《韩诗》有《雨无极》篇，序云：‘《雨无极》，正大夫刺幽王也。’至其诗之文，则比《毛诗》篇首多‘雨无其极伤我稼穑’八字。”愚按，刘说似有理。然第一二章，本皆十句，今遽增之，则长短不齐，非诗之例。又此诗实正大夫离居之后，暬御之臣所作。其曰“正大夫刺幽王”者，亦非是。且其为幽王诗，亦未有所考也。

2. 根据章旨校作品年代之误

《诗经·周颂·武》篇末朱熹注云：

《春秋传》以此为《大武》之首章也。《大武》，周公象武王武功之舞，歌此诗以奏之。《礼》曰：“朱干玉戚，冕而舞《大武》。”然传以此诗为武王所作，则篇内已有武王之谥，而其说误矣。

又如朱熹在《文王》《大明》《绵》《棫朴》《旱麓》《思齐》《皇矣》《灵台》《下武》《文王有声》等十篇之末注云：“郑谱，此以上为文武时诗，以下为成王周公时诗。今案《文王》首句即云‘文王在上’，则非文王之诗矣。又曰‘无念尔祖’，则非武王之诗矣。《大明》《有声》，并言文武者非一，安得为文武之时所作乎？盖《正雅》皆成王周公以后之诗，但此什皆为追述文武之德，故谱因此而误耳。”

五　几种校勘方法的综合运用

除了分别使用上述四种校勘方法外，朱熹有时还会综合运用其中两种或两种以上的校勘方法，力求校勘结论可靠，例如：

> 《楚辞·天问》："禹之力献功，降省下土方。焉得彼嵞山女，而通之于台桑？"
>
> 朱熹集注："'土'下，或有'四'字，洪云：'或并无"四方"二字。'今按，'下土方'盖用《商颂》语，'四'字之衍明甚，然若并无二字，则又无韵矣。"

按：这里朱熹首先运用了他校法，指出"四"字当为衍文。《诗经·商颂·长发》："浚哲维商，长发其祥。洪水芒芒，禹敷下土方。"引书原文并无"四"字。接着朱熹运用本校法，根据《楚辞》上下文的押韵情况，认为"方"与"桑"当分别为韵脚字，"方"的上古音为帮母阳部，"桑"的上古音为心母阳部，二者同押阳部韵，故而朱熹认为洪兴祖的说法不确，此处"方"字不应当为衍文。

又如：

> 《楚辞·天问》："启棘宾商，《九辩》《九歌》？何勤子屠母，而死分竟地？"
>
> 朱熹集注："棘、宾商，未详。……窃疑棘当作梦，商当作天，以篆文相似而误也。"

按：这里朱熹先运用了理校法，认为"棘"当作"梦"，"商"当作"天"，是因为"棘"与"梦"的篆文形体相似，"商"与"天"的篆文形体相似，此外还佐之以文意："盖其意本谓启梦上宾于天，而得帝乐以归，如《列子》《史记》所言，周穆王、秦穆公、赵简子梦之帝所，而闻钧天广乐，九奏万舞之类耳。"接着运用了他校法，旁证之于《山海经》："若《山海经》云夏后上三嫔于天，得《九辨》《九歌》以下，则是当时此书别本。'宾'字亦误作'嫔'，故或者因以为说。虽实怪妄，不足为据，然‘商’字犹作‘天’字则可验矣。”① 故而朱熹得出“商”字应为“天”字的结论。

此外，朱熹还常根据前贤时彦的说法进行校勘，也可以分为以下几种情况：

（一）校脱文

《论语·先进》：“柴也愚，参也鲁，师也辟，由也喭。”

朱熹集注：“吴氏曰：‘此章之首，脱“子曰”二字。’或疑下章‘子曰’，当在此章之首，而通为一章。”

《周易·震·彖》：“‘震惊百里’，惊远而惧迩也。出可以守宗庙社稷，以为祭主也。”

朱熹本义：“程子以为，‘迩也’下脱‘不丧匕鬯’四字，今从之。”

（二）校衍文

《诗经·小雅·巷伯》：“彼谮人者，谁适与谋。取彼谮人，投畀豺虎。”

朱熹集传：“再言彼谮人者，谁适与谋者，甚嫉之，故重言之也。或曰：衍文也。”

《论语·公冶长》：“子曰：‘始吾于人也，听其言而信其行；今吾于人也，听其言而观其行。于予与改是。’”

朱熹集注：“胡氏曰：‘“子曰”疑衍文。不然，则非一日之言也。’”

《论语·阳货》：“子曰：‘唯上知与下愚不移。’”

朱熹集注：“或曰：‘此与上章当合为一，“子曰”二字，盖衍文耳。’”

《孟子·告子上》：“曰：‘异于白马之白也，无以异于白人之白也。不识长马之长也，无以异于长人之长与？且谓长者义乎？长之者

① 朱熹：《题屈原天问后》，朱杰人、严佐之、刘永翔主编《朱子全书》第二十四册《晦庵先生朱文公文集》卷八十二，上海古籍出版社、安徽教育出版社2002年版，第3892页。

义乎?'"

朱熹集注:"张氏曰:'上"异于"二字疑衍。'"

《孟子·尽心上》:"孟子曰:'王子宫室、车马、衣服，多与人同，而王子若彼者，其居使之然也。况居天下之广居者乎?'"

朱熹集注:"'孟子曰'，张、邹皆云:'羡文也。'"

(三) 校倒文

《论语·季氏》:"齐景公有马千驷，死之日，民无德而称焉。伯夷、叔齐饿于首阳之下，民到于今称之。其斯之谓与?"

朱熹集注:"胡氏曰:'程子以为第十二篇错简"诚不以富，亦祇以异"，当在此章之首。今详文势，似当在此句之上。言人之所称，不在于富，而在于异也。'愚谓，此说近是。"

《周易·系辞上传》第九章:"天一，地二;天三，地四;天五，地六;天七，地八;天九，地十。"

朱熹本义:"此简本在第十章之首，程子曰，宜在此，今从之。"

(四) 校讹文

1. 校字词

《论语·乡党》:"出，降一等，逞颜色，怡怡如也。没阶，趋，翼如也。复其位，踧踖如也。"

朱熹集注:"陆氏曰:'"趋"下本无"进"字，俗本有之，误也。'"

《孟子·尽心下》:"孟子曰:'无伤也。士憎兹多口。'"

朱熹集注:"赵氏曰:'为士者，益多为众口所讪。'按，此则'憎'当从土，今本皆从心，盖传写之误。"

《周易·震·彖》:"'震惊百里'，惊远而惧迩也。出可以守宗庙社稷，以为祭主也。"

朱熹本义:"出，谓继世而主祭也。或云'出'即'鬯'字之误。"

2. 校错简

《论语·乡党》："必有寝衣，长一身有半。"

朱熹集注："程子曰：'此错简，当在"齐必有明衣布"之下。'愚谓如此，则此条与'明衣''变食'既得以类相从，而'亵裘''狐貉'亦得以类相从矣。"

《论语·颜渊》："子曰：……'诚不以富，亦祇以异。'"

朱熹集注："程子曰：'此错简，当在第十六篇"齐景公有马千驷"之上。因此下文亦有"齐景公"字而误也。'"

3. 校语句

《礼记·中庸》："在下位不获乎上，民不可得而治矣。"

朱熹集注："郑氏曰：'此句在下，误重在此。'"

4. 校章名

《诗经·郑风·大叔于田》篇末朱熹注云：

陆氏曰："首章作大叔于田者误。"苏氏曰："二诗皆曰叔于田。故加'大'以别之。不知者乃以段有大叔之号而读曰泰，又加'大'于首章，失之矣。"

（五）校异文

《孟子·告子上》："此天之所与我者，先立乎其大者，则其小者弗能夺也。此为大人而已矣。"

朱熹集注："然'此天'之此，旧本多作'比'，而赵注亦以'比方'释之。今本既多作'此'，而注亦作'此'，乃未详孰是。但作'比'字，于义为短，故且从今本云。"

《楚辞·吊屈原》："于嗟默默，生之亡故兮。斡弃周鼎，宝康瓠兮。腾驾罢牛，骖蹇驴兮。骥垂两耳，服盐车兮。章甫荐屦，渐不可久兮。嗟苦先生，独离此咎兮。"

朱熹集注："或曰：'苦，当作若。《易》曰：'则嗟若。'"

对于朱熹的校勘，钱穆先生在《朱子新学案》中这样说道："清儒治经，菲薄宋儒，自号曰汉学，以与宋学划疆界，树门户。然余观朱子治经，其识解之明通，意趣之宏深，既已远超于清儒之上。清儒自负以校勘训诂考据为能事，然朱子于此诸项，并多精诣，论其成绩，亦决不出清儒下。"① 纵观上述朱熹对古籍的校勘成果，这是非常中肯、公允的评价。

① 钱穆：《朱子新学案》（下），巴蜀书社1986年版，第1724页。

结　语

本书以朱熹的训诂内容为经，以朱熹的训诂方法为纬，全面、系统地研究了朱熹在训诂实践中所体现出的训诂思想，并阐述了朱熹的训诂原则。下面就朱熹的训诂内容、训诂方法、训诂思想和训诂原则四方面进行一个总结。

关于朱熹的训诂内容，本书涉及了广义的训诂学所包括的内容——语音、文字、词汇、语法、修辞和校勘等，对朱熹在这几个方面所做的训诂工作进行了细致的梳理。宋代道学大兴，宋儒的训诂学也常为学者所诟病，通过我们对朱熹的训诂的研究可以看出，朱熹并不像当时一般的理学家那样，只重义理不重训诂，而是采取了由训诂以通义理的做法，既注重义理也绝不偏废训诂。

关于朱熹的训诂方法，本书论述了朱熹标注语音的方法，解释词语的方法，分析语法现象的方法，说明修辞表达的方法以及校勘古籍的方法等，指出朱熹既很好地继承了传统训诂方法中的精华，又能够结合当时的时代背景，使用了一些独具特色的训诂方法，特别是将宋代金石学的研究成果引入到训诂学领域当中，实属开风气之先。

关于朱熹的训诂思想，本书从多角度、不同侧面对其进行了分析与总结。在语音训释中，朱熹所体现出的训诂思想主要包括对音转现象的认识，对古音、古韵的朦胧认识以及对方言中保留古音的认识。在词语训释中，朱熹所体现出的训诂思想主要包括区分词义的两种状态，揭示词语的受义之由和对多义词、同音词、同形词现象的区分。在语法训释中，朱熹对一些语法现象的正确解释，对前人误释为实词的某些虚词的纠正，都表明朱熹已经具有较为先进的语法观念。此外，朱熹还对汉字本体，“六书”理论和盛行于宋代的“右文说”有自己独到的见解，这些都在一定程度上反映了朱熹的训诂思想。

关于朱熹的训诂原则，本书将其归纳为以下四条：重视旧注，博采群说；实事求是，阙疑处不强作解；不墨守成说，自创新解；结合文化，以文化通训诂。这些原则从不同的角度反映了朱熹对待训诂的态度，几乎贯穿于朱熹的整个训诂过程中。其中，不墨守成说，自创新解的原则在朱熹的训诂中尤为突出，这既体现在朱熹著述几部训诂著作的指导思想上，也体现在朱熹对注释语言的简化上，还体现在朱熹对待《诗序》的态度上。

本书重点选取朱熹训诂中解释词语的部分作了个案研究，论述了朱熹在词语训释方面的成就与不足。通过与前人的训诂进行比较，本书指出朱熹的创获之处主要表现为：对一些名词、动词、形容词的解释和对某些词语构成方式的理解胜于前人，于前人所未解处作解，能够联系上下文来训释词义。本书同时也指出了朱熹的一些失误，并分析了导致这些失误的原因：因对前人训诂成果的盲目继承而致误，因望文生训而致误，因未解通假而致误。

朱熹是宋儒的杰出代表，又是理学大师，一生著述宏富，要想对其著作进行穷尽式的研究是非常困难的，因此，本书只选取朱熹几部具有代表性的训诂著作进行了研究。事实上，在《晦庵先生朱文公文集》里保留的大量文章、书信以及他的学生们记录他言论的《朱子语类》中，都记载了朱熹对于训诂的一些认识，本书虽然没有全面、深入地对这些材料进行研究，但是对其中涉及朱熹训诂的部分，还是予以了充分的重视，并尽可能多地进行了引用以佐证文章提出的观点，力求对朱熹的训诂作出客观、公允的评价。

朱熹的理学思想对后世影响深远，这同样也会影响到他对古籍的训诂。事实上，朱熹的训诂中确有很多失误之处是与他的理学思想分不开的，比如《四书章句集注》中就有许多为他的理学宗旨寻求训诂根据的例子，这样的训诂就难免有牵强附会之嫌。又比如朱熹的“淫诗说”，虽然在文学史上产生了重要影响，从某种角度讲也有一定的积极意义，但是就训诂学的角度而言，所谓的“淫诗”是朱熹将封建思想强加给作品的，是作品里原本没有的，这从文学或思想史的角度来研究似乎更为合理，故而本书没有涉及。

总之，朱熹的训诂在汉语史上是起了承前启后的作用的，他的兼采汉宋、注重训诂考证的思想，为清代小学的繁荣奠定了基础。我们对朱熹的训诂材料进行整理与研究，目的也是为了对我们今天的训诂实践起到指导作用，从而有助于训诂学的发展。本书在论述时虽力求准确客观，但囿于个人水平和其他因素，还有许多不足的地方亟待改进，希望师长学友多多批评指正。

参 考 文 献

著作

1.（汉）许慎：《说文解字》，中华书局1963年版。
2.（唐）孔颖达等：《十三经注疏》，上海古籍出版社1997年版。
3.（唐）欧阳询：《艺文类聚》，上海古籍出版社1982年版。
4.（南唐）徐锴：《说文解字系传》，中华书局1987年版。
5.（宋）陈振孙：《直斋书录解题》，上海古籍出版社1987年版。
6.（宋）洪兴祖：《楚辞补注》，中华书局1983年版。
7.（宋）黎靖德编：《朱子语类》，中华书局1986年版。
8.（宋）王观国：《学林》，中华书局1988年版。
9.（宋）张世南：《游宦纪闻》，中华书局1981年版。
10.（宋）朱熹：《楚辞集注》，上海古籍出版社1979年版。
11.（宋）朱熹：《诗集传》，中华书局1958年版。
12.（宋）朱熹：《四书章句集注》，中华书局1983年版。
13.（宋）朱熹：《周易本义》，中华书局2009年版。
14.（宋）朱熹：《朱子全书》，上海古籍出版社、安徽教育出版社2002年版。
15.（元）卢以纬：《助语辞集注》，中华书局1988年版。
16.（元）脱脱：《宋史》，中华书局1977年版。
17.（明）陈第：《毛诗古音考》，中华书局1988年版。
18.（明）焦竑：《焦氏笔乘》，上海古籍出版社1986年版。
19.（明）汪瑗：《楚辞集解》，北京古籍出版社1994年版。
20.（清）陈奂：《诗毛氏传疏》，北京市中国书店1984年版。
21.（清）戴震：《孟子字义疏证》，中华书局1982年版。
22.（清）段玉裁：《说文解字注》，上海古籍出版社1981年版。

23. （清）顾炎武：《音学五书》，中华书局 1982 年版。
24. （清）黄生撰，黄承吉合按：《字诂义府合按》，中华书局 1984 年版。
25. （清）黄宗羲原著，全祖望补修：《宋元学案》，中华书局 1986 年版。
26. （清）焦循：《孟子正义》，中华书局 1987 年版。
27. （清）刘宝楠：《论语正义》，中华书局 1990 年版。
28. （清）马瑞辰：《毛诗传笺通释》，中华书局 1989 年版。
29. （清）钱大昕：《潜研堂文集》，江苏古籍出版社 1997 年版。
30. （清）王念孙：《读书杂志》，江苏古籍出版社 2000 年版。
31. （清）王先谦：《诗三家义集疏》，中华书局 1987 年版。
32. （清）王引之：《经义述闻》，江苏古籍出版社 2000 年版。
33. （清）王引之：《经传释词》，江苏古籍出版社 2000 年版。
34. （清）永瑢等：《四库全书总目》，中华书局 1965 年版。
35. （清）俞樾等：《古书疑义举例五种》，中华书局 1956 年版。
36. （清）朱骏声：《说文通训定声》，中华书局 1984 年版。
37. ［瑞士］费尔迪南·德·索绪尔：《普通语言学教程》，高名凯译，商务印书馆 1980 年版。
38. 陈垣：《校勘学释例》，中华书局 1959 年版。
39. 陈正夫、何植靖：《朱熹评传》，江西人民出版社 1984 年版。
40. 陈子展：《诗经直解》，复旦大学出版社 1983 年版。
41. 蔡方鹿：《朱熹经学与中国经学》，人民出版社 2004 年版。
42. 程树德：《论语集释》，中华书局 1990 年版。
43. 丁惟汾：《俚语证古》，齐鲁书社 1983 年版。
44. 董洪利：《孟子研究》，江苏古籍出版社 1997 年版。
45. 董同龢：《汉语音韵学》，中华书局 2001 年版。
46. 杜敏：《赵岐 朱熹〈孟子〉注释传意研究》，中国社会科学出版社 2004 年版。
47. 冯浩菲：《中国训诂学》，山东大学出版社 1995 年版。
48. 冯蒸：《冯蒸音韵论集》，学苑出版社 2006 年版。
49. 富金壁：《训诂学说略》，湖北人民出版社 2003 年版。
50. 高亨：《高亨著作集林》，清华大学出版社 2004 年版。
51. 高亨：《诗经今注》，上海古籍出版社 2009 年版。
52. 高令印：《朱熹事迹考》，上海人民出版社 1987 年版。

53. 高令印、陈其芳：《福建朱子学》，福建人民出版社 1986 年版。
54. 高明：《中国古文字学通论》，北京大学出版社 1996 年版。
55. 高小方编著：《中国语言文字学史料学》，南京大学出版社 2005 年版。
56. 郭齐：《朱子学新探》，四川大学出版社 2008 年版。
57. 郭芹纳：《训诂学》，高等教育出版社 2005 年版。
58. 郭锡良：《汉语史论集》，商务印书馆 2005 年版。
59. 郭锡良：《汉字古音手册》，商务印书馆 2010 年版。
60. 郭锡良、唐作藩、何九盈、蒋绍愚等：《古代汉语》，商务印书馆 1999 年版。
61. 郭在贻：《郭在贻文集》，中华书局 2002 年版。
62. 郭在贻：《训诂学》，中华书局 2005 年版。
63. 洪诚：《洪诚文集》，江苏古籍出版社 2000 年版。
64. 胡安顺：《音韵学通论》，中华书局 2003 年版。
65. 胡朴安：《中国训诂学史》，中国书店 1983 年版。
66. 胡奇光：《中国小学史》，上海人民出版社 2005 年版。
67. 胡裕树：《现代汉语》，上海教育出版社 1995 年版。
68. 黄侃述，黄焯编：《文字声韵训诂笔记》，上海古籍出版社 1983 年版。
69. 黄焯：《毛诗郑笺平议》，上海古籍出版社 1985 年版。
70. 蒋绍愚：《古汉语词汇纲要》，商务印书馆 2005 年版。
71. 蒋天枢：《楚辞校释》，上海古籍出版社 1989 年版。
72. 金开诚：《屈原辞研究》，江苏古籍出版社 1992 年版。
73. 李建国：《汉语训诂学史》，上海辞书出版社 2002 年版。
74. 李珍华、周长楫：《汉字古今音表》，中华书局 1999 年版。
75. 刘又辛、李茂康：《训诂学新论》，巴蜀书社 1989 年版。
76. 陆善采：《实用汉语语义学》，学林出版社 1993 年版。
77. 陆锡兴：《〈诗经〉异文研究》，中国社会科学出版社 2001 年版。
78. 陆宗达、王宁：《训诂与训诂学》，山西教育出版社 2005 年版。
79. 吕叔湘、王海棻：《〈马氏文通〉读本》，上海教育出版社 2005 年版。
80. 马建忠：《马氏文通》，商务印书馆 1983 年版。
81. 莫砺锋：《朱熹文学研究》，南京大学出版社 2000 年版。
82. 潘悟云：《汉语历史音韵学》，上海教育出版社 2000 年版。
83. 潘啸龙：《屈原与楚辞研究》，安徽大学出版社 1999 年版。

84. 裴学海:《古书虚字集释》，中华书局 1954 年版。
85. 齐佩瑢:《训诂学概论》，中华书局 2004 年版。
86. 钱基博:《古籍举要》，广西师范大学出版社 2009 年版。
87. 钱基博:《经学通志》，广西师范大学出版社 2009 年版。
88. 钱穆:《朱子新学案》，巴蜀书社 1986 年版。
89. 钱穆:《朱子学提纲》，三联书店 2002 年版。
90. 任铭善:《无受室文存》，浙江大学出版社 2005 年版。
91. 邵敬敏:《汉语语法学史稿》，商务印书馆 2006 年版。
92. 石云孙:《朱雅》，华东师范大学出版社 2009 年版。
93. 史存直:《汉语史纲要》，中华书局 2008 年版。
94. 束景南:《朱熹年谱长编》，华东师范大学出版社 2001 年版。
95. 束景南:《朱熹研究》，人民出版社 2008 年版。
96. 束景南:《朱熹佚文辑考》，江苏古籍出版社 1991 年版。
97. 宋永培:《当代中国训诂学》，广东教育出版社 2000 年版。
98. 孙雍长:《训诂原理》，语文出版社 1997 年版。
99. 唐作藩:《上古音手册》，江苏人民出版社 1982 年版。
100. 唐作藩:《音韵学教程》，北京大学出版社 2002 年版。
101. 汪业全:《叶音研究》，岳麓书社 2009 年版。
102. 王力:《古代汉语》，中华书局 1999 年版。
103. 王力:《汉语史稿》，中华书局 2004 年版。
104. 王力:《汉语语音史》，商务印书馆 2008 年版。
105. 王力:《诗经韵读 楚辞韵读》，中国人民大学出版社 2004 年版。
106. 王力:《同源字典》，商务印书馆 1982 年版。
107. 王力:《中国语言学史》，复旦大学出版社 2006 年版。
108. 王宁:《训诂学原理》，中国国际广播出版社 1996 年版。
109. 王瑞明、张全明:《朱熹集导读》，巴蜀书社 1992 年版。
110. 王泗原:《楚辞校释》，人民教育出版社 1990 年版。
111. 闻一多:《楚辞校补》，巴蜀书社 2002 年版。
112. 闻一多:《离骚解诂》，上海古籍出版社 1985 年版。
113. 闻一多:《神话与诗》，上海人民出版社 2006 年版。
114. 闻一多:《诗经研究》，巴蜀书社 2002 年版。
115. 吴泽顺:《汉语音转研究》，岳麓书社 2006 年版。

116. 伍铁平:《普通语言学概要》,高等教育出版社 1993 年版。
117. 武夷山朱熹研究中心编:《朱熹与中国文化》,学林出版社 1989 年版。
118. 夏传才:《诗经研究史概要》,中州书画社 1982 年版。
119. 夏传才:《诗经语言艺术新编》,语文出版社 1998 年版。
120. 向熹:《诗经词典》,四川人民出版社 1986 年版。
121. 向熹:《诗经语言研究》,四川人民出版社 1987 年版。
122. 许道勋、徐洪兴:《中国经学史》,上海人民出版社 2006 年版。
123. 许威汉:《训诂学导论》,北京大学出版社 2003 年版。
124. 许威汉:《训诂学读本》,上海交通大学出版社 2010 年版。
125. 杨伯峻:《古汉语虚词》,中华书局 1981 年版。
126. 杨伯峻:《论语译注》,中华书局 1980 年版。
127. 杨伯峻:《孟子译注》,中华书局 1960 年版。
128. 杨伯峻、何乐士:《古汉语语法及其发展》,语文出版社 2001 年版。
129. 杨端志:《训诂学》,山东文艺出版社 1986 年版。
130. 杨剑桥:《古汉语语法讲义》,复旦大学出版社 2010 年版。
131. 杨剑桥:《汉语现代音韵学》,复旦大学出版社 1996 年版。
132. 杨剑桥:《汉语音韵学讲义》,复旦大学出版社 2005 年版。
133. 杨剑桥:《实用古汉语知识宝典》,复旦大学出版社 2003 年版。
134. 杨剑桥、杨柳:《枫窗语文札记》,复旦大学出版社 2009 年版。
135. 杨树达:《词诠》,上海古籍出版社 2006 年版。
136. 杨树达:《高等国文法》,上海古籍出版社 2007 年版。
137. 杨树达:《积微居小学述林全编》,上海古籍出版社 2007 年版。
138. 杨树达:《论语疏证》,上海古籍出版社 1986 年版。
139. 杨树达:《中国修辞学》,上海古籍出版社 2007 年版。
140. 姚际恒:《诗经通论》,中华书局 1958 年版。
141. 叶蜚声、徐通锵:《语言学纲要》,北京大学出版社 1997 年版。
142. 游国恩主编:《离骚纂义》,中华书局 1980 年版。
143. 余嘉锡:《目录学发微》,中国人民大学出版社 2004 年版。
144. 余迺永校注:《新校互注宋本广韵》,上海辞书出版社 2000 年版。
145. 俞敏:《经传释词札记》,湖南教育出版社 1987 年版。
146. 乐黛云:《比较文学与比较文化十讲》,复旦大学出版社 2004 年版。

147. 詹人凤：《现代汉语语义学》，商务印书馆 1997 年版。
148. 张立文：《朱熹思想研究》，中国社会科学出版社 2001 年版。
149. 张世禄、严修、杨剑桥：《古代汉语教程》，复旦大学出版社 2007 年版。
150. 张舜徽：《中国文献学》，上海古籍出版社 2009 年版。
151. 章也：《古汉语虚词通论》，内蒙古大学出版社 2001 年版。
152. 赵克勤：《古代汉语词汇学》，商务印书馆 1994 年版。
153. 赵振铎：《训诂学纲要》，巴蜀书社 2003 年版。
154. 赵振铎：《训诂学史略》，中州古籍出版社 1988 年版。
155. 郑张尚芳：《上古音系》，上海教育出版社 2003 年版。
156. 周秉钧：《古代汉语纲要》，湖南教育出版社 1981 年版。
157. 周大璞主编，黄孝德、罗邦柱分撰：《训诂学初稿》，武汉大学出版社 2007 年版。
158. 周祖谟：《问学集》，中华书局 1966 年版。
159. 朱维铮编：《周予同经学史论著选集》，上海人民出版社 1996 年版。

期刊

160. 陈鸿儒：《〈诗本音〉叶音辨》，《古汉语研究》2001 年第 2 期。
161. 陈鸿儒：《〈诗集传〉所考古音与〈诗集传〉注音》，《语言研究》2003 年第 3 期。
162. 陈鸿儒：《〈诗集传〉叶音与朱熹古韵》，《古汉语研究》2000 年第 1 期。
163. 陈松长：《朱熹〈诗集传〉的训诂特色》，《古汉语研究》1989 年第 3 期。
164. 李士金：《朱熹关于修辞本质的论述》，《修辞学习》1999 年第 2 期。
165. 刘晓南：《论朱熹诗骚叶音的语音根据及其价值》，《古汉语研究》2003 年第 4 期。
166. 刘晓南：《朱熹诗经楚辞叶音中的闽音声母》，《方言》2002 年第 4 期。
167. 刘晓南：《朱熹叶音本意考》，《古汉语研究》2004 年第 3 期。
168. 刘晓南：《朱熹与闽方言》，《方言》2001 年第 1 期。
169. 任继愈：《文化遗产的寿命》，《群言》1991 年第 11 期。

170. 石云孙：《朱熹集注笺识》，《徽州师专学报（哲学社会科学版）》1996 年第 4 期。

171. 向熹：《读朱熹〈诗集传〉》，《乐山师范学院学报》2002 年第 2 期。

172. 章也：《古书异文与辞书编纂》，《辞书研究》1989 年第 2 期。